CROSS-BORDER
MERGERS &
ACQUISITIONS

跨境并购与整合
实操指南与案例分析

[美] 斯科特·惠特克（Scott C. Whitaker）/ 编

贡献者：[以色列] 艾坦·格罗斯巴德、[美] 斯蒂芬·霍夫迈耶、[瑞典]洪麦克、[日]出野诚、[德]托马斯·科斯勒
[法]吉勒斯·沃瓦、[英]安德鲁·斯科拉、[比利时]甘霖、[日]山本昌木、[中]於平

郑磊　徐慧琳 / 译

机械工业出版社
China Machine Press

图书在版编目（CIP）数据

跨境并购与整合：实操指南与案例分析 /（美）斯科特·惠特克（Scott C.Whitaker）
编；郑磊，徐慧琳译 . —北京：机械工业出版社，2018.4
书名原文：Cross-Border Mergers and Acquisitions

ISBN 978-7-111-59374-4

I. 跨… II. ① 斯… ② 郑… ③ 徐… III. 跨国兼并 IV. F276.7

中国版本图书馆 CIP 数据核字（2018）第 044761 号

本书版权登记号：图字 01-2018-0193

跨境并购与整合：实操指南与案例分析

出版发行：机械工业出版社（北京市西城区百万庄大街 22 号 邮政编码：100037）

责任编辑：朱 妍 张 晗　　　　　　　　责任校对：李秋荣

印　　刷：北京文昌阁彩色印刷有限责任公司　　版　次：2018 年 6 月第 1 版第 1 次印刷

开　　本：170mm×242mm 1/16　　　　　　印　张：22.5

书　　号：ISBN 978-7-111-59374-4　　　　　定　价：150.00 元

凡购本书，如有缺页、倒页、脱页，由本社发行部调换

客服热线：(010) 68995261 88361066　　　　投稿热线：(010) 88379007

购书热线：(010) 68326294 88379649 68995259　　读者信箱：hzjg@hzbook.com

版权所有·侵权必究
封底无防伪标均为盗版
本书法律顾问：北京大成律师事务所 韩光 / 邹晓东

致我们的家庭、客户和同事，以及希拉，
没有她的帮助，我们没法完成这本书。

赞　誉

　　跨境并购是中国企业走向海外的一个不可避免的选择。本书分享的方法和经验，为中国企业提供了一个很好的参考和借鉴。

——水皮，《华夏时报》社长、总编辑

　　中国企业正在引来海外并购的高潮，这本书系统阐述了海外并购的战略制定、交易策划和执行、并购整合，对海外并购实务操作有很强的指导意义，是一本值得深入和反复阅读的工具书。本书对海外并购文化差异在交易执行、整合中的影响进行了重点阐述，并提出了有效的应对方法，值得中国企业重点关注和学习。

——刘立军，中国五矿集团公司国有资产并购总监

　　得益于中国经济的快速增长，近几年中国企业的跨境并购风起云涌，除了持续的海外投资热情，富有的中国投资者对海外有价值资产的兴趣越来越大。他们不仅是购买自然资源或获取市场渠道，而且也是为了缩短技术、管理等方面的差距。这本书提供了跨境并购方面实用和综合全面的知识，我相信对于广大的中国资本玩家及其海外对手是有益的。

——鲍毅，摩根士丹利华鑫证券 CEO，摩根士丹利董事总经理

　　10 位跨境并购专家给出了一幅完整的并购整合图景，强调了持续关注战略协同和不断提升价值，这些方面曾经一直被许多整合实践者误解或忽视。

——乔纳森·邦斯（Jonathan E. Bunce），英特尔并购整合高级总监

读者可以从本书中学到大量跨文化领导力的实用观点。本书各位作者在这个重要方面出色地展示了深入全面的见解。如果读者在跨境并购或整合中承担相关工作，那么本书就是一本必读书。

——埃利奥 A.卡斯塔诺（Helio A. Castano），Bar-S 食品公司管理整合部副总裁

很多近期出版的书都关注如何确保并购整合是建立在并购标的和价值驱动因素基础之上。在这本书里，惠特克进一步从跨境角度深入了一步，使得本书成为并购从业人士的一本必读好书和重要参考资料。

——帕特·贝罗提（Pat Belotti），DocuSign 公司发展与整合总监

这是一个跨境并购人士所需的内容丰富的数据库，其中许多案例都涉及当今全球价值链，集深度和广度于一体，一下子就抓住了这个领域的管理者和想学习相关知识的读者的兴趣。

——阿恩·卡尔森（Arne Karlsson），Ratos 公司前任主席、总裁

我在一家并购软件公司工作，所以读过大量有关并购的书籍。这本书轻易就可成为各个层级并购从业人士的必读书。本书内容覆盖了各个主题，通俗易懂地分析了各种复杂情况，并在跨境并购的规划和实施方面提供了可行建议。

——阿里 J. 萨洛宁（Ari J.Salonen），博士，Midaxo 总裁

很全面，很有启发，是一本由各方面并购整合专家撰写的实战指南，是国际商业领袖的必读书。

——托马斯·基普（Thomas Kipp），DHL 电子商务与德国邮政 DHL CEO

《跨境并购与整合：实操指南与案例分析》一书给读者提供了在准备跨境并购交易时所需的全部工具，以便解决交易过程中的复杂问题和所蕴藏的风险。

——埃兰·卡茨（Eran Katz），特华医药
高级副总裁、首席业务流程官

本书提供了跨境并购的清晰指引。各篇汇集了制定跨境并购交易执行国家标准的业界专家的指导。无论是对发达国家还是发展中国家负责执行全球业务拓展的经理人而言，这都是一本必读书。

——查尔斯·王（Charles Wang），伊利集团全球并购总裁

这是一本综合了跨境并购的战略、交易流程和关键整合领域的综合性指南，不仅提供了之前交易的可供学习案例，而且提供了应用工具。

——唐·雅库里斯（Don Yakulis），维萨国际
企业发展、运营与整合副总裁

跨境并购是当今世界的一种新常态。本书提供了在跨境并购中如何成功的核心知识和技能。本书各篇作者的实践经验都已经写入本书，对于任何想进行跨境并购的人来说，这本书非常有价值。

——斯里坎坦·穆尔西（Srikantan Moorthy），
印度 INFOSYS 行政副总裁

这本书是少数几本可以立刻改变企业竞争地位的战略专著之一。本书提供了如何准备、执行和长期管理跨境并购的一个独特和完整的视角，是经理人、顾问师和对这个领域有兴趣的学生的必读书。

——贝尔纳·加雷特（Bernard Garrette），
巴黎 HEC 战略学教授，MBA 副主任

中 文 版 序

2016 年中国企业在海外并购再创历史新纪录，但政府出台了海外投资新政策后，2017 年同比有所下降。一方面是新的外汇管制和海外投资审核标准限制了那些非主营或纯财务的投机性海外并购，另一方面是中国企业在过去十几年来的"走出去"尝试中发现，之前相对盲目的"扫货"式海外并购中有很大比例达不到预期的战略和经济目标，有不少企业已经开始反思和重视战略投资，制定更精准的国际化投资战略，更加有耐心地精选投资目的，并开始注重并购后的管理（并购整合）能力的提高。

回顾过去 10 年的经验，部分中国企业通过海外并购，已经成功地实现了业务提升或转型，也取得了显著业绩，因此海外并购不仅有利于中国企业拓展规模，更符合中国经济国际化和"一带一路"的倡议。但海外并购不乏失败的例子，其成功与否取决于并购标的质量、企业文化是否能协同以及并购之后是否能进行有效的文化和业务融合（并购整合）。此外，中国买家往往因以"土豪"的姿态溢价并购，引发舆论对其并购合理性的质疑。实际上，多数中国企业在海外并购中并非不在意价格，并购的最终目的是为企业获得更多的利润，大手笔投资并购的逻辑是：只要企业通过这些并购增强国际竞争力、提升企业价值，投资就是很值得的。那么问题来了，这些投资真能实现预期价值吗？什么时候能实现，怎么实现？

中企海外并购有一个鲜明的特点，就是资金实力雄厚但是缺乏软实力，而且并购战略的精准性和管理整合等能力都有待提高，这些"软肋"也是导致中国企业海外并购成功率不足三分之一的重要因素，真正取得明显经营收益的中企公司也只有 13%（2015 年国资委和商务部的一份海外投资调查报告的数据）。

另一个更具实质性但常被忽视的风险是中企普遍存在的跨境并购管理经验和

整合能力的不足，比如对并购的国外企业的控制有些只停留在董事会层面，无法把国际化经营战略有效推行到公司基层执行，出现了"不愿管""不敢管"或"不会管"的局面，甚至在并购合同中明文规定中方将维持现状，管理层无变动；还有些企业由于缺乏整合能力而采取了"慢慢来"或只派驻财务监督的折中办法；而另一种极端则是按中国传统管理文化的思维，简单粗暴地更换被并购公司的高管或派中方高管到当地"执行总部的意图"。虽然有一些对并购整合的重要性有一定认识的中国企业也在开始做一些有益的尝试，比如为了"稳定军心"制定新的高管股权或薪酬激励计划，采取员工加薪或厂房设备翻新等措施，但都普遍缺失一个适应当地文化、专业且完整的整合计划，更缺乏有效和专业的整合实施管理团队来实现并购的战略初衷，这将会直接导致并购价值的流失和限制并购后企业竞争力提升的高度。因此，海外并购仍面临着考验。

如果中国企业只是在营销和渠道上胜出，不掌握核心科技（包括技术、管理提升和人才培养），海外并购的好日子有可能是"昙花一现"。这绝对不是我们想要看到的结果，我们希望中国的企业家们能积极吸取前车之鉴，通过海外投资并购真正实现中国企业的国际化，提升产业地位以致影响和改变全球的产业格局。在这点上，欧美国际跨国企业，尤其是日本企业在20世纪末和21世纪初很多海外并购的失败教训和成功经验，都是值得我们好好学习和深思的教材。

本书中文版的出版正是那些希望进一步提升海外并购能力并在国际化道路上胜出的企业家们的"及时雨"。通过来自9个国家的10位报告整合专家的实战经验和案例分享，本书深入浅出地从并购整合和投后管理的视角反思并购战略和交易要点，阐述了文化融合和领导组织协同在并购中的作用和方法，并讲解了并购整合的管理方法和要素，是中国企业在海外投资发展和实施"一带一路"倡议和项目落地的重要参考书。

未来可以预见，会有更多的中国企业选择并购来作为企业发展的"捷径"，同时并购管理能力也将逐步提高和成熟，摸索出一套适合中国企业海外拓展的跨境并购管理体系，通过"中国并购，全球整合"，实现中国式的经济国际化。

於平

国际并购整合联盟（Global PMI Partners）中国董事合伙人

编 者 简 介

斯科特·惠特克（Scott Whitaker）

https://www.linkedin.com/in/whitaker86

斯科特曾参与20多个并购项目，项目总金额近1000亿美元。参与并购的行业包括医疗保健、金融服务、通信、游戏、护理、化工、油气、工业制造、商业零售和消费耐用品。

斯科特曾在加拿大、中国、欧洲和非洲参与一系列并购项目，专长于建立并购整合管理办公室（IMO）从而帮助企业改善整合能力。他在北卡罗来纳大学查普尔山分校获得学士学位，是《并购整合手册：帮助企业完整实现并购价值》的作者。

斯科特现居住在佐治亚州亚特兰大市。

各章作者简介

於平（Robert Ping Yu）

https://www.linkedin.com/in/robertyu1/
於平在咨询行业和《财富》500强企业（如摩托罗拉和培生公司）的业务战略和运营方面有超过25年的经验。他是熟练使用中英两种语言的企业高管，在领导企业成功发展和执行企业战略，特别是在并购、并购整合和经营业绩提升方面有着不凡的成绩。他的专长包括企业成长战略、产品营销、战略联盟和并购管理。於平生于中国北京，回到中国之前在美国生活了近20年。他不仅充分了解西方跨国企业文化和经营，也对中国传统文化和行为方式有着深刻理解。他获得了美国西北大学凯洛格商学院EMBA学位。

於平现住在中国北京。

艾坦·格罗斯巴德（Eitan Grosbard）

https://il.linkedin.com/in/eitanbenizhak
艾坦拥有超过20年全程管理复杂并购项目的经验（特别是尽职调查和并购整合项目）。他领导过10多个中等规模跨国企业的并购项目，涉及多个行业，但主要集中在高技术领域（互联网、通信、软件、硬件等）。

艾坦擅长为蓝筹股企业设计发展战略，目前为宾夕法尼亚大学沃顿商学院全球咨询项目的成员。他获得了特拉维夫大学EMBA学位，可流利使用英语、西班牙语和希伯来语。

艾坦现居住在以色列特拉维夫。

斯蒂芬·霍夫迈耶（Stefan Hofmeyer）

https://www.linkedin.com/in/hofmeyer

斯蒂芬于20世纪90年代中期在埃森哲开始了他的事业。他是一位在欧洲、亚洲、北美洲和中东地区将管理精华融入并购整合中的资深专家。斯蒂芬在艾奥瓦大学获得了工业工程学士学位，并获得了佩珀代因大学MBA学位。他还在哈佛商学院和斯坦福大学完成了高级管理学教育，获得了项目管理专业学历和斯坦福大学认证的项目经理证书。

斯蒂芬现居住在加利福尼亚州旧金山市。

洪麦克（Michael Holm）

https://se.linkedin.com/in/michaelholm2

洪麦克有28年业内经历，包括并购、并购整合以及战略。他有管理全国性通信网络的安装、研究和发展项目的经验；销售过通信网络产品；还有管理大型客户和部门的经历。他曾在爱立信公司从事战略、并购和并购整合工作。

洪麦克的专长是并购策略、并购标的筛选、整合前规划、整合领导、整合管理办公室的建立和执行以及协同效应管理、剥离计划和过渡业务管理。他曾领导电信公司、专业服务机构和快速消费品公司的并购整合项目。他曾在加拿大、韩国、中国台湾、美国和英国居住，也在美国、欧洲和亚洲的许多并购项目所在地工作过。

洪麦克现居住在瑞典斯德哥尔摩。

出野诚（Makoto Ideno）

https://jp.linkedin.com/pub/makoto-ideno/62/b21/52/en

出野诚是东京一名资深的并购整合顾问。他在整合管理办公室、销售和营销过程设计、通信规划和执行、文化融合以及保健/医药行业人力资源、系统整合、广告和零售等方面有多年的经验。他的项目经历包括医疗信息公司的财务价值分析、一家通信运营商的并购谈判以及设计和执行采购的文化融合项目。他获得了南加州大学马歇尔商学院MBA学位。

出野诚现居住在日本东京。

托马斯·科斯勒（Thomas Kessler）

https://de.linkedin.com/in/thomashkessler

托马斯在并购整合和投资银行领域担任过数十年管理职位，足迹遍及美国、欧洲和亚洲。他热心于并购整合，为交易整合和合资企业提供业务支持。他曾经参与过30多个大中型国内和国际企业的整合工作，其中既有上市公司、私营企业，也有家族生意。托马斯也是一个经常在并购前和并购整合方面受邀的演讲嘉宾，他同时在全世界提供类似的培训课程。他拥有德国曼海姆大学的学士学位、洛桑商学院的MBA学位以及法兰克福大学的理学硕士学位。

托马斯现居住在德国波恩。

吉勒斯·沃瓦（Gilles Ourvoie）

https://fr.linkedin.com/in/gourvoie

吉勒斯在公司战略、组织设计和并购方面有近30年国际经验，在过去15年一直致力于并购整合项目。他在战略和并购领域领导过各种团队——从战略分析、财务分析到并购谈判、并购后期设计与执行以及并购组织和流程最优化。他从巴黎高等商学院获得了理学硕士学位，从巴黎大学获得了工学硕士学位。他还从法国国立艺术与工艺学院获得了博士学位。他曾居住在马里、美国、意大利、黎巴嫩、摩洛哥和俄罗斯。

吉勒斯现居住在法国巴黎。

安德鲁·斯科拉（Andrew Scola）

https://uk.linkedin.com/in/scola

安德鲁是并购整合和资产剥离业务方面的资深顾问，曾经在普华永道和德勤会计师事务所工作多年，担任过一家全球保健企业的并购整合主管以及国际并购整合联盟（Global PMI Partners）的英国合伙人，他是这家建立于2009年的组织的共同创始人。他曾经与技术、金融服务、保健和消费品行业的客户合作过。他获得了诺丁汉大学荣誉学位，曾在卡斯商学院负责指导学生的并购研究项目，他目前从事谢菲尔德哈勒姆大学一个跨境并购的项目研究。

安德鲁现居住在英国伦敦。

甘霖（Christophe Van Gampelaere）

https://be.linkedin.com/in/christophevangampelaere

甘霖是并购方面的顾问、培训师和从业者。他具有财务和投资管理人际技能方面的专业知识，曾经参与过国际著名的汽车、半导体、通信、传媒和银行业的并购项目。他是 Lego® Serious Play®（LSP）的认证教练和 Company Constellations 的促进者。他热爱大自然。

甘霖现居住在比利时甘特。

山本昌木（Masaki Yamamoto）

https://jp.linkedin.com/pub/masaki-yamamoto/l/889/b17

山本昌木在企业战略、研发管理、新业务战略、组织设计、业务流程设计、项目管理和人力资源发展等方面有近 25 年的经验。他专长并购战略、整合管理、商业流程设计、组织重新设计、后台部门整合以及销售渠道整合，曾经领导过尽职调查、组织重新设计、海外投资、商业流程重新设计、销售渠道设计、项目管理办公室以及人力资源发展。他执教于九州技术学院研究生院，获得了东京大学文科硕士学位和南加州大学马歇尔商学院 MBA 学位。

山本昌木现居住在日本东京。

前　　言

在《并购整合手册：帮助企业完整实现并购价值》出版之后，我意识到管理人员正在寻找处理整合中复杂工作的工作指南。他们想要的书要扎根于整合执行实践，而不是充满理论或陈腐概念。

本书则尝试用同样的方法处理国际并购的整合。这本书收录了 10 位并购专业人士的文章，这些作者总结了他们处理跨越多个国家的数百个跨境交易的经验。

本书的作者介绍了 9 个国家的并购活动，基本能够代表全球范围内的并购活动：美国、中国、英国、法国、比利时、德国、瑞典、以色列以及日本。

许多重要的课题，包括并购战略、整合、尽职调查以及文化融合，均纳入本书多个章节中。作者分享了他们关于各自课题的相关经验，帮助读者在许多关键问题上获得来自不同视角的见解。

读者可能留意到，对于本书的一些作者而言，英语是他们的第二甚至第三语言，尤其是面对跨境并购这样一个复杂课题，各位作者在语言及表述上存在差异的问题尤其突出。我已经尽力温和地处理了各位作者语言风格上的差异，并尝试通过各位作者不同文化背景下的不同视角展示出特定国家的细节。

《跨境并购与整合：实操指南与案例分析》分为四大部分，每个部分各自包括了较广泛的并购主题。这里我们将简要介绍一下这本书的结构以及读者在每一个章节将会看到的内容。

第一部分：跨境战略与交易规划

这一部分提供了关于全球范围内并购环境的一些观点，以及有关特定地区和国家并购市场存在的趋势。

第1章，"跨境并购交易的演进和交易逻辑"，回顾了跨境并购交易的演进过程和交易逻辑，以及关于并购市场的一般介绍——并购市场的规模和跨境并购交易的发展，并将并购周期和并购浪潮的决定因素作为跨境并购演进的前提介绍。

第2章，"跨境并购战略与交易规划要点"，探讨了管理跨境并购整合活动的决策制定和战略流程方法。

第3章，"跨境整合中的法律、财务、社会、政治的依存性"，介绍跨境并购和资产剥离中关键的法律、财务、社会和政治的影响和意义。本章将跨境并购项目放在企业经营所在地不同的司法环境和社会环境中讨论。

第4章，"全球并购的趋势和领先实践"，介绍与并购交易策略相关的重要观点以及并购活动周期中的关键阶段和步骤。本章包括一个分步流程，可以让读者找出和评估适合自己的潜在并购标的，并介绍了与跨境并购中尽职调查相关的重要问题以及消除跨境并购交易风险的措施和策略。

第5章，"跨境并购：国家或区域特有的趋势和交易计划要点"，深入讨论了主导交易前并购的国家和行业，探讨了寻找跨境并购机会时要重点关注的问题。

第二部分：跨境交易的文化和领导力协同

这一部分包含的3个章节重点探讨了跨境并购中的领导力和文化的影响。

第6章，"跨境并购中领导力的角色"，尝试在并购项目中定义领导人可以进行的活动和采取的措施，以确保交易成功，并奠定使整合成为组织核心竞争力的基础。

第7章，"文化在跨境并购中的角色"，解释了文化在并购整合中的重要性，展示了如何在交易团队和整合团队中建立对文化的认知，并且讨论了将文化作为促使交易成功的推动力之一对于公司价值的重要性。

第8章，"管理跨境并购国家政策和主权相关问题"，探讨了跨境并购中的"社会性"的一面，国家、地区因素如监管限制、当地人力和工会组织的敏感性以及可能对交易造成影响的其他方面。

第三部分：跨境整合、规划和执行

这部分包括跨境并购整合中偏策略性要素的丰富细节，并讨论了国家因素对跨境交易计划和实施会有哪些影响。

第9章，"在并购整合前进行尽职调查"，基于本章作者在实践中的亲身体验，讨论了具体的跨境并购尽职调查方法，包括从实践角度对尽职调查过程的总结以及可以用来改善尽职调查结果的要素和工具。

第 10 章，"启动整合管理办公室和跨境并购首日"，全面介绍了对整合管理办公室的理解，并介绍了建立整合管理办公室的方式以及如何顺利进行交易后的首要工作。

第 11 章，"跨境并购中整合决策的制定与流程策略"，讨论了促成并购成功的重要因素，包括领导风格、相关决策的制定、过程推动和变革的方法。

第 12 章，"并购整合流程、方法和工具"，探讨了并购活动周期中各阶段的整合计划和执行要点。

第 13 章，"在全球背景下管理并购整合"，给出了管理跨境并购交易后整合的各种方法。这一章还探讨了交易后整合中治理的概念、管理结构、角色和责任、会议管理方法和沟通宣传方法。

第 14 章"并购整合计划：不同国家特有的文化趋势和建议"，介绍了将文化和工作风格融入跨境并购中的方法。这一章还包括了世界范围内并购活动最活跃的前 3 个国家文化方面的建议以及全球各地区间在并购整合方面的探讨。

第 15 章，"中国和日本的并购和并购整合"，回顾了中国和日本海外资金流入的趋势和问题，同时还有中日两国对外投资流出的情况。并且讨论了两国海外资金流入和对外投资流出的动机，指出显著影响中日两国并购项目成本的一些关键因素。

第 16 章"针对跨境并购中协同效应的项目管理"，探讨了在跨境并购中如何获得协同效应以及如何在交易前的规划阶段做好相关安排。这一章还探讨了如何组织设计一个协同效应项目，并跟进落实直到实现预期的系统效应。

第四部分：独特的跨境并购交易

这一部分简要介绍了跨境交易的一些独特的交易情形和情况。

第 17 章"资产剥离与过渡期服务协议的管理"，讨论了什么是资产剥离，如何将其与整合区分以及在剥离之后能达到的最终目标会是什么样。本章接下来讨论了剥离活动中的关键合同、过渡期服务协议，并且如何来组织、管理并成功退出。

第 18 章，"合资企业"，探讨了如何计划、组织和执行合资协议以及各方面额外的考量。

本书所选的主题涵盖了并购交易中最常用的计划和执行方面的内容。我也尝试将一些特定国家和地区的情况和观点纳入书中，以帮助读者更深入理解跨境并购交易的复杂性。

目　　录

第一部分

跨境战略与交易规划

Cross-Border Mergers
and Acquisitions

第 1 章　跨境并购交易的演进和交易逻辑

◎吉勒斯·沃瓦

□ **学会思考**

- 跨境并购交易是如何演进的，我们能从中得到哪些重要的经验教训。
- 在企业层面，跨境并购交易的主要动机是什么，微观因素对交易的成败有着怎样的影响。
- 更概括地讲，影响跨境并购交易的主要的宏观因素和微观因素是什么，这些因素与跨境交易成功又有着怎样的关系。

□ **本章概要**

　　并购（M&A）交易和参与交易的决策一般和很多个内外部因素相关，这些因素在 20 世纪的各项研究中已经被深入分析过。即便某个跨境交易分析是近期完成且分析的范围较窄，决策者也应该能了解其中涉及的主要经济因素，以及这些经济因素可能对并购和并购整合结果造成怎样的影响。这些知识也可以让我们对跨境交易的决定性因素有更深入的了解，以及知道如何将这些因素纳入到尽职调查过程中。本章的目的是提供这些方面的总结概括性背景信息，以提高决策过程的质量和交易结果。

并购和跨境并购交易的演进

　　为了理解跨境并购现象，我们需要回顾一些观点。并购市场出现的时间并不长，而且和特定的经济发展形势有关，特别是建立在股票市场上可以通过谈判来互换的基础之上。

　　并购市场的演进展示了并购作为一个引导业务转变机制工具的全球化进程。然而，这个带来所有权转变和公司价值转换的机制经历了起伏波折，并且不同国家对跨境并购的接纳程度仍存在着差别。

　　另外，对这些长时间的并购浪潮进行分析后，我们得出了这类交易所依据的理论细节，其中大量参数和跨境交易有关。我们在这里尝试对不同的相关因素类别（企业内外部因素）做一个整体回顾，这些因素中的大多数在不同的地域范围（本地、全国和全球）均会对并购交易产生影响。

　　另一个要留意的问题是，跨境交易要比单纯的境内交易更复杂。因此，在进行跨境并购分析时，有必要分析海外商业环境与国内商业环境的差异，不应轻视这个颇具挑战性的研究过程。

　　并购市场全面扩展到新的地区和领域已经有超过一个世纪的时间了。越来越多的国家在了解并接纳并购，而跨境并购所涉及的行业数量也不断在增加。

　　全球并购的扩张和商业化并非呈线性发展趋势，而是在市场中呈现出上下波动现象，这与股票市场非常相像。

　　并购和跨境并购市场有高潮期也有低谷期，管理者必须意识到他们在并购市场浪潮中所处的相对位置，以便跟上节奏。交易时机的选择是能够通过支付合理对价并能利用乐观经济环境快速融资来取得交易成功的一个重要因素。

并购：一个富有弹性的市场 [1]

　　全球并购市场持续动荡。2014 年是并购市场复苏之年，并一直持续到 2015 年，增速超过了预期的 10%。[2] 这个反弹是在 2007 年美国次贷危机引发了全球金融和经济危机之后出现的。在各国处理经济下行和失业率上升问题的背景下，金融危机导致全世界国家（美国、英国、西班牙、葡萄牙、意大利和法国等）均增加了财政预算赤字，这就造成了更多的交易混乱，这一次集中在主权债券、公开和私募发行的债券价格的大跌，特别是在那些最弱不禁风的国家（希腊、西班牙和意大利）。为了解决这个问题，各国政府将公共财政紧缩手段用于控制预算赤字（在欧洲），而这样做最终打击了全球的经济发展，导致 GDP 在 5 ～ 7 年里保持在负数和低增长水平。然而所有这些问题还未被彻底解决。

　　同时，新的冲突从地区性事件（利比亚、埃及、撒哈拉以南的非洲地区、叙利亚、也门、乌克兰）发展成了全球性风险（恐怖主义、网络战、人口流动）。金砖五国（巴西、俄罗斯、印度、中国、南非）似乎进入低速增长时代，它们作为全球经济引擎的角色似乎有所变弱。面对油气价格低迷（俄罗斯）、日益增长的对权贵腐败和社会不公的反抗（巴西）等社会经济形势，它们将如何为基础设施、教育和技术方面的投资提供资金呢？这些概述说明并购活动与宏观经济和地缘政治环境的关系较为复杂，依赖于一系列广泛的因素，而不只局限于金融市场的乐观预期或 GDP 的增长预期。

在上行的周期里，全球并购市场的价值增长速度超过了 GDP 的增长速度。2014 年，并购市场达到了自 2007 年以来的最高水平，公布的交易价值高达 3.3 万亿美元。2015 年又攀升到 4.7 万亿美元，接下来的两年内以大约每年的增长率为 40% 的速度继续增长。实际上，最终完成交易的增长率要小于公布交易的增长率：2014 年的增长率为 15%，2015 年为 25%，达到 2.5 万亿美元。而相比之下同期世界主要经济体的增长率只有 1% ～ 7%。目前还没有找到比并购更快的能让一家企业获得规模和竞争优势的方式。阿尔迪斯（Altice）在光缆通信领域实施快速并购战略，在 18 个月内完成了 4 项并购：在美国收购 Suddenlink（交易金额 90 亿美元）和 Cablevision（150 亿美元），以及葡萄牙电信（70 亿美元）和欧洲的 SFR（130 亿美元），还有其他一些并购项目。

并购的增长建立在一个重要而且几乎很稳定的交易数量的基础上。2014 年全球公布了 42 220 起交易，2015 年公布了 42 313 起交易。全球交易数量按月平均大约为每个月 3500 起，或每一天有大约 115 起新并购项目公布，而在最差年份（2009 年）的月均数量只有 600 ～ 800 起。这个重要的交易数量对于整个并购行业来说具有直接的影响：在一个动态市场上，商业机会和投资者、银行家、律师、会计师一样多，从而导致行业中参与者数目众多，竞争非常激烈。

并购交易的平均价值在 2015 年的增长远远超过了其数量的增长。在每个活跃的并购阶段，都可以看到并购交易价值（基于企业的市值计算）的增幅十分显著。[3]在 2014 年，有 95 起已完成交易的价值超过 50 亿美元。在 2015 年，71 起公布的交易价值已经超过 100 亿美元。并购参与者（银行、企业、私营机构）可以更容易地为这些复杂的交易找到资金。交易价值对于并购行业的利润和技术创新来说，是一个很重要的因素。大型并购项目的复杂性和在资源方面的可得性使得并购在实施方法上取得进展成为可能。服务提供商倾向于在参与这类项目后，将从中学到的经验应用到其他小型项目中。从逻辑上讲，一家企业或一个国家所开展的大型并购越多，其团队或国家的创新就会越多，也越能获得某种比较优势。[4]

并购市场的地域分布特点

并购市场在国际上的拓展是一个主要因素。所有地区在 2014 年都有显著增长（年增长率 36% ～ 56%），中东和非洲除外。2015 年，欧洲是并购最不活跃的地区，其增长率只有 8%，相反，日本和亚太地区为最有活力的区域（增长率为 62%）。

这展示了全球化趋势和类似商业战略在全球范围的使用在不断增加。

美国仍是全球最活跃的并购市场。美国的并购市场占 2015 年全球并购市场总值的 53%（在 2.5 万亿美元公布的交易额中，有 2.3 万亿美元来自美国）。在美国，保健、高科技和能源领域的大型并购交易为这个市场注入了活力。买方主要是一些战略性买家，他们受益于强劲的现金头寸、股市兴旺和"量化宽松"带来的低利率。2014 年，由于监管和税务原因，出现了一些欧洲公司被美国公司收购的"现金倒置"（cash inversion）交易⊖。大约有 50% 的交易涉及股权。其中，维权投资者起到了更大的作用，这是 2014 年出现变化的主基调，而这种情形在 2015 年要相对弱一些。

欧洲现在为全球第三大并购市场。但是欧洲并购市场总值只占 2015 年美国并购市场总值的 36%，而在 2014 年这个比例是 50%。从全球市场份额的角度来看，2015 年欧洲并购市场只占全球市场并购总额不足 20%（9070 亿美元）。欧洲曾在 2014 年是全球最活跃地区（+55% 的年增长率），此后却主要因为法国并购总额的下滑（−45%），导致欧洲经历了 8% 的半停滞增长。而中国和其他亚洲国家流向欧洲的投资，以及欧洲内部的整合推动了这个市场的增长。2015 年欧洲地区主要并购交易集中的领域包括耐用消费品、能源、工业和药品。而 2014 年的主要并购领域为药品、工业、奢侈品和金融服务。低经济增长率，对欧洲发展的不确定性（英国退出欧盟的潜在可能性⊖、量化宽松政策导致的欧元下跌、希腊退欧问题和乌克兰冲突）以及不断增加的地缘政治难题，限制了并购交易在 2014 年出现反弹。

包括日本在内的亚太地区并购市场目前比欧洲活跃：2014 年亚太地区并购总额占全球并购市场份额的 22%（12 420 亿美元），而在 2015 年占 26%。在 2015 年，并购交易的主要行业是工业、高科技和金融，而在 2014 年主要是消费品、零售和休闲。亚洲对外投资活动仍主要集中在美国和欧洲，但是正在呈现向全球扩张的趋势。

中东和非洲仍然是较边缘的市场。这些地区只占 2015 年全球并购市场份额的不足 2%（80 亿美元，2014 年为 65 亿美元）。虽然非洲正在获得私募股权和金融机构越来越多的关注，但并购交易还是因为其政治的不确定性、油价的不断波动和缓慢的结构改革而有所减少。

国别差异的长期存在

并购市场的总体增长对未来潜在的交易是有利的。随着国家层面上并购市场的扩张，企业竞争力得到提高，与公众的信息沟通更为有效，同时监管框架更为合理，并购交易成为受欢迎的管理工具。从细节上看，这也意味着会有更完善的

⊖　很多美国公司为了合理避税而把公司利润通过交易转移到企业税低而管制不严的一些欧洲国家。

⊜　2017 年 6 月，英国举行退欧公投，并以 51.9%∶48.1% 的票数做出退欧决定。

投资者保护，更好的会计标准、银行法规、金融和经济信息流、企业治理规范、合规程序以及更多来自财经媒体或维权投资者的市场监督。所有这些要素会带来投资增长预期，增加潜在交易数量，虽然评估成本和交易成本可能会有所增加。

尽管并购交易分布广泛，但国家间存在的差异仍然非常明显。 交易者要留意这些差异，不应假设母国的情况可以在其他国家复制。"谨慎原则"可以明显减少跨境并购交易失败的可能性。

首先并且最重要的一点是，发达国家和发展中国家之间存在差别。 在解释为何资金更愿意选择流向较发达的国家时（卢卡斯悖论[5]⊖）时，国家间的差异是一个关键原因。这些差异可能涵盖了大量相互交错的因素：法律、国家经济表现以及制度。[6] 具体来看，这些因素包括政治稳定性、全国性腐败、法律制度薄弱且执行力差以及限制交易的低效率管理体制。在发达国家出现了更多的外资流入现象，而这种现象却存在悖论，因为在发达国家，监管、劳动力和其他制度成本都比发展中国家要高。

然而发达国家之间也存在着明显的差距。 发达国家之间具有相近的制度和有效的管理，但是在并购市场方面依然存在很大差别。另外还有一些微妙的差异不容忽视，比如银行与企业之间的关系，保密信息如何传递，税务、人力资源、监督商业行为和公司决策的制度以及制度和法律会对公司成长战略提供怎样的支持或限制，教育和社会如何塑造文化模式，等等。在这些多重因素的作用下，无论这些是事实还是只是一些观念，并购在发达经济体里都扮演着不一样的角色。

表 1-1 列出了国家并购市场间的不同之处。基于 2014 年的数据，我们可以用两种方法解读这个表中的信息。

表 1-1　并购的国家差别

国家	交易数 （标的数）	交易价值 （10 亿美元）	平均交易价值 （百万美元）	GDP （10 亿美元）	并购价值占 GDP 比例（%）	平均控制期 （年）
美国	9 802	1 531	156	17 419	8.79	11.4
中国	4 520	390	86	10 380	3.76	26.6
英国	2 423	177	73	2 945	6.01	16.6
法国	2 040	165	81	2 847	5.80	17.3
加拿大	1 670	111	66	1 789	6.20	16.1
澳大利亚	1 229	81	66	1 444	5.61	17.8
德国	1 516	73	48	3 860	1.89	52.9
韩国	1 095	65	59	1 417	4.59	21.8
日本	2 115	65	31	4 616	1.41	71.0

资料来源：Thomson Reuters, International Monetary Fund.

- 并购价值占 GDP 的比例表示的是一国经济中的并购交易情况，以及并购在

⊖　卢卡斯悖论，又称"卢卡斯之迷"。——译者注

强化经济变化和商业重组方面所起到的重要作用。

- 相反，这个比例倒过来（GDP/M&A 交易价值）就是"平均控制期（Average control life span）"，给出的是该国企业主要控制人变更之后持有所有权的平均时间长度。如果这个值比较低，意味着快速改变控制权会给企业治理制度、工作岗位变迁、非本土化、投资优先级带来较大影响，或需要关闭部分场地。该比例越小，越多的人和企业会了解并购后果并倾向于相应调整他们的行为。这个比例的快速变化也可能带来来自当地的抵触。

我们可以列出国家并购市场的 4 个主要类型。根据上面提到的这两个比率，我们可以将不同国家内的并购活动区分开来。

A 型——均衡市场。这一类包括非常开放的经济体（英国、法国、加拿大、澳大利亚、韩国）。并购交易的总额占到该国 GDP 的 5% ～ 6%。本地企业的平均资本稳定控制比率（即控制期）为 15 ～ 20 年。

B 型——外向市场。这是一类完全不同的市场，包括德国和日本。并购交易总额只占该国 GDP 的 1% ～ 2%。所有权周期比较长，平均达到 50 ～ 100 年。资本的缓慢流动源于企业的结构、企业在国内外成长获得融资的能力以及与其生态体系稳固和长期的联系。这很接近所谓的"莱茵资本主义模式"，和"盎格鲁—撒克逊模式"正好相反。但这不意味着德国或日本企业在并购市场上不活跃，它们只是做了更多外向交易。

C 型——非常活跃的市场。美国的并购比例非常高，2014 年达到 8.8%。虽然美国的经济是全球性的，但其资本控制期远短于其他国家，大概只有 11 年。但是这个数据因为现金倒置的（cash inversion）交易而打了折扣，不能真正反映企业战略的主要变化趋势。

D 型——转型市场。中国是转型市场中一个很有趣的例子，因为它的并购市场比德国或日本都更活跃。中国企业很善于通过并购交易和控制权的改变，进行企业转型，从而提高生产力和产量，并在进入国际市场之前成为国内龙头企业。

长期演进：并购潮

并购市场的一个主要特征是它具有周期性。过往的研究通常首先集中于美国市场，该市场自从 19 世纪中期以来就表现出了周期性。并购交易的周期性在近年来对其他国家的研究中得到证实。[7] 大量研究成果揭示了跨境并购交易的决定性因素和战略动机。表 1-2 给出了一个综合概括。

表 1-2　并购潮

	1897～1904 年	1916～1929 年	1965～1969 年	1981～1989 年	1993～2000 年
背景	• 1883 年萧条期之后的增长长期 • 铁路交通大发展	• 第一次世界大战之后 • 汽车、广播（广告）大发展 • 容易获得融资——投资银行的地位上升	• 经济蓬勃发展——投资银行角色弱化 • MBA 的兴起 • 不断兴起的 PE 导致股票融资兴起	• 去监管趋势：航空、药品和医疗设备 • 金融创新：新融资手段（垃圾债券） • 投资银行/律师在激进并购交易中的角色——不断上涨的收费（傲慢证券） • 美国证交会对自由市场竞争的支持	• 去监管扩大：银行、保险、通信、高科技 • 互联网 • 股权融资增多 • 对美国的跨境并购交易增加
结束时间	• 1904 年大萧条	• 1929 年金融危机（黑色星期二）	• 越南战争和 1973 年石油危机	• 1990～1991 年经济衰退	• 2001 年互联网泡沫破裂，公司负债率升高
交易数量	• 3000	• 4600	• 6000	• 23 000	• 50 000
影响	• 集中度提高 • 更严厉地反垄断：《克莱登法案》(1914)	• 《塞勒-凯夫沃法案》(Celler-Kefauver)(1950)	• 针对"账面收益"会计处理的 1969 年《税收改革法案》出台	• 反兼并技巧的兴起（金降落伞、毒丸计划）	• 第一次全球并购浪潮 • 寡头局面形成 • 估值方法/尽职调查兴起
目标	• 生产和销售的规模化	• 通过兼并形成寡头垄断；产品扩张，市场扩张	• 增长和盈利 • 功能优化	• 股东价值	• 全球化
受影响的产业	• 采矿、制造、银行	• 金属、石油产品、食品、化学品、交通设备		• 油气、药品和医疗设备	• 银行、通信
交易类型	• 78%垂直整合 • 大量企业参与其中（75%涉及 5 家企业以上） • 出现恶意并购——首次恶意并购战发生在 1868 年（范德比尔特收购艾利铁路公司）		• 80%的巨型企业 • 小型交易	• 大型交易 • 敌意并购——公司掠夺者 • 高债务杠杆（LBO/MBO）	• 大型交易，但是对集中度没有显著影响 • 更多的战略型交易——廉价抛售
示例	• 美国钢铁/卡内基钢铁，通用电气，标准石油，杜邦，伊士曼柯达，美国烟草等公司	• 巨型企业集团：联合化工（通用化工 solvay、联合碳化 chemical） • IBM、通用汽车	• 国际电话电报，露华浓	• KKR-纳贝斯克（250 亿美元）	• 戴姆勒-克莱斯勒

资料来源：Data from Patrick A. Gaughan, *Mergers, Acquisitions and Corporate Restructurings*, 2nd ed. (New York: John Wiley & Sons, 1999), 21–59.

从商业角度看，并购潮这个概念指的是什么呢？ 我们可以为专注于并购和并购整合方面的专业人士提供以下观点。

- 并购时机对于谈判成功的可能性和定价具有直接影响。在我们自己做的跨境整合调研中，[8]公司股票价格/估值是由 115 位并购专业人士给出的，这些案例包括最重要的交易和最成功的交易，涵盖了涉及销售增长、成本降低、客户维系以及其他方面的案例。

- 好的时机并非总是符合短期标准的。并购市场是波动的，因为多重因素的作用，交易数量和价值可能出现明显的上下起伏。很多时候交易是出于偶然的机会，或者是由于经理人的个人关系，而并非因为经济或战略预测。这种情况对于复杂交易是非常重要的，因为交易有可能会遭遇重大拖延。例如，RHJ 国际公司花了 3 年时间（2011～2014 年）才获得德国联邦金融监管局（BaFin）的批准，完成了从德意志银行收购 BHF 银行的交易。[9]企业应该长期跟踪并购市场的情况，并识别出市场情况对成长战略的潜在影响。

- 并购资源管理应该尽量避免短期化，以达到逆周期的优化目的。在一个周期市场，并购资源供给情况的变化通常很大。在并购市场处于下行期时，企业的内部能力降低，而这可能会影响到它们做出的决策。银行也可能对其员工做出限制，并收紧放贷标准。在不断增长的并购市场里，企业可能更容易从技能和资产的流动中获益。当一个集团拥有充足的资源并触发了长期业务增长时，就应该以一个常规的重复性流程投资于这些并购资源（比如采购或者研发）。但实际情况并不总是如此完美，往往会出现一些负面情形，例如缺少对事件的预见性、风险增加、尽职调查过程不完美以及糟糕的并购整合规划和执行。

- 企业必须建立一个竞争情报流程，以提示可能发生的市场混乱。我们已经看到并购潮受到多个方面因素的影响，而不仅仅是金融方面的因素。监管、技术、地缘政治以及许多其他要素均可能改变竞争局面，提高成功的机会或者降低动机。企业必须对自身未来 3～5 年的前景进行内部定期讨论和评估，才能有足够的时间规划和实施一项并购交易。

- 在并购方面可以采用利益相关者的管理技巧来对并购市场的趋势和变化形

成一致的看法。我们已经看到银行和并购顾问是并购浪潮中的关键角色，所以管理者和他们的沟通交流就变得很重要，这样才能将管理者提出的观点加以优化。例如，确保在投资银行家或律师与并购和业务发展团队之间就市场情况的正式或非正式沟通得到系统化反馈是非常有用的。

并购潮的决定因素

决定因素与战略动机。 对这两种交易支持要素做出区分是有益的。一方面，一家企业可能有自己特定的战略目标（比如规模效应、获得新市场或新技能）。这些目标将取决于企业的竞争位置、资源，而其他因素则非常依赖企业自身。另一方面，从统计角度看，并购交易似乎与周期是同步的，因此，问题变成了理解为何企业在不同时点追求不同的战略目标，却可以根据一般的周期顺序，基于国家或国际层面而非企业层面的决定因素来执行它们的交易。

并购潮这个概念对于识别这些周期的决定性因素是非常有帮助的。对于这些并购潮的历史分析，点明了一系列随时间演变的并购市场驱动因素。[10] 图 1-1 给出了不同类别的驱动因素。

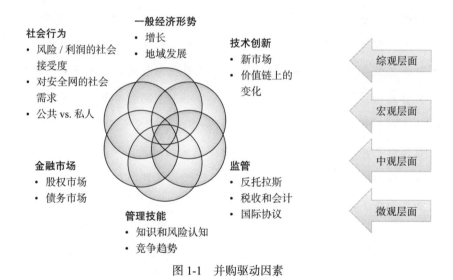

图 1-1　并购驱动因素

这些驱动因素会带来不同层次的影响。我们可以把与并购和并购整合相关的力量区分为 4 个主要层次。

（1）在全球层面（综观），全球力量在发挥作用，比如几个国家发起量化宽松计划，推动银行提供信贷，或者发展国际公共财政紧缩措施，削减预算赤字。

（2）国家层面（宏观），这主要源自全国性变化所产生的影响（例如选举新政府，执行新的经济计划或一项新的反托拉斯法）。研究表明，跨境交易数量会在全国性选举的前一年增加，以避开潜在的国内法律和监管变化的风险。[11]

（3）行业层面（中观），行业相关的因素可能也会有利于或抑制并购交易（比如某些原材料价格的大幅变化，或新技术应用的引进）。

（4）企业层面（微观），也存在和公司有关的驱动力与上述全球趋势产生谐振（比如新 CEO 为企业带来新战略）。

这些并购驱动因素都可以视为公司层面竞争的决定性优势。[12] 从确保并购交易的角度看，每个驱动因素都会给竞购方带来一系列可能的结果。例如，一家企业会受益于高信用评级，发行债券的利息将低于竞争对手，以此为并购融资，还可以产生更大的规模效应和利润。从另一个角度看，企业总部的优越地理位置可以让企业更快地获得信息和技能，以更好的方式进行投资，并获得更大的协同效益。这种情形在过去十年里已经体现在 GAFA（谷歌、亚马逊、Facebook、苹果）这类企业身上。这类战略分析和商业情报评估是企业发展部门的工作，以便识别出最具差异化的竞争因素，并在并购战略和计划中充分利用这些信息。

为什么并购战略应该将商业变革直接纳入考量呢？并购潮倾向于从一个重大的商业变革开始，这是一种对管理人员如何分析和执行新并购战略具有影响的现象。这些变革可能具有不同的特点，但是在最近几十年里，技术（个人电脑、互联网、移动通信、物联技术的大量使用）和监管或政治变化占据了重要地位。这种情况不仅是全球性的，在国家层面也是如此。企业需要清晰地识别和讨论未来趋势，分辨出潜在的全球或本地区市场变革，并为此制定相应的策略。从各国需要改革法律和进行经济现代化的角度看，这类变革是永远存在的。所以 CEO 和管理人员应该将关注变革项作为日常工作的一部分，这不仅是为了并购交易，也是改善现有业务的需要。现实情况是，由于组织内部的惰性、管理风格的因循守旧和独断专行、自上而下的短视、管理层狂妄自大等问题，商业变革显然已经成了熊彼特所说的"不可避免的经济毁灭"。为了降低这种风险，企业应该特别留意聘用年轻人和有强烈独立个性的人，积极管理员工的创新潜能。对于易受商业干扰影响的初创企业，要培养反对因循守旧的态度。

如果并购潮建立在商业变革的基础上，并购交易就需要在经济考量的清晰度上是理性和可执行的。并购交易取决于积极的经济预期：金融市场和新融资手段的发展、股票高估值、GDP 增长率和市场需求不断上升、企业高利润和富余资金，等等。这些假设对于买方保护其收购的资产至关重要。波动剧烈和不确定的市场提高了并购计划和协同效应达成的实际风险，而这反过来又提高了资本和负债的成本，以及对效率的要求。找到在机会主义和交易逻辑之间的平衡点是交易前阶段取得成功的一个最重要的因素。

并购潮只对于某些公司的战略有利。对并购潮的历史分析表明，在每个阶段企业都聚焦于特定的高水平战略目标，并确定了以下 3 个主要的发展维度，这些维度仍非常适用于当前的并购逻辑。

（1）**横向整合和市场份额的合并**。企业的目标是通过提高与客户或监管机构（比如电信史早期的美国电话电报公司案例）的谈判能力而获得额外利润。领头企业可能会在这个过程中胜出（全国性冠军企业），获得足够的资源和国内利润去收购国外的竞争对手，并向海外拓展。

（2）**纵向整合并控制价值链**。通过扩大产品范围提升供应和物流的广度，随后迫使企业改善供应能力的可靠性。中间产品采购的内部化也可能会带来利润，但是这种"重新中介化"策略可能会被价值链"去中介化策略"抵消一部分效果，因为专业化企业可以提供成本更低的产品和服务（核心优势）。基于更好的信息系统和方法所引入的远程品质控制新方法，重新定义了价值链外部采购的优势和局限性。

（3）**产品多元化和企业集团的建立**。领先企业很早就在关注减少现金流和风险的波动性。多元化战略可以让它们从不同的经济周期获益并减少现金的产生（例如汽车行业收购金融服务资产）。当企业需要集中资源扩大规模时，该策略可能不会被采用。

每次并购潮都有其特定的融资战略，并购潮对于现金、股权和债权有着不同的融资偏好，而这取决于创新解决方案的可得性、引入的风险以及需要支付的资金成本。这些方面的任何重要变化都会对交易造成影响。当前市场的低利率、股票牛市和充裕的资金有利于买方发起并购交易。首席财务官应该对潜在的并购标的选项和市场趋势有清晰的认识，并购战略才可能更快得到股东、银行和投资基金的支持。

每次并购潮都可能只对某些参与者是有利的。随着经济和监管条件的变化，买方也在变化。经营团队必须对潜在的利益相关者进行主动管理。简而言之有以下三大类竞购者，其各自的局限性和竞争优势如下。

（1）**战略买方代表了并购市场的主流**。他们的投资期限与其战略有关，但原则上讲一般没有退出的最后期限。战略买方基于对行业的理解而追求长期行业协同效应，提升市场份额，通过内部流程、技术和资产优化而获取规模效应。

（2）金融投资工具和资源的发展提升了财务投资者在全球并购市场的地位。财务投资者占到了现在大约 1/3 的交易额，更关注财务组织和报告机制、整体公司治理以及企业转型计划。他们的投资期限介于 3 ～ 10 年。

（3）一类新的参与者（维权投资者）正在出现，他们和一般的企业投资者不同。维权投资者崇尚更快更集中的行动。他们的行动可能与财务利润有关但不局限于此，他们对公司的优先战略有着特殊的观点（例如，在英国石油公司案例中，维权投资者迫使该公司改进了其针对环境变化的战略）。

最后一点，企业必须明白并购潮总会结束。 从历史经验看，并购潮的结束往往伴随着政治危机甚至战争。得益于这种经验，这类危机近来已经得到了有效控制，但并购潮依然终结于具有全球性影响力的金融危机（2001 年的互联网泡沫破裂和 2007 年的次贷危机）。通常下一次并购潮的开始会与针对上一次危机的相关监管改进有关（这种机制非常类似"试错过程"）。最新的例子是在 2014 年，美国监管限制了"现金倒置"交易。

跨境并购交易和演进

针对跨境并购交易的研究和分析远没有针对一般并购的研究那么深入。根据我们所掌握的研究文献的数据库，跨境并购研究大约只占已出版的并购研究文献的 20% ～ 30%。2015 年一篇有关跨境并购决定因素的综述[13] 列出了大约 240 篇文章。大部分文献也主要是关于美国和盎格鲁 – 撒克逊地区的交易，对于其他欧洲国家的研究比较少，而几乎没有关于发展中国家对内或对外并购交易的研究。这种局面应该会随着并购市场的国际化以及全国性金融和管理教育及研究项目的推进而改变。

跨境交易现在是并购市场一个主要和相对稳定的板块。它们占了 2015 年总体并购金额的 33%（2014 年和 2013 年该比例分别为 37% 和 31%），并购金额达到了16 亿美元（27% 的年增长率）。这个数字和 2014 年墨西哥（全球排名第 15 的富裕国家）的 GDP 一样大，比瑞士 GDP 的两倍还多。

1980 ～ 2000 年，跨境交易占全球 GDP 的比例已经从 0.5% 增加到了 2% 左右。[14] 2014 年，根据上述数据计算，跨境并购交易额已经大约占到全球 GDP 总量77.3 万亿美元的 1.7%。[15] 这个数字代表了许多经济学家现在视为"新常态"的全球 GDP 增长水平。换言之，跨境并购市场总额相当于全球 GDP 一年的增长量。

跨境并购交易的主要特点

跨境交易比国内交易更为复杂。 在并购交易的前期要考虑的因素更多，因此很容易理解交易的跨境性质提升了复杂性。例如，发生在瑞士和法国之间的 Holcim-Lafarge 水泥行业的并购要涉及 15 个主要竞争和监管司法管辖区。[16] 跨境交易涵盖经济、监管、金融、市场、竞争、资产、人员、技术等多个不同的专业领域，而这些要素通常在国内层面是熟知的。在国际交易中，需要分析这些驱动因素和潜在影响着每个国家的不同情形，这是很多企业力所不能及的一项重要工作。

每项跨境并购交易都各不相同。一个原则是，每个国家的收购方都应该持有一个基本假设：相关变量存在着国别差异。一般而言，每个地区之间的差异（特点）要多于它们的共同点。当地经济表现如何、对基础设施的依赖、如何优化原材料、员工与客户如何考量妥当的社会关系概念、工作时间与闲暇、责任、汇报、忠诚以及这些概念如何结合在一起，这在每个国家都是不同的。一个例子是位于法国的欧盟领先共享汽车运输商 BlaBlaCar 在收购了该行业位于德国的欧盟第二大企业之后，近期又募集了 2 亿美元以推进其国际化业务。由于当前汽油价格低廉、公路几乎免费以及家有汽车的文化，法国的"独角兽"企业（一家估值超过 10 亿美元的未上市初创企业）可以通过在美国的并购，推进其在巴西、中国和印度的业务。

买方战略应该根据其国际竞争中存在的差距清晰地定义。在一项跨境并购交易中，当地的商业环境非常重要，但不应该被孤立对待。实际上，竞购者得益于他们自身已拥有的商业基础。当地商业环境和竞购方已经了解掌握的环境之间存在的差异是评估的一个重要方面：GDP 增长率、客户需求、通胀率、利率、汇率、人口趋势、零售网络的组织、本地货物或服务与进口等。并购企业必须了解这些方面，以确保建立可靠的预期，并能客观评估潜在的协同效应。可以采用的一种方法是"潜在差异清单"，通过列出标的企业的关键绩效指标，系统地研究如何调整现有的商业模式。制造或供应成本、[17] 市场增长率、消费支出、公共补贴、公共基础设施或教育资源负债情况以及税率，是国际投资者在分析和制订并购商业计划时要考虑的差异因素。这些差异越大，存在的机会也就越大。

跨境交易是建立新价值链和获取中间商或去中介利润的一个重要途径。几个世纪以来，垂直整合战略一直被各国、各个朝代和企业家作为获取黄金、食盐和其他必需资源的手段。从企业战略角度看，企业可能想要保护获取战略资源（例如核工业的铀、化工领域的稀有矿产）的渠道。这个战略受限于地缘政治、经济和技术条件以及企业经营层所做的折中平衡。在供方市场竞争激励、交付质量可靠性提高和同质化的情况下，对垂直整合的需求是有限的，外包和供应链管理成为一个更好的选择。企图使用垂直整合战略的跨境交易应该考虑采用内部采购还是外部采购策略。

标的公司所在国家的特点应该被视为一组需要优化的潜在差异。一系列变量决定着跨境交易的方向和重要性：当地监管和法律的稳定性及质量、税收制度、劳动法律的简化程度和稳定性、金融市场的流动性和成熟程度、与当地公共机构的联系和可靠性、管理技能的可得性、高等教育项目以及有效的研发机构等。从国家层面看，这些既是引进外国投资也是发展对外投资的重要因素。

行业专业化尤其是一个应该加以分析和利用的重要方面。一个行业在一个国家的发展情况，反映了在一段长时间内该国的优势和劣势，这会对跨境交易产生一些影响："来自一个行业更专业化的收购方更可能收购在这个行业不太专业的国外资产。"[18] 换言之，一个国家在某个行业的专业化程度越高，该国的企业越能够利用技术和资产来锁定和控制国外并购。一个行业在本国发展得越好，并为 GDP 做出了重要贡献，这个行业的本国企业越可能成为买方，这体现在医药公司从瑞士向外拓展、金融服务业从英国发展到国际、汽车行业从德国发起的国际化以及咨询业从美国向全球的渗透。专业化程度不仅在交易发生时起到了作用，也在交易执行和产生利润方面产生影响。

成功的交易执行需要一个专注和一致的企业战略。跨境交易是实施我们之前列出的通用战略的一种途径，但是这些战略尤其需要采用一致的方法才能成功。

横向整合。这种战略通过改善营销和销售，扩充产品和服务，以提高市场份额并建立国际协同效应。从本质上看，销售和营销组织的整合非常重要，因为这将确定整个组织的整合战略。全球性的品牌推广、同质市场分析和一致战略、客户关系管理（CRM）方法、全球客户管理技术、销售团队汇报和激励机制是其中一些可以重点关注的方面。这些海外业务发展会尽可能地立足于比较成本优势[19]和产品的协同效应。[20] 拥有规模效应的大企业和得益于国内行业高度专业化的企业，可以在国外并购中充分利用这种成本优势。

纵向整合。在这个战略中，沿着价值链的信息和决策协调，从采购到客户交付，是至关重要的。采购组织和供应商管理流程的快速整合、信息系统的整合、品质管理、制造方法以及运输与后勤最优化是执行这一战略的基础。

一致性。更准确地讲，上述两个战略需要考虑价值链的各个环节。横向整合也并非是一个一劳永逸的行动计划。制造品质的改善或产品范围的拓展可能是支撑市场份额扩大的关键要素。

无形资产在跨境交易中的地位得到了提升。全球性企业拥有较大比重的无形资产，[21] 海外拓展战略和无形资产的积累之间存在着联系。[22] 另一方面，值得注意的是一家企业拥有的无形资产越多，越容易将这些资产在国家间流动，同时潜在的协同效应和跨国企业的价值越大。[23]

企业的加速国际化催生了新的跨境交易类型和问题。 跨境交易预期会产生一系列结果，例如限制潜在竞争，企业将来自当地的利润内部化，从本地市场份额或制造技术的提升中获益，受益于不同国家的经济周期扩展本国产品的生命周期和利润。国际市场间的高度关联、信息在市场间的传播速度以及技术作为一种关键行业资产日趋重要的角色都促进了企业全球扩张的需求。企业国际化需求的出现几乎是瞬时的，从海外竞争对手处获得的信息无法帮助企业调整、反应和建立防御战略。市场的日益全球化不仅提高了企业国际化程度，而且加快了国际化速度。在过去，一般是国内获得丰厚利润的优良企业实施跨境交易，而现在越来越多处于早期发展的企业，甚至还没有在国内市场实现盈利，就已经开始了跨境收购。因此这种情况下风险较高，被广泛认可的"龙头独大通吃"原则可能很快就变成了"先驱风险全担"。

在跨境交易中融资非常重要，因为融资基于国际的金融差异。 买方在跨境交易中可能会受益于很多国际的金融差异。对于融资而言，有三个要素至为关键。

现金的产生。 在国内获利很多的企业可以依靠在国内获利的现金加快在国外的扩张。它们可以利用现有资源通过产品定价或产能投资加快在国外的发展。一旦完成并购，它们可以通过内部流程、系统和资产为其当地企业服务，以加快当地被收购企业的创新和增长。

负债。 来自发达和重要经济体的企业能够从本国的低利率中获益，以降低企业债券的利率。它们可以获得大量、成熟和有竞争力的银行服务，从税收和风险角度优化其债务策略。

股权。 国际并购者也可以依赖一个活跃的国内股票市场，利用其高估值和优良的投资基础。

敌意跨境并购交易比国内交易更难操作。 并购交易既可以是善意的，也可以是恶意的。恶意并购通常并不占主导，但是在某些国家，恶意并购交易的数量可能相当大。在跨境并购交易里，这个因素所起的作用跟国内并购交易是不同的。

- 与国内并购相比，恶意跨境并购发生的可能性较低。
- 在美国以外的许多市场，一般认为很少会发生恶意并购交易。
- 相反，友好协商的交易可能会得到当地银行、其他金融机构或投资基金的支持，以保护国家利益，并打造国家龙头企业。这类交易会直接或间接得到本地政府、政治团体、公共舆论和媒体的支持。

- 国家间的差异是存在的，但是竞购方越能够展示其对当地利益的理解和关注，并购结果就会越好。

- 跨境交易主要取决于地缘政治的改变，企业需要对此做好准备。任何可能影响到经济、资源获取、外国投资政策的国际变化，或新市场的出现，都可能促进或阻碍跨境交易的发展。

- 仅在当地层面控制风险已经不再是一个有效战略，在一个地区发生的变化会迅速传遍全球。这意味着需要对各地分公司进行与总部附近的公司同样级别的风险控制。

- 当前存在着大量的地缘政治变化：乌克兰和俄罗斯与欧洲地区的边界、也门和波斯湾不断扩大的不稳定局势、伊朗和以色列的原子能开发、"阿拉伯之春"之后的利比亚和北沙赫尔、尼日利亚和中非与博科教派的对抗、叙利亚和伊拉克与"伊斯兰国"的冲突，等等。

- 所有这些地缘政治地区不只对境内造成了风险，也对周边国家（欧盟、埃及、沙特阿拉伯、马里、乍得、黎巴嫩、约旦和以色列）产生了多米诺骨牌效应。这造成了新的恐怖主义风险，并可能扩散到其他地区（美国、英国、法国、丹麦），影响公众舆论、经济和本国的商业环境。

- 互联网全球化带来相当多的新风险（例如网络安全问题）。

- 作为对应措施，企业倾向于采用范围更大更深入的尽职调查流程：评估国家风险、分析运营风险和制订风险控制和缓解计划。

战略动机

我们把跨境交易的战略动机从影响并购结果的外部因素中区分出来。战略动机取决于收购方及其战略愿景。买方对于这类战略目标的确定和在执行阶段与目标企业的清晰沟通，在任何并购交易中都是一个重要的成功因素。因此要确保这些动机得到充分地分析和讨论，这对于考虑进行首次国际并购的中小型企业尤其重要。

敏捷性（即适应性）是企业的必备能力。 当下人们一致认为企业需要敏捷应变。敏捷意味着企业能够快速适应商业环境，并能够因此获利。本质上讲，企业战略必须能对内外部促发因素做出适应性反应。促进收益增长、提高利润、监控风险、改善竞争力以及雇用更多有能力的员工，这些决策都需要结合所处的商业环境条件考虑。

在企业规模不断扩大的过程中必须要密切监控企业敏捷应变能力的变化。 现实中，企业规模越大，其在投资组合评估和资产权衡方面会更加结构化。保持敏捷不只意味着加快产品进入市场和创新的速度。从组织和传承的角度看，还意味着不断挑战企业的边界。随着企业成长，它们需要的是更好地优化和剥离资产。而企业在投资时，则需要做好定位和执行。

国际化和跨境交易需要一个与战略、交易执行和交易后整合相连接的强有力的决策流程。 并购和跨境交易是解决基本战略问题（比如怎样增加收入、改善盈利、增加资产和提高能力）的一个重要方法。希望实现这些目标的经理人都会考虑进行并购。当市场变得更加成熟和集中时，这些经理人将不仅把眼光放在国内目标上，也会关注国际标的企业，并从国际视角做出判断。本国的特殊性有哪些？如何支撑标的企业的盈利性和增长？是否存在监管问题或地方法律会明显影响到本地业务或与全球集团的协同效应？这些问题即使在熟悉的国内市场也是很难评估的，而此时需要从一个全新的视角进行思考。企业介入的国际交易越多，就越能掌握这种复杂性，所以最好提前考虑这类与跨境交易有联系的问题和因素。为了做好准备，想要评估跨境交易的经理人应该对商业环境做出精准的判断，这通常是交易前早期分析中的战略评估部分。我们在这里将通过提供一些概括性的观点，来说明在国际交易中起作用的主要因素。

企业国际化：追求的战略目标

通过跨境交易，企业可以寻求多重战略目标，定位多种有形或无形资产。根据交易的性质，产生结果的类型、所需的整合程度以及整合流程的期限方面会存在很大差别。我们需要将战略目标在整合方法上导致的一些结果上加以细化。

获取自然资源。 这类交易的目的在于控制当地产出的特定资源：农产品（糖、咖啡、小麦、木材、羊）或其他天然产品（矿产、石油、铀、稀有金属）。这类交易要求关注与所有权、采集、分发相关的合同，以及对相关产品的生产、销售和出口的限制。存货的评估（规模、年产能、生产成本的增加、市场价格的变化）以及与实际生产（环境要求）和销售（运输、出口管理机构）有关的所有方面都很重要。在许多这类交易中，需要考虑当地可能存在的相应的政治干预和地缘政治风险。

获取新市场和客户。 买方的目标是在现有本地客户的基础上，发展和扩大产品和服务的范围。从本质上讲，这需要对全球市场条件和趋势（分区、增长、产品边际利润、竞争）的准确评估和对所购资产（销售组织和报告机制、客户数据库、客户集中度和客户合同）的准确判断。收入的协同效应是关键，而众所周知的是，这很难评估和跟踪。

获取生产资产。这个战略聚焦于利用比现有条件更好的当地生产条件，而这可能体现在购买和供应方上（本地供应商、无须太多运输、有限的供应风险），也可能聚焦于制造成本上（低劳动成本和有利的法规制度、本地分公司、更好的运输和后勤）。

获取研发资产和知识产权。跨境交易追求的目标也可能是控制研发团队。通过交易可以获得工程师、数学专家、物理学家、生物学家、国际大学或研究机构、公开集资机制等因素，这在尽职调查过程中非常重要。一些国家已经形成了适合研究和创新的环境，这和它们的教育体系、基础设施和成本有着直接的关系。每家企业必须优化其特定商业领域产业集群的国际化发展，这有助于形成筛选可进行并购的最好商业环境的基础。我们可以列出一些存在全球竞争的领域：人工智能（深度学习、虚拟大脑）、无人机（军事或民用安全、其他商业用途）、增强现实（图像识别、人机界面）、网络安全（反恐、网络与数据安全、个人识别、危害预防）、可再生能源（风能、太阳能、潮汐能）、能量堆积（电池）、智能电网、航空运输（轻型材料、电气引擎）、太空运输、仿制药与按需生产、机器人（人脑界面、外骨骼）、智能轿车、远程医疗（手术、预防）。

跨境并购与其他交易类型

跨境并购与绿地投资。跨境并购交易经常（必须）与绿地投资选项（即从无到有进行投资自建）放在一起进行评估。对于一家考虑国际化成长的企业来说，绿地投资是指建立一家当地分支机构，借助集团内部其他部门的支持，实现内生式增长。

绿地投资市场进入战略有以下优点。

- 对当地投资水平和增长速度有更好的控制；
- 组织、流程或技能不存在惰性；
- 能够优化与总部以及其他分支机构的关系（金融、政府、税收、法律、资产本地化）；
- 没有因过往商业不良行为或错误形成责任负担。

与绿地投资相比，跨境并购常常是一个更受欢迎的市场进入方式，这主要是因为以下几点。

- 进展更快（品牌、客户和其他利益相关者关系已存在）。
- 迫使总部加强管理以理解当地存在的限制，改进在当地的经营方式，而这些问题在绿地投资的情况下是会被总部忽略或低估的。
- 为并购买方带来一些潜在的改善空间和机会。

跨境并购与合资企业（JV）。一些国家，比如海湾合作组织（GCC）的各国，确实会要求国外投资者与当地企业进行合作。但合资企业不应被当作纯粹的防御性工具，而应看作企业在国内或国外收购战略的一个备选项。合资企业与并购相比有以下优点。

- 合资方可能带来本地的经验和资产，加快企业成长（例如，中国东风汽车和标致汽车的合资）。
- 合资企业可以成为长期市场进入战略的第一步。
- 无论从产品范围还是从功能或经营角度看，合作双方可共享的范围都有很大的选择空间，而且还可以根据需要进行定制。
- 可以与合资方商议回购股份的选项。

然而，由于不同的文化背景会带来不同的在公司管理方面的问题以及合资企业股东之间缺乏战略协调一致，并购通常比合资更受欢迎，这主要源于以下几个原因。

- 并购的治理模型更为清晰，决策更简化，也能够更快地得到执行。
- 更好地控制树立潜在竞争对手的风险（如达能和娃哈哈的合资案例）。
- 在合资企业，对共享资产的定价可能需要经过反复的讨论和花费一定的成本，这个讨论可能非常详尽而漫长，而并购可以简化这个问题。

行业间的差异

每个行业在并购限制和商业环境方面都是不同的。我们将举一些例子说明跨境并购交易中应加以考量的一系列问题。

化工行业　这是一个 B2B 行业，客户数量有限，意味着与客户签订的合同至关重要。这些客户可能从属于主要的集团，所以必须仔细分析客户的整合程度（CRM 数据库、核心客户管理机构）。交易量取决于行业板块划分（专业产品还是一般商品）。在很多板块里，产品在出售给终端用户之前，需要从一个工厂运输到另一个工厂。运输和后勤以及内部计价和税收的影响都非常关键。环境限制也很重要，在对这类风险和潜在成本进行全面分析之前不应进行交易。收入协同效应更多地依赖客户关系、交叉销售以及产品范围的扩大。而成本协同效应更依赖于后勤支持功能、工程和研发团队、整个行业的表现和使用率、维护、采购和后勤、品质以及环境体系管理。

信息与通信技术　这个行业内的企业彼此之间区别很大。对于通信公司来说，跨境交易将聚焦于客户数据库、流失率和市场份额、网络覆盖、漫游协议以及创新能力和提供的移动或网络服务。与国际集团的协同效应将主要放在联合推出产品、缩减营销成本以及网络基础设施管理。电子元件板块、研发资产、采购活动和合同、制造和供应链国际优化以及预测和生产计划系统和流程等都将是主要关注点。

金融服务　金融服务业有自己的特色，特别是在银行业，可能只有很少的有形固定资产（金融咨询、研究）。在零售银行和公司银行业务方面，非常依赖于资源成本（银行间拆借利率、储蓄账户）和贷款成本（公司贷款、抵押贷款、个人信贷）之间的平衡。对于资产管理来说，客户投资组合的质量、投资政策的种类以及提供这类投资策略和产生杠杆收益及费用的能力都很关键。不同国家对金融产品的种类和服务的定义以及监管规定的差异很大，重要的是理解合规、监管情况和潜在的变化。不同银行的服务也因所在国家的社会习惯和技术方面的因素，比如当地互联网的使用或电子银行的服务情况等而有很大的成本差别。

影响跨境交易的因素

许多外部因素可能会影响到跨境交易（我们识别出四类相互交错的因素）。从广义上讲，这些因素涵盖了金融、监管、社会政治和文化等维度。

在具体讨论这些因素之前，同样重要的是指出它们影响到的层面是不同的。我们认为存在以下四个层面：全球、国家、行业、企业。每个因素和因素集合都可以从一个特定层面加以分析（例如，企业融资理论可以在全球层面引发并购技术的应用，这在国家、行业和企业层面的影响可能是不同的）。

一般而言，我们把这些入口点（因素类型、影响层面）作为一个分析框架，帮助企业经理人处理这类复杂问题，尝试得出相关的思维框架和思路。

全球、国家、行业以及企业因素

企业必须根据自己的优势和不足（比如有强大的创新能力却缺少资金），以及一系列内外部变革因素（例如引入新技术），长期优化其战略、结构、流程、能力和系统。

企业不应该被视为长期固定要素的集合。例如，企业由于拥有较多有形资产而看起来强大，但是一家企业最强大的要素是获取收入的能力，而这个能力可能很快产生变化。

所以说，管理团队的一个基本职责，是在可能引发企业生态变化的方面投入精力，并且评估这些变化将会对收入和利润产生怎样的影响。在跨境并购交易中，应该对重要的驱动因素进行全面评估。

企业特有因素（微观经济）　这个定义并非不重要，大多数财务或战略决定实际上取决于外部因素。但我们假定一家企业的财务情况与处于同一行业和国家的另一家企业相比，是与这家企业自身的决策、投入和优先级相关的。不同企业的增长率、投资水平、工资和福利政策、制造模式以及风险承受度都有可能是不同的。

- 投资海外，为投资分配一定比例的现金流、在相近的投资目的地之间做出选择、决定收购、建立合资企业或者进行绿地投资，所有这些要素都部分受制于内部财务状况和企业的内部认知。这些企业间财务要素的差别可能支持也可能影响对于进行跨境交易的兴趣，使得跨境并购更容易或更难执行。

- 这些因素会因企业的不同而明显不同，即使在同一行业和国家也是如此。这不仅是因为事实和数据上的实际差别，企业对于相关概念的认知和企业的历史也同样重要。企业对于事实的认知并不相同，这取决于该企业的历史、员工中传说的成功和事迹、经验教训、个人事业履历和内部文化等。

- 以美国汽车工业的通用汽车和克莱斯勒为例。通用汽车从 2008 年开始实施一项由美国本土开始的变革计划，出售了主要业务部门以降低负债和提高经营收入。通用汽车弃用雪佛兰品牌、关闭了一系列工厂、调整了零售商网络、偿还了 2009 年国家贷款。在这段时间，克莱斯勒在菲亚特及其 CEO 塞尔吉奥·马奇奥尼（Sergio Marchionne）的主导下进行了重组。重组的重

点放在了新车设计和生产协同、提高国际销售以及改善工厂的生产力。简
而言之，通用汽车调整缩减了产能，而克莱斯勒则进一步与菲亚特整合从
而提高了竞争力。通用汽车采取了防守姿态以留住客户和维护品牌忠诚度，
重新拿回了市场份额，而克莱斯勒则聚焦于形象、增长和创新。但是在这
些差别中还有一个因素就是企业的历史角色，克莱斯勒之前有过与戴姆勒
合并失败的惨痛教训（这是众所周知的管理跨境交易的最糟糕的失败案例），
这个经历有助于菲亚特与克莱斯勒之间形成一个更有协同效应的组织。

行业相关因素（中观经济） 行业因素必须在战略分析中得到识别和确认，所
采用的假设条件必须与商业预测一致。在中间层面上，从主要经济因素和它们与
并购交易之间的关系而言，也存在一些主要差别。

- 由于过去管理上的失败，银行和金融服务受到了公开限制，这也对这个行
  业的增长和产生利润的方式造成了很大影响。在监管较少的业务板块或国
  家，企业高层也发现越来越难找到增长机会。从与免税天堂相关的服务业
  被迫退出，银行业保密以及其他"优化"服务将迫使银行重新考虑其经营
  活动，更关注可持续和可接受的商业目标。
- 在某些成熟行业（制药、银行、汽车），组织规模已经发展壮大，达到的规
  模已经造成了对规模经济的冲击，产生了组织惰性和生产力问题。在这些
  行业，新进入者正在逐渐利用新技术来发展创新服务，打破结构性成本和
  组织惰性。对初创企业的连续并购是解决行业成熟所造成负面效应的一种
  方式。
- 相反，在公众的支持下，其他行业正在进行去监管化，产生了新的收入来
  源和并购机会。例如，借助新 IT 平台，出现了大量基于 C2C 的服务，如个
  性化运输或针对个别能源提供商的能源生产。

全国性专业化的影响。某个特定行业在一个国家内的专业化程度和该行业特
有驱动因素的本质和角色之间存在着联系。一个国家内的强大行业，通常离不开
促成该行业发展的一系列有利因素。因此分析目标行业和它在目标国的定位应该
成为进行并购标的筛选的准备工作。根据国家标准化组织的标准行业分类（ISIC），
英国在 1990 ～ 2010 年间在"法律、会计、审计"和"广告"方面是高度专业化
的，而俄罗斯专长于"管道输运"和"铁路及轨道机车"，法国专长"电灯和照明

设备"以及"皮革加工",德国专长"无店铺零售贸易"以及"摩托车销售、维修保养",芬兰专长"电视广播"以及"纸质产品",而美国专长"运输设备租赁"和"教育"。[24]

国家因素（宏观经济） 在国家层面，一个国家可能与另一个国家存在显著差异。一个企业的发展主管及其团队的第一个任务是收集国家的风险信息。通常有国际组织会对国家风险做出评估，比如法国的海外商业保险公司。但是，尽管出现了行业和制度上的融合潮流，各国之间仍然在集体优先、规则、投资和公共需求方面持续存在着差别。游说集团、媒体、行业依赖以及对风险的认知，确实影响着这些基于行业的变化。各国的交通、国防、医疗保健和公共服务，在服务品质、生产力、成本等方面的差异都很明显。

全球因素（综观经济） 一系列全球层面上的因素影响着商业环境和进行跨境交易的逻辑。生产资源或客户收益的可得性和成本受到多种变革项的影响。一般而言，新规定、新技术、新能源或新产品／服务造成的干扰可以在很大程度影响并购在不同国家的收益。

四组因素

正如上文所述，有大量外部因素可能影响到跨境交易。"经济"这个词使用的范围通常会扩展到所有的外部因素。这是部分正确的，人们会说与并购和跨境交易相关的每件事都必然与经济有关。但是，为了更聚焦于对跨境交易的分析，我们需要按照上述四个层次（企业、行业、国家、国际）将不同类别的因素加以区分。

我们建议区分四类主要因素，这些因素之间相互影响并随着时间的推移而演变，而且都会影响到并购战略和跨境交易。

企业金融／金融市场／经济。这类因素包括关于技术理解、研发、资金的实际使用和优化的各个方面。从企业或行业的融资安排到国家或国际层面的金融市场特点，以及国家和全球经济的关键技术层面情况（增长率、汇率、通胀率）。

治理／监管／制度。这类因素集中了在一系列审批流程、权力架构、合规管控、行业或监管约束下制定、追踪和跟进决策的因素。这其中包括坚实的公司治理机制、行业规定和制度以及国家和非国家机关及其规定、追踪和处罚不良行为的能力。

个人和工会／行业组织／政治。这类因素包括所有关于个人和集体利益观点的平衡与表达，从每位员工的个人水平到他们所属的层级（例如普通员工与经理）到工会和其他专业组织，再到作为行业代表的板块，最终包括了社会和政治体系。

教育／公司文化／文化。这类因素包括所有规范行为并影响商业经营业绩的因素。这包括了对当地员工的教育（从车间员工到高管），帮助他们获得和提升创新知识以及企业内浓厚的企业标识特征、规矩和理念。还包括国家文化特点，比如对待时间和效率、权威和合法性、权力与正义、金钱和进取心的态度。

值得一提的是，我们的上述讨论是为了从一个概括的角度来呈现不同的因素，因此我们承认对这些因素进行分类可能会面临挑战。尽管如此，在我们看来高管们真正理解经济原因只是影响跨境交易的一个因素这个事实很重要。

企业金融 / 金融市场 / 经济

这类因素包含金融和经济方面的因素，包括理论、统计数据和结果。从理解企业内部的融资方法到将这些方法应用在特定交易中，都是与这些方面密切联系的。这些交易建立在金融工具和市场充分发展的基础上，也可能获益于特定经济形势信息，让决策者确定是否能通过交易获得利润。

在企业层面使用企业金融方法　跨境交易方面的财务术语较为复杂。对一家企业进行估值，要求使用诸如现金流折现分析（DCF）方法、加权平均资本成本（WACC）等概念以及各种不同类型的风险比率（无风险、国家风险、企业风险、货币兑换风险）。需要了解有形资产和无形资产估值、最佳融资策略的分析、税收和法律影响以及最优化选择，而理解这些问题和建立模型并非易事。如果没有对企业融资、税收和法律的充分了解，便无法成功地分析、计划和完成跨境交易。这同样也需要管理者掌握此类方法。然而很多交易并没有成功，这常常是由于 CEO 过度集中决策而又缺乏相应的技术能力。

金融行业的规模　在成熟、完善、活跃的股票交易所挂牌交易的上市企业是促进国际交易的一个正面因素。企业的上市性质限制了交易过程中的政治介入因素，为谈判、增加募资选择和交易结构提供了一个更好的股票估值基础，而且在必要时可以改善未来的退出策略。并购潮与股市成交量、价格和监管过程的发展联系紧密，而跨境交易（无论向内还是向外）与并购市场的成熟度有关。

股票市场估值　市盈率、市净率、市价自由现金流比率都可用于金融分析师和投资者对一家企业进行价值评估以确定其是否值得购买。诺基亚（芬兰）和阿尔卡特－朗讯（法国－美国）的交易是一个很好的例子。在成交之前，这两家集团的销售额和员工数大致相等，但是在利润和市值方面差距甚大。基于交易前的市值，该并购在溢价 28% 的基础上，达成了 55 股诺基亚股票交换 100 股阿尔卡特股票的交易。结果是诺基亚占到了合并后企业价值的 2/3，远非一项对等的合并。这个案例也引发了关于时机的问题，比如阿尔卡特－朗讯是否可以推迟合并和改善其盈利，以使该公司根据未来的战略确定其能力和合并条件。

利率水平　利率水平对国际交易的达成有很大影响。位于利率条件好的国家的大企业要比处在风险较高国家的竞争对手发行的企业债券利率更低。这可以帮助企业以较低成本获得并购资金，也可以让它们之后不用为了获取投资资金而承担本地的高利率。国外高利率和本地低利率之间正的利差有利于推动国际交易和未来协同效应的实现。企业利率水平与公共债息是相关的，无风险市场利率越高，企业债券的利率越高。国家政治决策（诸如启动量化宽松或主权债违约）可能对公司承担的利率水平有很大影响。在政治不稳定的时期，利差的波动可能会很大：在2014年年中，希腊10年期政府债券要比瑞士或德国政府债券的利率高1%。在那以后，欧洲利率水平已经下降了很多，利差已经收窄。一般而言，大部分发达经济体得益于比新兴市场更低的公共利率和政府债券息率，这有利于在这些国家进行资产分散化和投资。

通胀率　跨境交易也要考虑不同国家之间通胀率的差别，特别是那些通胀率不低于两位数的国家。在这种条件下，用经过通胀调整之后的价格和用名义价格研究商业案例同样有用。一般而言，高通胀率会对商业预测的质量产生负面影响，因为模型预测未来销售额和经营成本的能力发生了变化。同样需要留意的是在一些国家，诸如基础设施成本（交通、能源、公共服务）、最低薪资或者养老金等因素可能会自动随着通胀进行调整。

汇率　在2015年的头几个月，欧元相对美元下跌了大约20%。对于考虑在欧洲进行收购的美国企业来说，这一变化可能产生一系列后果：较低的交易价格和进行更大规模收购的战略能力。同时，欧元相对美元贬值降低了竞购方未来的分红水平以及当地市场实现的以美元计价的协同效益。如果我们把时间因素考虑进去，汇率的影响会变得更复杂：尽管交易价格是在某个时点计算出来的，但是汇总账户、债务偿付和应付红利将根据汇率而改变。汇率的突然变化也会明显影响对销售额的预测，或影响该企业和当地标的公司之间产品和服务的供应，因而会影响到未来的协同效应。一般来说，汇率的波动性越大，交易的盈利水平越高。

GDP 增长率　当地市场需求是决定是否投资海外的一个主要因素。在成熟经济体里，由于缺乏特定技术因素或其他变革，企业面临着不断下跌的市场增长率。国家的 GDP 增长率倾向于每年收敛到1%～3%的范围内。内部需求越低，向外寻求增长动力的需求越高。从20世纪80年代开始，发达国家的 GDP 增长率逐渐从7%～10%降低到1%～3%。在过去10年里，金砖四国已经成为全球增长引擎，GDP 增长率在10%以上。而现在这些国家的经济在保持经济增长和政治稳定方面面对着越来越大的挑战。纵观世界，美国2008年次贷危机可能会成为1991年苏联解体以来最重要的一个宏观经济和地缘政治事件。由于较低且波动较大的

GDP 增长率，诸如国家风险评估这类因素成了并购预测的必需工作。

治理 / 监管 / 制度

第二类因素是关于法律、制度、合规和程序方面的。这些因素会影响到决策、企业发展战略的可能性以及它们在向公众或专业机构汇报时需要面对的责任。这类因素包括以下方面。

公司治理　跨境交易非常依赖信息质量和决策的可追溯性。企业必须遵守 20 世纪 90 年代中期以来国际上的一系列通用原则。

有效的董事会。董事会成员必须拥有足够多的相关技能和信息，并且需要拥有独立性和最低限度的承诺。

诚信和道德。企业应该将其决策建立在现有正式的和大家认同的行为规则之上，提高道德伦理、社会和环境责任。腐败行为应该受到监督和惩处。

信息披露。董事会和管理层的角色和职责必须对外公开。公司财务报告的诚信应予以独立审计。与财务信息、主要商业风险和风险消除相关的流程应予清晰记录和独立评估。

公平对待股东。这方面要求向全体股东提供公开和诚实的信息，并组织全体股东会议，解释和审定关键商业决策。

合规与其他利益相关者权益。企业必须在雇员、投资者、债权人、供应商、当地社区、客户和政策制定者之间维持平衡。这类利益表达会自然地随着国家发展和信息变化而增加。作为一个结果，管理委员会的目标取决于一套不断增加的合同或法律要求。对抗这种趋势和试图做出不道德甚至不合法的公司行为的风险和代价会越来越大。

董事会与监事会　企业可以根据所在国家的情况和规定采用不同的治理模式。广义上存在着两种主要模式。

（1）盎格鲁 - 撒克逊模式，董事会主要由股东推选的非执行董事主导。

（2）欧洲大陆模式（德国、荷兰），分为管理委员会（由负责日常经营的公司经理组成）和监督委员会（股东推举的非执行董事和管理人员组成，负责薪酬制度和评估关键的商业决策）。

在这一等级之下有一个经营委员会，通常每个月召集所有执行董事开一次会，讨论业务经营问题。在跨境交易中，这个委员会的成员很重要，因为它反映了收购方想要对标的公司管控的程度。

较小的企业可以简化这种层级结构，只有一个管理委员会，执行董事和关键股东负责业务经营。无论在何种情况下，会议记录都是跨境交易的一项重要信息。

CEO 和董事长　这两个角色既可以分开（在英国通常如此）又可以合并（美国或法国通常如此）。是否分开取决于企业规模和层级（总部还是下属公司）。两个角色分开被视为并购中的一个正面因素，因为可以在需要的时候让 CEO 留任。

委员会　独立委员会（审计委员会和薪酬委员会）的存在是良好治理的另一个要素，但这主要取决于标的公司的规模和性质。当这些委员会存在时，它们可以为收购方提供更多的文字信息和独立评估。

当地人力资源市场　各国管理人员市场的规模和活跃性的情况通常存在着较大的区别。在发展中国家可能很难招聘到拥有关键技能的经理和人员。在这种情况下，任用外派人员是一个临时的解决方法，但这也可能产生一些负面效果（缺乏文化方面的理解、缺乏当地关系、缺乏与本地员工的联系以及高成本）。当地人力资源市场不活跃也可能引发当地员工较严重的腐败和不规范的商业行为问题。

投资者权利　对并购的研究强调了从法律上清晰定义投资者在国外直接投资和进行跨境并购的积极角色。外国投资者的权益越是受到保护，越有可能发生跨境交易。另一方面，政治干预、腐败、反对外国投资者的游说活动以及缺乏对投资者权益的法律保障，是在评估跨境交易和所需回报率时通常要考量的因素。

会计制度　这是另一个影响外国投资和跨境交易的广为人知的因素。相关会计标准在国际层面的融合目前是一个潮流（例如"国际财务会计标准"的推出），但是在考量中小型企业在本国市场的经营时，国家间的差别还是很大的。聘用国际审计机构在当地的分支机构是弥补这类会计差异的一种通常做法。

行业合规要求　风险和合规的概念也是支持或阻碍并购交易的一个重要因素。这个方面在过去 20 年里发生了戏剧性的变化，各国都有针对性地制定了很多规章（安全条例、环境规范、劳动法、财务比率、制造和建筑规范），大多数规章造成了成本的上升。内控和合规团队的雇员数量已经增加了，但是依然存在国家间的差别（新兴市场国家在合规水平方面要弱于发达经济体）。本地利润可能因为较强外部性的存在而得到改善：贫穷、健康问题、缺乏教育等综合成本不能由企业自己出资解决。腐败会推迟这些成本的发生，将经营成本保持在较低水平，但可以预料的是商业丑闻（如科威特、巴基斯坦、印度）并不会消失。互联网的发展倾向于将规范和规则的国际化需求变得同质化。在价值链的另一端，发达经济体的客户对生产条件逐渐了解，并也在增加自己的需求和要求（例如对马来西亚的纺织业）。

制度化　这个因素有宽泛的含义，它在法律制定和监管限制方面具有国家层面上的意义，并且执行这方面政策的公共和私营机构也是在国家层面进行操作。新兴市场国家在提供与发达经济体制度水平相当的条件方面面临着巨大的挑战。缺乏金融资源会导致腐败、管理不到位和未知的企业风险。政治不稳定、薄弱的管理以及缺乏公共领域的独立性，是阻碍跨境交易和海外投资的主要因素。

社会政治因素

第三类因素是社会和政治方面对跨境交易的影响，也就是现有的集体结构。这些结构在不同国家的角色完全不同。它们基于不同的历史，承载着不同的目的，表现为不同的行为模式。由于这些因素存在惰性，经理人不得不在行业或国家层面去适应这些因素，以便能够在企业层面尽可能地做出改变。因此对于经理人来说，要花更多的时间和精力去了解与交易有关的国家、行业和企业的特点。人们也必须经常提醒自己，将因素"放之四海而皆准"往往会导向整合错误和失败。我们将在这里列出其中两个因素（工会和民主），当然也可以将清单扩大到包括其他的同类因素（如专业组织和政党）。

工会　在一些经济体中，工会的存在被管理人员视为一个负担。他们往往认为工会限制了经济上的选择，限制了管理创新和行动自由，并最终影响到股东的权益。工会被看作负面的、保守的、抗拒创新、影响企业盈利并会减少集体财富的因素。因此海外投资目的地应该选择员工表达权有限、没有工会或工会势力弱的地方。这并不是一个被普遍接受观点，尽管赞同这个观点的人已经做了相当大的努力去陈述该观点。在其他经济体中（例如德国和其他欧洲国家），工会反而被看作一个获得可持续盈利的途径，可以帮助企业在员工内部达成一致，因而有助于激励人们更有效地充分理解并支持合理的目标。所以工会对于跨境交易的影响尚不明确。

我们的立场是，工会的影响主要取决于管理方法和公司奉行的战略。对于将盈利建立在生产和人力资源低成本、低质量和糟糕工作条件基础上的战略来说，工会确实是一个障碍。这和企业建立与员工之间非利用性关系和协作管理习惯的长期发展战略是不同的。一般来说，只要不唯利是图，工会就不应该被视为前进的障碍。企业越多地与员工沟通其道德价值观和人力资源管理风格，越是将人力资源和资本视为合作关系，则越能有效地管理工会。但是这需要管理层真正理解当地人力资源法规、员工行为和期望以及有计划有步骤地做好与工会和员工代表的沟通。

民主　这个方面在国际层面上是一个微妙和高度敏感的因素。在跨境交易和民主之间是否存在一种联系呢？我们的立场是不从道德角度看待这种联系，企业间的交易不能将改变一个国家的政治组织形式作为其公司的战略目标。跨境交易可能会为当地带来变化和造成社会影响，但是这是一种非直接的副作用。跨境交易更多的是支持经济体的对外开放，并反映当地出现的社会和政治变化。交易可能支持这些变化，但其本身并不具备决定性的影响。另一方面，在一个开放经济体里，通过提供高质量的制度（即行政管理力度、较低水平的腐败、强大的司法体系、独立的公共机构），跨境交易才更可能成功。跨境交易的利润主要与制度质量相关，而民主并非决定性因素，但是两者也存在着联系。

文化 / 地理因素

文化是一个重要主题，我们还会单独讨论（见第 7 章）。总体上讲，经理人通常并不清楚文化的意义以及文化所指的一整套知识、技能、信仰、行为和仪式。第 7 章将对这些方面做介绍。

社会构造　发达经济体的社会构造是几个世纪以来普及教育以及历史事件汇聚而成的结果。在学校里每个人都在学习多方面知识，并形成共同愿景，形成集体身份和对他们所在国家不同阶层的意识。这个社会和教育过程在国家间差异甚大。在很多国家，学校仍只面向少数精英，这造成了社会分裂，而对商业活动有重大影响。进入该国的外来者有必要了解这些以及它们的演变过程。

语言与方言　在很多国家不只有单一种类的语言，而是同时存在着很多种语言或方言。在大多数非洲国家，有很多人懂五种以上的方言。在刚果民主共和国，有四种通行语言，而法语是官方使用的语言。这不意味着应该懂得所有语言，但是负责整合的经理应该明白，在管理外国员工时，语言和翻译可能是一个重大的问题，特别是在人口众多的大国。

社区　不同语言的使用与海外投资要面对的另一个方面是关联的，也就是从商业角度形成的文化分层类型。任何国家都是由多个或多或少相似的族群组成的。这些社群既是垂直的（贵族和"贱民"），也是按地区分隔的。他们有自己的表达方式、工作方法、教育标准和消费模式。特别是 B2C 并购，尽早了解那些社群以及当地情况会在何种程度上影响到整合计划和财务预测是非常重要的。对社会阶层了解的知识应该来自对当地的调研和与当地研究机构的接触，并据此做好营销策略规划。举个例子，一家向高净值客户提供服务的欧洲银行几年前就在分析一种向可能被配偶抛弃的女性提供的低调储蓄服务。

信仰与价值观　发达经济体国家强调的是个人角色，而不是当地社区或家庭的角色。信仰和价值观对于员工对个人表现、个人努力的回报，管理决定和忠诚的评估方式有着巨大影响。从客户的角度看，这种价值观有利于个人消费以获得财富和成功象征，并对服务和品质有更大需求。我们在全球都可以观察到这个趋势，但是国家之间的具体情况差异很大。企业必须面对那些被各种不同社会关系塑造的客户或员工。从人力资源和营销角度优先考虑这个社会生态环境和理念并相应调整内部服务（如分析如何支持一孩员工的教育或为居住较远的员工提供通勤车）和外部服务（如提供 VIP 服务），是促进成功的一个因素。

管理理论　收购方分享长期战略目标的愿景和决策以制定合理性方面的信息是非常重要的。当然如果已经充分分享过这些信息，对决策合理性的认知会更容易达成。在技术层面确实如此，一般在工程师或技术人员之间达成共识是非常容易的，管理技能和思想也是如此。这就是为何在跨境交易中训练本地管理人员了解收购方的关键管理流程是非常重要的。管理顾问也是一个重要角色，因为他们可以提供一个外部或者更为中性的观点，并提高企业所做决策的合理性。

对待创新和变革的态度　思想观点和技术在国家（或地区）和企业内传递的方式，也是影响并购决策的一个主要因素。国家或地区可能在新思想和新概念的偏好方面有所不同，这关系到人民的教育、社会传统以及权力当局的形象与合法性。在一个具有创新思想的国家或地区（以色列、新加坡和美国的加利福尼亚州），创新会相对更为容易。在存在复杂需求链条的更有组织的社会（德国、俄亥俄地区⊖），研发和大众成功会更容易一些。但是在跨境交易中，对创新的抵触并不只和国家有关，也取决于创新的国际化立场和方向。一家新兴市场国家的企业将其创新概念用于发达经济体往往会更难。一个国家越是认为自己更发达，对于外国竞购者来说，其整合过程就会越难。

"软"心理模式　我们可以从以下方面分析这个问题。

- "自满假说"是一个被广泛采纳的理论，用于解释信息充分的管理层做出不合常理决策的现象。从心理学角度看，管理团队可能集体低估潜在的风险，这个心理现象可能在多个利益相关方参与交易之时消失，这样可以确保交易之后的执行过程，抑制即将达成协议的并购团队的自满情绪。
- "从众"行为是另一个对商业决策和并购交易产生影响的主要因素。从企业角度说，在一个不确定的世界中，并在缺乏长期企业愿景的情况下，注重技术细节和短期业绩的经理人将模仿策略作为解决方案。拥有的信息越多，

⊖　俄亥俄地区是 18 世纪殖民地时代美国东部一个被法国和英国争夺的地区。

就会有越多企业和个人沉迷于"人有我有"的做法，复制常见的模式。标杆研究、竞争评估和股权研究评估的系统化，加快了模仿过程的扩大，而这个模仿过程也是并购潮形成的原因之一。

本章小结

- **并购市场是一个上下波动的市场，近年来十分活跃，但是也可能会很快衰落**。这些周期循环对于价格、资源的提供、融资和风险具有重要影响。在进行一项费时的复杂交易之前，必须对整体的市场情况有所了解。

- **广泛考虑潜在的交易机会**。并购市场正在变得越来越重要，这个市场的增长速度远远超过了全球 GDP 的增长率。越来越多的国家和行业正在参与其中。不要将自己局限在地区或行业板块中。限制可能存在，但是总体趋势是有利于跨境交易的。新的领域正在不断拓展。

- **要从宽泛的角度了解并购交易增加或减少的原因**。理解并购潮的决定原因，不论从战略评估和交易决策角度来说都是一个积极的因素。对这些因素的理解越深，越能从交易中获得潜在价值。

- **跨境交易要比分析和执行国内交易更为复杂，因此要仔细进行规划**。花时间辨别和评估自身业务和标的企业业务之间的差距。这些差别可能涵盖价值链上所有不同的环节，也可能存在于标的企业之外。

- **确保对于交易有一套清晰和达成共识的战略动机**。跨境交易可能包含一系列战略目标，需要将其尽早列出和论证，要有能力在完成交易之前完成评估。

- **在签约后和完成交割前的空隙时间启动实际整合计划，可以在许多关键方面确保交易成功**。要考虑执行方面的复杂性，并结合本地价值驱动因素论证早期的战略假设。应该对标的公司和收购方之间的差异有更深入的了解，并且更准确地评估潜在协同效应、执行成本和延迟。

- **在整个交易过程中坚持一个观点，即战略成败因素可能存在于不同层次**。一个组织根据经济、监管、组织和文化之间在不同层级的交互作用而演变：个人、企业、行业、国家乃至国际。这个框架非常复杂，但也提供了一个较大范围内潜在的行动和优化领域。对当地环境和事物的兴趣越广，而不只是局限于技术层面，那么做出能加快和保证整合过程成功的决策的能力则越强。

注释

1. All figures from Thomson Reuters, *Mergers and Acquisitions Review, Full Year 2015 and 2014*.

2. Bloomberg Business, *Global M&A Set for Record in 2015 as Companies Pursue Mega Deals*, July 29, 2015.

3. G. Andrade, M. Mitchell, and E. Stafford, "New Evidences and Perspectives on Mergers," *Journal of Economic Perspectives* 15, no. 2 (2001): 103–20.

4. S., Brakman, H. Garretsen, and C. Van Marrewijk, "Cross-Border Mergers and Acquisitions: On Revealed Comparative Advantage and Merger Waves," Tinbergen Institute Discussion Paper, No. 08–013/2 (2007).

5. R. E. Lucas, "Why Doesn't Capital Flow from Rich to Poor Countries?" *American Economic Review* 80, no. 2 (1990): 92–96.

6. L. Alfaro, S. Kalemli-Ozcan, and V. Volosovy, "Why Doesn't Capital Flow from Rich to Poor Countries? An Empirical Investigation," *Review of Economics and Statistics* 90 (2008): 347–68.

7. S. Brakman, H. Garretsen, and C. Van Marrewijk, "Cross-Border Mergers and Acquisitions: The Facts as a Guide for International Economics," CESifo Working Paper, No. 1823 (2006).

8. Global PMI Partners, 2015.

9. F. Mason and J. Dougherty, "Market Analysis: Current Trends in Cross-Border Public M&A," *Public Mergers and Acquisitions Multi-Jurisdictional Guide 2014/2015* (2014), global. practicallaw.com/6–586–3405 .

10. Brakman et al., "Cross-Border Mergers and Acquisitions."

11. Chunfang Cao and Guilin Liu, "Political Uncertainty and Cross-Border Mergers and Acquisitions," Working Paper. http://zicklin.baruch.cuny.edu/faculty/accountancy/events-research-workshops/Downloads/SWUFEChunfang_Cao.pdf .

12. Michael Porter, *The Competitive Advantage of Nations* (New York: Free Press, 1990).

13. K. S. Reddy, "Determinants of Cross-Border Mergers and Acquisitions: A Comprehensive Review and Future Direction," Indian Institute of Technology, MPRA Paper, No. 63969 (2015). http://mpra.ub.uni-muenchen.de/63969.

14. UNCTAD, *World Investment Report: Cross-Border Mergers and Acquisitions and Development*. New York and Geneva: United Nations Publications (2000).

15. International Monetary Fund, "World Economic Outlook Database," April 2015.

16. Mason and Dougherty, "Market Analysis."

17. Stephen R. Yeaple, "The Role of Skill Endowments in the Structure of U.S. Outward Foreign Direct Investment," *Review of Economics and Statistics* 85 (2003): 726–34.

18. L. Frésard, U. Hege, and G. Phillips, "Extending Industry Specialization, Intangibles, and

Cross-Border Acquisitions," Working Paper (2015). http://www-bcf.usc.edu/ ～ gordonph/ Papers/XborderAcquisitions.pdf .

19. P. J. Neary, "Cross-Border Mergers as Instruments of Comparative Advantage," *Review of Economics Studies* 74 (2007): 1229–57.

20. G. Hoberg and P. Gordon, "Product Market Synergies and Competition in Mergers and Acquisitions: A Text-Based Analysis," *Review of Financial Studies* (2012): 3773–811.

21. H. Robert and D. Ravenscraft, "The Role of Acquisitions in Foreign Direct Investment: Evidence from the U.S. Stock Market," *Journal of Finance* (1991): 825–44.

22. Yeaple, "The Role of Skill Endowments."

23. R. Morck and B. Yeung, "Why Investors Value Multinationality," *Journal of Business* 64 (1991): 167–87.

24. Frésard et al., "Extending Industry Specialization."

第 2 章　跨境并购战略与交易规划要点

◎ 洪麦克

□ **学会思考**

⋮ 跨境并购策略的组成

⋮ 确保最佳决策所需要的责任和问责

⋮ 标的公司选择标准

⋮ 如何为跨境交易做好准备和计划

□ **本章概要**

本章从讨论一项并购策略的组成部分入手，然后建立一个尽可能客观的决策流程。随后将讨论标的公司的选择标准是什么，最后讨论如何为一项跨境并购交易做好准备和计划。

并购策略概览

当公司在评估其发展计划时（见图 2-1），可做的选择包括自身发展、合作或收购能为股东带来明显价值的资产。当一家公司决定收购一项资产时，并购过程就启动了。该资产可以是一家公司或者公司的一部分，例如，一间工厂或工厂中制造产品的权利（这被称为剥离）。为方便起见，本章将用"标的"指代一家完整的企业或其中一部分的资产。

图 2-1   发展计划

并购分析的基本依据

并购流程始于做出并购决定，本章的起点是探讨一个并购标的企业（见图 2-2）。并购整合框架™（AIF）将在稍后章节讨论，本章先讨论其中的并购战略和标的选择两部分。

"自建、合作或收购"的分析是并购决策的依据，也就是如果是分析收购的选择那要比较需要多少成本和时间打造一个与标的公司一样的企业或部门以及按贴现现金流方法计算能从中获得多大收益。当这些用于并购决策的资料准备完毕时，需要对所做的选择做进一步确认。对于自建的选择，人们需要对在并购项目过程中获得的保密协议之外的信息进行分析比较，而对于合作的选择，也应做同样的处理。这些信息也可以帮助并购团队制定并购战略。

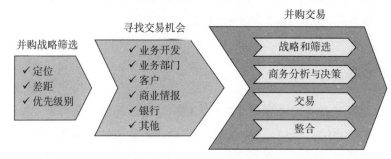

图 2-2   战略筛选以及并购交易

并购战略的选择应有助于回答以下问题。

- 在并购战略中有一个还是多个标的，促使做出并购决定的原因是竞争力、产品、市场还是价值链管理？
- 着手并购多个标的目标的并购战略是否对跨境并购设定了顺序、触发条件、

时机以及优先级？图 2-3 展示了收购公司 A、B、C 的两个可能顺序。对

于被收购企业来说，哪个顺序是最优的呢？A+B+C 还是 C+A+B？如果只看单个标的，这个顺序应该是考量每个标的的触发条件，而不是顺序本身。选择最优顺序应该考虑①用于整合的资源，或②获得最优的增长。例如，首先收购一家大型贸易商，然后是收购两家服务型企业。

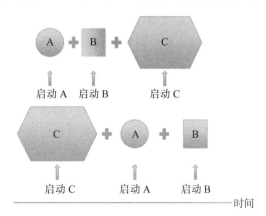

图 2-3　并购的时机和顺序示意图

- 公司里是否存在其它有可能也需要资金和占用管理层时间精力的战略项目？
- 当前的定位和想达到的竞争定位是什么？
- 该跨境并购项目距离公司的舒适区间和过往经验有多远？
- 短板在哪里以及标的是否能够正好弥补这个短板？
- 在并购待选清单上是否有很多需要跟进的标的？

并购战略的组成

　　并购战略的组成可能非常复杂和具有战略性，在评估时需要拥有大量资源或者需要对个例进行逐个分析。有关并购战略意图的信息和预期应该清晰，并得到一致认同。

　　头脑冷静客观的和富有激情的牵头人才可以推动并购战略的执行。一个需要回答的问题是组织如何对并购战略及其实施提供支持。对于一个连续出击的收购方或整合者来说，并购能力显然是关键因素。并购市场上的整合者就是一家通过收购竞争对手获得规模效应或以一个价值链控制市场的公司。一家连续的收购方是一家收购一系列类似标的的企业，并不断从重复的并购流程中取得效率的公司。连续收购方一般采用一套或两套操作手册，而操作手册是企业并购流程的一个具体呈现。

　　操作手册的一个例子是"销售加速操作手册"，它指的是一家连续收购方购买一家拥有还未推向全球市场新产品的小公司。该收购方拥有一个高效的全球销售组织和新产品导入流程，可以迅速将新产品推向全球市场，最近的例子是 IBM 和

甲骨文公司。对于这个收购方的要求是新收购的产品可以快速被纳入所需的销售、交付和服务支持系统里。销售加速也经常发生在制药行业，由较小的公司负责药品研发，然后被医药公司收购，再由其将这些产品投入最后试验阶段，进而推向全球市场。

另一个例子是为了人才和产品而收购一家企业，这意味着标的企业的产品销售可能不足以建立起市场地位。由于标的公司的产品、开发团队被买方要求在收购方世界级的开发管理和流程下进一步发展被收购公司的产品，所以这种战术被称为"产品再造"。近期的例子是甲骨文和谷歌。

对下列问题的回答体现了并购项目是如何开始运作的。

- 并购项目的各方面都由内部负责还是其中一部分是由外部顾问提供？
- 谁将正式做出决定？是已经设立的决策委员会还是管理团队？
- 董事会介入程度如何？
- 同行评审是否可行？
- 尽职调查范围是宽还是窄？
- 并购战略和交易需要哪些内部协调步骤？让每个人尽早参与其中可以收获很多。
- 如果在一个国家只有不具备跨境并购交易经验的一个小团队，可否在该国进行并购？
- 对哪些标的有并购兴趣？

并购筛选流程

在制定了并购战略以及确定了并购项目如何运作之后，下一步就到了并购筛选（见图 2-4）。从收购方的管理层或业务部门 / 分部团队、交易团队的研究结果以及企业融资顾问或分析师等外部顾问处汇总信息之后，就可以列出一个潜在标的长清单。清单上要列出多少个标的公司呢？这需要视情况而定。但是一些连续收购方会列出多达 300 家公司的清单，这样可以根据情况选择最佳时机，通过收购实现最大的协同效应。

图 2-4　筛选流程

在不考虑可供选择标的的情况下，需要根据以下问题确定并购标的短清单的筛选条件。

- 商业产品生命周期 / 市场窗口以及并购的附加价值 / 协同逻辑是什么?
- 软性条件的方面如何评估,例如,标的管理团队的质量、员工、公司文化、经营效率以及衔接客户活动的质量如何?
- 不同地区是否需要有不同的标准?
- 是否允许使用工具或主观方法对标的进行评估?
- 通过内部渠道能否找到跨境交易所需的信息?
- 是否有必要雇用一家研究机构?

　　精准的数据和信息非常重要,因此需要对不同渠道来源的数据进行交叉核对,对于跨境交易尤其应该如此。

　　规划和准备工作越充分,在并购过程中组织感受到的压力和痛苦就越小,并且由于组织内部进行了充分的协调,并购后的整合也会更顺利。问题在于为了并购战略或执行每个并购项目所做的计划和准备应该达到什么程度,这完全取决于当前的能力和并购项目的范围。准备工作将确保并购项目可以获得价值和协同效应。在执行并购整合项目时,有时会出现关键人员准备不足的情况。每个人都应为了锁定交易而努力工作,而最重要的事情是确定经理人和并购团队在交易前后需要花费多少时间。此时也应考虑在所在地如何利用和发展关系网络,以了解客户、供应商或竞争者等方面的情况。

　　总之,

- 提供给并购团队的信息应该完整和准确。
- 评估和决策流程需要尽可能地明确和客观。
- 跨境交易中收集的信息应经过论证、交叉核对和验证。
- 慎重考量内外部资源配置。

跨境并购交易战略的组成

　　由于经营模式和雇员的不同,每家公司和各自的需求也是不同的,因此每家公司并购战略的组成也不同。外部顾问可以提供指导和支持,但是好的战略往往来自企业内部。这个战略是由内而外形成的对公司如何有效抓住未来发展机遇的观点,而且也要从内部找到公司与标的企业的匹配点。如果交易团队搭建得好,收购方精准分析并购过程中所获得资料的能力应该接近 100%,这样就可以减少对外部顾问的需求。这些信息和对市场的综合判断推动了并购战略的各个组成部分的形成。如果还没有进行讨论且公司领导层还没有形成对市场的判断，在选择和设定并购战略之前，就应该先做好这一步工作。

跨境并购战略的各部分可以分为适合所有战略的通用部分（见表 2-1）和适用行业和交易的特定部分（见表 2-2）。

表 2-1　通用战略部分

构成部分	示例	构成部分	示例
并购频次	每年并购次数	资金	内部资产负债表
并购时机	最好是第 1 季度到第 3 季度（第 4 季度通常很繁忙）	风险	安索夫风险评级 1，4，8（最低 1，最高 16）
寻求的协同效应	销售驱动的协同	想要达到的状态（理想的最终目标）	在 1～10 的区间达到 6 以上
附加值	销售和渠道管理	需要剥离、终止生产或明显重叠的比例	低于交易价值的 5%
地点	北欧	增加收入	1 亿～2.5 亿美元
交易来源	80% 来自内部	所有权性质	私营优先
完成交易后的所有权	> 60%	价值链	最好是贴近客户

表 2-2　与行业 / 交易相关的特定战略部分

构成部分	示例	构成部分	示例
触发条件	EBITDA > 5%，且本地市场的年平均增长率 CAGR > 5%	人才风险	完成交易一年后的流失率 < 5%，无留任奖金
管理层	管理层留任，负责销售业务和产品发展	ERP 系统	SAP 优先
缩短的差距	专业技术和知识产权		

主要问题不是并购战略的组成部分属于通用部分还是与交易相关的特定部分，而是交易团队是否能形成看法并为这些组成部分赋值。

我们可以按照几个步骤制定并购战略（见图 2-5），也可以用一份详细的文件记录战略背后的依据和所做的选择。一份详细的文件可能会很快失去时效，因为一家企业的整体战略和对行业状况的理解可能会变化得很快，具体如下。

图 2-5　并购战略示例

- 交易的逻辑是要收购市场份额。
- 销售驱动的协同——目标是销

售给现有客户，并且最好能够与配送渠道匹配。

● 标的公司可以给收购方带来附加值，例如，强化产品组合、高效率应用支持、商业活力、了解客户需求、强化服务组合。

● 理想的地点：欧洲、北美洲。

● 80% 的建议标的备选来自公司内部。

● 只对不到 10% 的标的企业采取非控股投资（当然，要保留收购 100% 股份的选择权），以保持创业精神对公司的驱动。

组织内部的责任和问责制

在组织内管理一个并购项目的关键词是客观、热诚、负责、同行的洞见和架构。

对于一家企业而言，一个并购项目是一项大投资并具有潜在风险。在签订协议前放弃一项并购，就像是在距离马拉松比赛终点线 100 米时放弃比赛一样。并购团队全心全意地为跨过这条终点线准备了几个月，要他们在最后放弃是非常困难的。团队已经爱上了这个交易逻辑，并为此投入了大量的个人精力和热情，为外部顾问支付了费用，此时很难保持理性。项目牵头人对该项并购带来的价值非常看好，并且把很多个人信誉寄托在这个项目上。

在并购项目中需要执行一个客观的决策流程，以确保能做出理性决定。如果决策标准未能满足，应该在达成协议之前放弃交易（见图 2-6）。

对于决策团队来说，有两个关键决策点和规则：

（1）寻找到一个标的公司并进行交易谈判；
（2）签订交易协议。

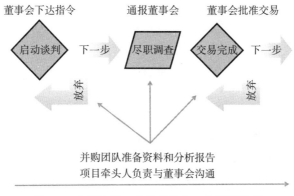

图 2-6　决策流程，项目牵头人，分析提供者

其他检查点包括决定研究短清单上的交易、引入外部顾问以及组建尽职调查团队。

一个可行的做法是指定一名项目牵头人，从项目开始到整合的两到三年内都跟进并购项目。这位项目牵头人最好不是 CEO 或董事长，因为这个人应该是决策流程中一个客观的角色，要确保这位项目牵头人有连续和清晰的责任。对于跨境交易来说，更重要的是标的公司各领导层和员工把这位项目牵头人看作站在自己的一边。如果这个人的态度出现变动，标的公司就感觉自己有被放弃、背叛和抛弃的风险。在收购家族企业时这种情况最有可能发生，因为家族本身会继续经营生意，并对生意的成功至关重要。并购项目可能非常复杂，并有大量碎片信息需要处理。在并购项目中，产生风险和价值损失的一个原因是人员调动。为了降低这个风险，需要将人员调换减到最低程度。在项目结束前应妥善保留资源，慎重处理人员调动问题。曾经发生过因为人员交接问题而导致知识产权或信息没有及时让整合项目组获悉，因而造成价值流失的案例。

并购项目的资源规划

从时间、资金和资源等方面看，一项并购项目可能会非常昂贵，但是若考虑到收购公司的夙愿和标的公司的情况，并购项目又不是那么昂贵。在交易之前，主要风险存在于策略、估值、收入预测和尽职调查（在尽职调查团队中没有安排最佳人选），而在交易之后，风险存在于从交易和整合中获取价值。在并购交易团队中，可能的成员会包括项目经理、商务人员、法务人员、运营人员、并购整合人员、产品组合管理人员、人力资源和财务人员，或者也可以只有一个人，比如业务发展经理。

在并购战略制定之后，应该让参与标的公司筛选、评估、尽职调查、完成交易和并购整合的人员开始着手进行资源规划工作。并购项目中的所有需求不可能提前预知，但是一份资源规划可以让我们确信我们拥有足够的能力，并获得了内部一致同意。在跨境交易中有一点甚至更为重要：了解当地法律、商务和运营研究等资源需求，以及寻找能够为交易后整合提供支持的资源。资源计划是选择外部顾问和控制外部顾问相关成本的基础。

标的公司管理层说明演讲会

同样重要的是考虑谁将参加管理层说明演讲会，标的公司管理层将介绍出售的这部分业务。这是建立信任和关系的机会，也是收购方发现标的公司领导力、业务和运营弱点的机会。在管理层说明演讲会之后的问答环节，可以在不暴露并购潜在协同效应的情况下，验证该项并购的协同效应。如果卖方了解到买方发现了哪些协同效应，他们就会以此提高卖价。

此时可以对标的公司的部分领导人施加压力，观察他们做出的反应。在一个这样的问答环节，一家亏损业务部门的主管很可能会明显暴露他的无能和不了解业务的情况。比如他挪开会议桌前的椅子，气冲冲地离开了会议室，表现出了消极态度。在这个案例里，问答环节淘汰了一名低水平的成员，而在跨境并购交易中，也可能是文化、沟通或其他方面的原因导致了这种情况的发生。如果标的公司管理层需要被替换，在会议中也有可能形成这样的看法。在跨境并购中，由于可能出现文化和语言误会等情况，在做出重大的判断和决定之前，需要非常谨慎。

在同一家公司里经常会出现多个并购项目都争取获得资金的情况，不同部门在同一时间提出各自的并购项目建议。这种竞争会反映在投资决策者对项目的比较和质疑上。但完成交易之后，常见情况是各个部门由于共同利益都对并购整合的成功非常关注。如果公司的资源被消耗殆尽，则需要等待一段时间，才有可能继续下一个并购项目。来自不同部门的同事评审可以提高并购项目的价值并确保知识传播和计划更加完善。这类评审可以发生在签订协议和交割日前后。同事评审带来的价值取决于公司文化能否提供这样的支持。

通常应该为并购项目挑选最好的领导人、经理人、分析师和专家。一线经理会将近一半的时间放在并购项目上，如果需要，应该用内部资源或顾问先暂时填补一线岗位。即便一线经理没有把精力全部用在本部门，一线部门也应该有动力和能力向前推进。

当并购项目需要做出大量复杂决策时，就会发现一些组织结构较差的并购项目配置了糟糕的资源。实际上确实存在不合适的人在负责并购项目的问题，或者项目没有得到很好的组织。如果参与的是初级经理，尽管他们可能很聪明，但是如果没有授权，他们的动力也会减弱。因为这些初级经理在解决每个问题时，都需要高层一线经理批准。这就造成了决策的缓慢。

标的公司标准

曾有收购方被要求对列入收购候选清单的对象提出一些先决条件：办公环境、厨房、食堂、咖啡机和洗手间要在并购团队到访时保证干净整洁。并购项目不管选择哪些标准，都可以从客观和有序、主观和创造性两个角度获得收益。

两个方面的平衡取决于要达到何种目标和能够收购到怎样的理想标的。标的有多么适合？已经准备好被收购还是需要磨合？候选清单上的所有标的将从筛选标准的角度进行评估，以便了解不同情境下的可能结果。例如，为了获得标的1的价值，可能需要收购方提供较多资源，而对于标的2则所需资源较少，但它也可能只有较小的整体价值。

使用财务模型（比如DCF）可以估测一个标的企业的未来价值以及收购成本。这个附加价值逻辑（见图2-7）是交易和比较不同标的标准的一部分。建议收购方起码要考量候选清单上所有标的目前的吸引力和业绩表现（见图2-8）。

标的吸引力标准会有更多的主观成分，例如，标的公司经理团队和中层管理者有多出色以及他们能否实现交易的价值。整合和管理标的企业的难度有多大？在跨境交易中，重要的是确定有关标的吸引力的最相关的标准和看法。

业绩表现标准包括查阅历史数据和趋势，了解关键信息，如标的公司之前是否能够在市场上比竞争对手实现更快地扩张？是否所有商业趋势都有积极意义？

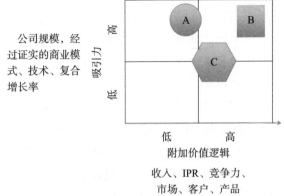

公司规模，经过证实的商业模式、技术、复合增长率

附加价值逻辑
收入、IPR、竞争力、市场、客户、产品

图2-7   吸引力与附加价值逻辑

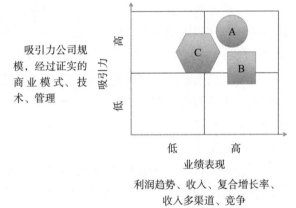

吸引力公司规模，经过证实的商业模式、技术、管理

业绩表现
利润趋势、收入、复合增长率、收入多渠道、竞争

图2-8   吸引力与业绩表现

上述这些标准被用于评估事实和趋势。风险存在于信任那些没有经过交叉验证的数据。如果标的公司所做的"美化"未被发现，而且存在误导表述或错误数据的话，就需要对所有数据进行仔细的筛选和彻底的调查。

标准当然可以在并购团队得到更多信息和更深了解的过程中逐渐加以完善。其中一个重要部分是明白团队通过使用这些标准可以找到标的企业，另一个重要部分是这样做比较容易对不同标的进行比较。

有些团队成员或交易推动者会迷上一项交易，并试图让数据分析服务于他们的这种偏好。他们认为这项交易非常棒，就做一些改动以使其能够顺利通过公司的层层审批。制定标准则有助于阻止这种做法。

◎ **标准示例**

附加价值逻辑

- 产品收入
- 产品知识产权价值
- 竞争价值
- 市场价值

标的吸引力

前提条件:

- 标的公司规模: 10 ~ 50 名雇员
- 有可行的商业模式和技术, 意味着不只是处于适应客户需求的早期阶段
- 非常先进而且有能力成为利基市场的前一或前二; 这取决于一些关键因素, 比如专利、专有技术、独特的设计或非同寻常的客户关系
- 目标市场平均年增长率 CAGR > $x\%$

需要考虑:

- 标的公司的产品非常成熟, 得到了市场验证, 有好的客户群
- 收购公司现有产品研发部门, 保证其即便关键员工离职, 收购方也能顺利接管标的公司的研发职能
- 高管队伍的素质
- 中层管理人员的素质
- 在市场中的位置以及行业的未来前景
- 易于整合
- 易于建立治理架构

标的公司的商业表现

前提条件:

- 最近 3 年取得正的收入和销售额, 而且趋势是正面的
- 产品可以通过被收购企业的渠道发售

需要考虑:

- 标的公司的产品每年预期内生增长率超过 10%, 市场增长强劲, 有潜力扩大市场份额

- 受到市场欢迎
- 价格与自己公司的产品形成互补
- 对买方公司第 2 年的财务有贡献，即产生正现金流
- 具备一个主要的高端产品系列，即能够产生高边际利润
- 在利基市场上竞争较少
- 最好是经常性业务占比高

上述标准应该用于并购标的的筛选阶段，以此先建立一份潜在并购对象的长清单，然后再将其缩短为一个短清单。长清单一般只需做一些案头研究就可以得到，短清单可能包括更多的现场研究以及接触标的公司的客户、用户、供应商和竞争对手。根据交易的不同，这个工作可以在接触标的公司之前进行，比如在收购清单上的公司，或者了解到标的公司的所有者愿意出售时；也可以外包给市场研究机构制作长清单，但是我们建议买方更积极地参与制作短清单。无论买方的规模大小，都会同时跟踪几百家标的公司，确定并购触发条件、优先顺序或时机、将一家标的公司纳入短清单。并购触发条件可以当作进入市场的一个障碍被清除，例如，当客户大量购买类似产品、政府管制规定修改、一家客户开设新业务或者出现了一种新技术时。优先次序可能是在收购当地服务企业之前先收购一家区域销售商。时机可能与行业周期或并购发生的年份有关。

跨境交易的准备和规划

一旦企业决定要通过收购一家跨境标的来拓展业务，并购交易团队需要为此做好准备。首先应该考虑团队的能力和交易中需要汇集哪些资源。如果企业有并购流程和相关工具，那么准备工作就已经进行了一半了。剩余部分就是人员、领导和观念。

在规划并购项目时，最好在开展之前考虑清楚各个事项。我们建议并购团队使用买方的并购流程并作为确定每一步方法的基础。有一些技术可以帮助人们考虑不同的情境，比如故事法。写下一个覆盖并购项目各阶段的简单资源计划和一个带有关键目标的时间计划。

在本章前面，我们提到了高质量并购项目需要确保有准确充分的信息，也需要对跨境交易进行信息交叉验证，并严格审视分析师报告（他们可能提供了错误数据）。这些准备工作无论怎样强调都不过分。如果一个人跨入未知领域，就有必要

考量所有的可能性。迫在眉睫的工作是通过事实搞清楚并购交易的边界。

一种避免在签订协议之后出现矛盾和争议的做法是收购方提前设定并购政策和指引，这可以只是一张幻灯片，也可以是更详细的表述。如果进行一系列连续收购，则可以做得更细致一些，为并购活动制定基线或标的操作模型。并购政策和指引适用于大多数跨境并购交易，在签订协议之前，重要的是双方沟通和了解相互的预期。可以写成绝对量、基线或者一个操作模型，这些方法已经被很多收购方成功使用。在协议签订前向标的公司进行说明，以确保易于获得协同效应和管理好后期整合。要清晰定义哪些事项需要讨论，哪些不需要讨论。并购政策和指引可以由收购方的各个职能部门制定。

下面是一些可以包含在并购政策和指引文件中的内容示例。

- **品牌**，公司将采取多品牌策略，不改变在当地市场的品牌。
- **薪酬**将不会统一或者全员签订新的雇用合同并统一 / 整合福利待遇。为新雇员提供一项新的薪酬和福利制度。
- 公司将建立一个**精益管理组织架构**，根据市场需要和精益管理需求配备优秀的本地员工。
- 公司对于差旅、办公用车、办公环境、员工配备等事宜秉持非常**保守的政策**。
- 公司关注**降低营运资本**。
- 在 6 个月内制订一项**联合经营发展计划**。
- **同一个内部网**——公司将在 x 个月内完成内部网互联。可能有必要先聚合当前业务的重要信息。
- **同一个 IS/IT（信息系统 / 信息技术）骨架和系统**——公司将在 x 个月内完成整合。
- 对于**个人电脑**及其使用采取同一个 IS/IT 政策。
- 在 x 个月内完成统一的集团**雇用标准和福利政策**。
- 所有销售活动将采用**公司客户关系管理（CRM）系统**。
- **所有变动都应得到 CEO 批准**。

公司高管不太可能场场出席每次并购会议，所以需要团队树立一个除了收入、利润和协同效应以外的理念。这些理念要在并购前后保持一致。这可以让团队释放活力，为其提供指引并获得更大的价值。

下面的并购理念示例是来自某项具体的交易，而且主要发生在整合阶段。

- 提高销售、增长率、客户、员工效率，达成关键绩效指标是整合中最优先事项。
- 建立和保持发展势头。
- 不要忘记：没有打破，就无须重建。
- 关注寻找快速见效的做法、先进方法和改善机会。
- 关注改善全流程，例如从下单到收取货款。
- 质量问题每天都要重视。
- 公司发生变动是必然的。

只有理解了在成功收购跨境标的公司后如何管理好标的公司，才能更好地为并购团队配置成员。哪些业务部门将与并购的标的公司密切合作？并购团队需要在外部专家和长期在那里工作的人员之间找到平衡点。在签订协议前协调好关键员工是有利的，这需要考虑在签订协议前，信息被泄露给公众的风险。要求 100 多名雇员使用信息登记簿和签订个人保密协议有助于防止并购信息泄露，但这取决于公司的文化。

收购方对跨境并购可能发生的市场和地区的知识，决定了并购团队的范围和所需知识。产品或服务的销售对象是谁？价值链是怎样的？渠道呢？客户呢？供应商呢？障碍有哪些？内部自造增长机会有哪些？当然市场研究机构或政府也可以帮助买方熟悉新市场，但这种做法的效果要弱于进行现场走访和会见行业内的人士。

企业有时会收购合作伙伴，而且将合伙经营视为评估商业机会的一个步骤，在收购之前对人员有进一步了解。这在很多案例中是很有效的做法。对于较小的家族企业来说，如果和所有者建立了关系，这样公开竞价中，可将收购价格降低 10% ～ 20%。被收购的企业主可能会感到安心，相信雇员和他们创建的业务会得到很好的照料。这种关系很难轻易建立，所以建立合作或合资企业有助于拉近距离，加深对业务的了解。这个策略可以在跨境情况下得到成功应用，但是也有一些缺点。

一家企业在并购时从合作企业收入上不可能都拿到好处。这个收入将构成卖方出售标的公司的定价基础。有可能最终购买的是收购方自己收入的一部分，比如收购的是一家供应商或合作企业。收购方的业务情况和战略本来可能是去掉关联环节利润，最终却难以就收购价格达成协议。如果供应商 / 合作企业的产品或部件已经嵌入收购方的产品中，麻烦可能会更大，因为可能无法收购合作企业，而且可能很难停止向其采购。这种情况下的收购方和供应商 / 合伙企业的成功与他们如何经营生意捆绑在一起。这家合伙企业也可能会将业务卖给其他企业。解决上述纠纷的条款可以写入合伙协议中，授予合伙一方优先购买权。

下面是一些有用的工具和模板。

- DCF 分析模板。
- 用于对谈判协议和签订协议做出决策的演示模板。
- 投资组合映射模板。
- 安索夫成长矩阵（见图 2-9）。
- 并购长清单和短清单筛选模板。

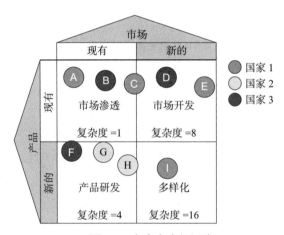

图 2-9 安索夫成长矩阵

制定一个坚实的并购策略，正如本章所述，有很多方面需要兼顾。这些工作很难快速完成，而是需要跟随市场和收购方的业务发展而推进。另一种做法是机会主义方法，可能会提高在标的企业上花费精力和资源的风险，如果价值最大且符合收购方的需要的话，也可以考虑采用。

本章小结

- 跨境并购策略的组成部分。
- 组织中的职责和责任，确保做出最佳决策。
- 标的公司的标准。
- 如何准备和计划一项跨境交易。

第 3 章　跨境整合中的法律、财务、社会、政治的依存性

◎安德鲁·斯科拉

□ **学会思考**

　　跨境并购和整合对宏观经济、法律和社会的影响

　　影响跨境并购和整合活动的近期监管、税务和政治关注点

　　整合团队应该避免哪些陷阱，其中一些会非常公开，并会摧毁价值

□ **本章概要**

　　本章介绍对跨境并购和股权剥离有影响的重要法律、财务、社会和政治方面的关注点。我们将跨境并购项目置于企业所在的司法辖区和社区进行讨论。

引论

　　并购是个复杂的世界。从谈判、估值、分析，到交易的完成和整合，每个交易都是不同的，而且每次整合都需要特定的技能应对不同的挑战。但是，交易尽管不同，但交易所涉及的众多司法管辖地、宏观经济和社会变量，不仅会影响到交易本身，也决定了整合阶段能否成功。

　　图 3-1 展示了影响交易的一些一般因素，会影响到整合的目标，继而再对法律、财务、社会甚至政治产生影响。本章对这些因素进行回顾和介绍，将之分为

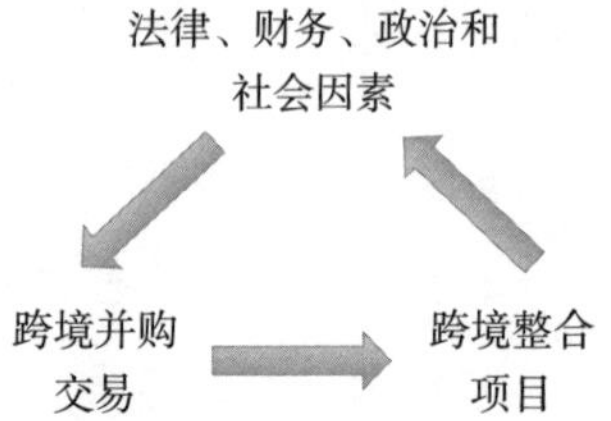

图 3-1　跨境并购因果三角

四组，即法律、财务、社会和政治，并且讨论了它们对并购交易和整合产生的影响。

　　准备充分的公司会理解这个因果周期与标的所在司法辖区相关因素的关系，做好相应计划，并准备在必要时调整交易结构、交易目标或整合计划。当地因素有可能被充分理解，但是当一家公司第一次收购或第一次在国外扩张规模或改变业务属性时，需要更加注意和了解潜在的要求和陷阱。

　　在法律和监管框架完善的国家建立总部的公司可能发现其他国家在这些方面比较混乱或糟糕，但这不应该阻挠在此类市场进行的并购活动，不过我们建议采用基于风险管控的方法对待交易协同和整合计划，为未知情况留有余量。国际并购整合联盟（Global PMI Partners）询问了在 36 个国家拥有跨境整合经验的专业并购人士关于这些国家和地区具有的最高和最低的法律、监管和政治条件。[1] 图 3-2 给出了加权平均结果，从中不难发现中国和印度具有最大的跨境交易挑战，而英国和大洋洲在这方面挑战最小。

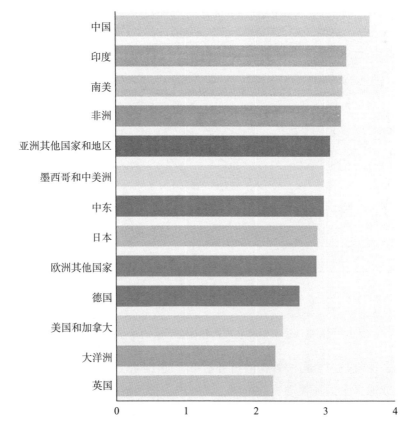

图 3-2　法律、监管和政治等因素对跨境并购的挑战程度

注：资料来源自国际并购整合联盟问卷调查结果

　　为了尽快签订协议，其中一些影响因素可能会被忽视或做出不合适的假定。通过对失败的跨境并购交易案例进行研究发现，其中有不少失败案例是因为忽视这些因素。这些会导致整合中的风险和问题，侵蚀甚至毁掉交易。国际并购整合联盟调研发现的并购挑战严重损害了合并企业的声誉和市场地位。基于这个原因，人们应该寻求专业的建议和支持，以应对本章提到的硬性（法律和财务）和软性（政治和社会）的关联因素。

　　在这一章，出于简明易懂的目的，我们尝试分别讨论这4个因素和趋势。但是，正如图3-3所示，这些问题无法被分开来看，也不能认为其中一个方面会比其他方面更重要。它们一起构成了跨境交易的环境、这类交易的复杂背景以及对整合产生的影响。它们重点展示了可以凝聚国际合作、改变法律法规、形成公共舆论、推翻政客以及影响工作和生活的全球趋势。

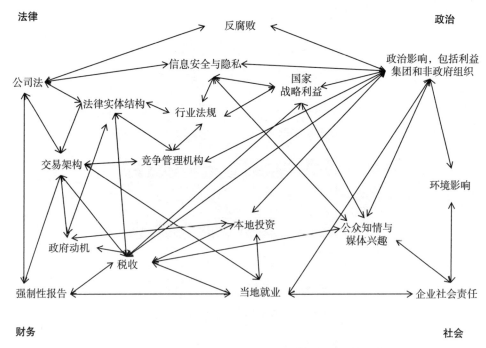

图 3-3　关键法律、财务、政治和社会因素的相互依存关系网络

　　例如，税收是一个司法管辖的财务事务，而不同的国家和政府对跨境交易整合在国家或地区上的征税动机的影响，以及税收部门的判断和豁免，是交易结构和最佳法律实体架构的关键决定因素。正如媒体关注和之后美国对"税收倒置"所做的立法活动所示，为优化税收而进行的合法企业并购活动可能引发严重的公众舆论和政治后果，使并购事件登上了全世界各地小报的头版，导致很多国家将税

收问题列入政治和社会议程。

法律方面的影响

在开展并购时，需要考量许多基本的法律和监管问题，而重点是以下三项：

- 交易结构与法律主体
- 竞争
- 行业监管

在国际并购整合联盟的"跨境整合 2015 年"的调研结果中，[2] 公司法和行业监管成为影响跨境交易整合的前两大关注点。

交易结构和法律主体

根据收购方的商业目的不同，跨境并购可以采用不同的结构，这将对后续的整合产生重要影响。首先，商业交易可以是收购资产，即购买特定的资产和负债，也可以是收购股权，即购买所有者持有的待出售法律主体（即"公司"）的股份。

资产交易。卖方保留法律主体，而收购方买下特定的有形或无形资产，比如生产设施、办公室、设备、许可证、合同、知识产权、商标权或存货。资产出售可以提供某些税收优惠并增加现金流，同时将承接的债务降到最小。

股权交易。收购方直接收购股权，取得出售方法律主体的部分或全部所有权。出售时，该法律主体承担全部的资产和债务，合同和许可证都将转给收购方。

买方经常愿意收购资产而卖方更偏好出售股权，这反映出买卖双方的收益和风险是不同的，当然，对于一个成功的交易而言，双方应该达成一致。绝大部分并购实际上是股权交易，而且随着收购规模和复杂性的提升，这个比例也在不断提高。基于这个原因，大部分跨境交易是股权交易而不是资产出售。

与此同时，一些国家对外国所有权的法规仍要求收购方提出其他交易结构或方式。例如俄罗斯一项外商投资法律限制外企持有对有国防和国安战略重要性的行业主体或战略性企业的所有权。

我们在表 3-1 中比较了股权交易和资产交易的重要影响。

无论并购是股权交易还是资产交易，收购方应该或者需要在交易结束或整合时，对法律主体进行重组。最常见的路径是在该跨国企业已经有分支机构的国家收购一个法律主体。

表 3-1　股权和资产业务销售的整合影响

股权交易	资产交易
较简单的交易结构和程序,有一份收购或出售协议	由于要和卖方签订合同,需要征求第三方对合同和许多资产类型的同意,拖慢了整合速度,增加了复杂度,或者要求分阶段收购
税收方面对卖方更有利	对买方有潜在税收收益,但卖方可能被双重征税
所有债务随同股份一起转移,在尽职调查中需要小心评估风险和负债,并在整合过程中消除它们	由于交易可能只收购资产而留下债务,因此尽职调查和整合风险较低,债务转移通常有时间限制
为了避免公众和管理层误解,收购方可能选择解决悬而未决的诉讼或索赔案件	要求对出售资产做好准备,包括符合当地法规对于资产剥离的要求
标的公司的经营不因为所有权转移而停顿(除非另有规定)	如果出售资产是一个分部或业务部门,可能需要分拆,需要用到交易服务
通常允许员工调岗,允许员工继续受雇	需要一个接受资产的法律实体。通常是买方现有的某个实体,也可以要求设立一个新实体。在调动买方的员工时,需要签订新雇用合同。尽职调查可能更烦琐

如果早已有一家合法分支机构,则法律、税务和财务工作一般要对这些实体进行适当的整合,考量所有资产和负债、销售合同、供应商合同、税收优惠和亏欠以及对所有这些方面进行安排的能力。这些工作可以一次性也可以分步进行,直到其中一个主体被关闭。

如果并购是属于地域扩张,而且收购方在那里只有一个办事处承担市场销售任务,或者完全没有在当地设点,则标的方可以成为公司在那个市场的下属机构。

随着技术的快速发展,消费者和游戏公司可以只依靠互联网就接触到消费者,不再需要在当地进行实体经营,为以前的商业模式提供了一个新的有趣的维度。有关这些企业的税收优化的争议(它们确实赚到了钱),近年来引发了公众对这类公司经营模式和这些没有当地运营的企业的税收地位的关注。无论在世界任何地方,小型嵌入式对人才和特殊产品的收购都需要特殊的计划和审慎的整合,以避免对收购方产生不成比例的税收影响。

回到不同交易和法律结构对跨境并购整合的影响这个话题,整合需要清楚了解和规划好销售和供应商移交的时间点以及雇用合同等。特别是在有严格的劳动法的国家,对于员工交接工作的限制规定可能会对并购整合工作产生很大的影响。对于设定了关键整合里程碑的整合项目来说,这些里程碑通常主要是由这些移交时间点决定的。

反垄断监管机构

反垄断监管机构是政府的一个部门,负责调整反垄断法和在特定司法辖区执行这些法律。在一个贸易区会有一些跨国监管机构，负责监督该地区的反垄断事务，最著名的是欧盟竞争委员会（European Commission's Directorate-General for Competition），但是大多数是所在国的监管机构。

法律和监管机构的范围和数量正在发生变化，而且目前发展得非常快，近年来，英国、巴西、中国、俄罗斯与非洲东部和南部共同市场（COMESA）、印度和土耳其，都发生了重大变化。最有影响力的监管机构倾向于引入那些并购交易活动活跃、消费者保护法更成熟或保护措施到位的国家或地区的相关做法，我们将重点关注以下内容：

巴西——国防经济管理委员会

中国——商务部

欧盟——欧盟竞争委员会

法国——竞争管理局

德国——联邦卡特尔局

印度——印度竞争委员会

以色列——以色列反垄断局

日本——日本公平贸易委员会

俄罗斯——俄联邦反垄断局

英国——竞争与市场管理局

美国——司法部反垄断局，联邦贸易委员会

国家或地区反垄断监管机构的完整名单见图 3-4 所示。

反垄断监管机构的目标与政治干预　监管机构的明确目标是保护当地消费者权益，做法是通过识别潜在的垄断行为，以及为避免这些行为发生，而制定所需的法律法规和监管规则。

竞争方向以及某些时候所做的判断，可能受制于政府或政治干预，而被用作保护主义的托词。中国是过去几年反垄断执行力度有显著加强的国家，在中国频繁引发争议的是关于利用反垄断立法惩罚或阻碍外资并购、投资和在中国获得对企业的控制权（不管它们是国有企业还是一般企业，其中也包含民营企业）。当然，中国反垄断方面的法律也和大多数西方国家不同，因为中国正在建立"一个反垄断法，融合了儒家的道德伦理和公平观念，以激励日益提高的企业社会责任"[3]，符合社会主义市场经济要求，与西方不同的"中立和科学的新古典经济学模型"[4]。即便在美国，外国投资委员会也可以禁止带有对敏感美国企业潜在控制或包含关键基础设施、技术资产（特别是在能源、进出口和通信领域）在内的交易。

国家或地区	机构名称
阿尔巴尼亚	阿尔巴尼亚竞争管理局
阿尔及利亚	阿尔及利亚国家竞争委员会
阿根廷	阿根廷国家竞争管理委员会
澳大利亚	澳大利亚竞争与消费者委员会和国家竞争委员会
奥地利	奥地利共和国联邦经济和劳工部
比利时	比利时竞争管理委员会
巴西	国防经济管理委员会
保加利亚	竞争保护委员会
加拿大	竞争管理办公室
智利	国家经济公诉人办公室
中国	商务部
哥伦比亚	工商业监督局
塞浦路斯	竞争保护委员会
捷克共和国	竞争保护办公室
丹麦	竞争管理局
萨尔瓦多	竞争监管局
爱沙尼亚	竞争管理局
芬兰	芬兰竞争管理局
法国	竞争管理局
德国	联邦卡特尔局
希腊	希腊竞争委员会
匈牙利	经济竞争办公室
印度	印度竞争委员会
印度尼西亚	商业竞争监督委员会
爱尔兰	竞争管理局
冰岛	冰岛竞争管理局
以色列	以色列反垄断局
意大利	竞争管理局
日本	日本公平贸易委员会
泽西岛	竞争管理局
约旦	工业与贸易部竞争监管局
哈萨克斯坦	哈萨克斯坦共和国自然垄断局和哈萨克斯坦竞争保护局
肯尼亚	肯尼亚垄断与价格委员会
科索沃	科索沃竞争管理委员会
拉脱维亚	竞争委员会
列支敦士登	国家经济委员会
立陶宛	竞争委员会
卢森堡	竞争委员会，竞争监察局
马其顿	竞争与保护委员会
马来西亚	马来西亚竞争委员会
墨西哥	墨西哥竞争委员会
摩尔多瓦共和国	竞争委员会
荷兰	消费与市场管理局
新西兰	商务部竞争与企业局，新西兰商业委员会
挪威	竞争管理局
巴基斯坦	巴基斯坦竞争委员会
秘鲁	自由竞争委员会
波兰	竞争与消费者保护办公室
葡萄牙	竞争管理局
罗马尼亚	竞争委员会
俄罗斯	俄联邦反垄断局
斯洛伐克	反垄断办公室
斯洛文尼亚	斯洛文尼亚竞争保护办公室
南非	南非竞争委员会，南非竞争审查委员会
韩国	公平贸易委员会
西班牙	竞争审查委员会
瑞典	竞争管理局
瑞士	竞争委员会
中国台湾	公平贸易委员会
土耳其	竞争管理局
乌克兰	反垄断委员会
英国	竞争与市场管理局
美国	联邦贸易委员会，司法部反垄断局
委内瑞拉	竞争管理局

图 3-4　国家 / 地区反垄断监管机构

在过去几十年里，自由市场和自由贸易支持者对反垄断执法和对成功合法业务的负面影响间的平衡以及消费者利益的顾虑在不断增长。为了回应西方政府对英特尔、IBM、微软、威士卡、万事达卡这类公司的反托拉斯行动，240 位经济学家在 1999 年联名写了一封引起轰动的公开信给克林顿总统[5]，声称反垄断保护主义意味着"开放市场竞争被官僚和政治决策所取代。企业太多精力被投入政治之中，而更少用于生产和创新。成功的创新者受到了惩罚，规模经济效应不见了，竞争不仅没有加强，还被削弱了。"大西洋两岸的争执升级了，特别是在欧盟对谷歌搜索引擎涉及的反竞争做法方面纠缠不休的时候。尽管这些反垄断调查和司法案件不直接关联到并购活动，但还是对公众造成了负面影响，而且让企业管理层不得不从其他事务中抽身出来（比如并购整合），谷歌一直深陷其中。谷歌的并购肯定会从对竞争造成的影响方面加以审查。

反垄断批准流程　　就反垄断批准流程而言，并购方现在经常需要了解所需的反垄断备案要求。在设置了监管机构的情况下，需要在签订协议前，向反垄断管理机构征求意见，了解潜在的风险。必须通知的机构包括卖方的股东，有时候标的方（美国）甚至连非卖方股东也要通知，如果它们继续对标的方行使控制的话（欧盟）。基于这个原因，当企业将要启动一项它们认为会获批的跨境并购项目时，经常会将反垄断备案和成功获得反垄断审批作为成交条件列入买卖协议中，以免最终没有通过竞争审查。

相关反垄断管理机构设定的标准是用于确定一项交易的重要性和潜在影响，以及是否超过了界限，交易双方有义务通知这些机构。通常用到的标准包括双方的收入、资产、市场份额和交易金额。在评估市场份额时，"相关市场"概念是一个计算市场份额的非常重要的概念。

反垄断法律师可以为企业提供指引和风险预测，帮助企业准备提交的文件，准备交易批准时间表，有了预估的交割时间，各项整合活动就可以进行相应的规划了。他们知道欧盟和其他一些国家对审查流程设定了严格的时间表，而美国监管机构可以将审查时间大幅延长。不同监管机构的各种规定以及不同法律管辖地的差异，实际上会使反垄断过程成为整合计划中的一个最大风险和导致延期的一个常见原因。CooperVision 收购 Sauflon 药业就是这样一个例子。这两家公司没有预计到新改组的英国竞争与市场管理局在 2014 年 9 月交易完成之后发出了执行令（Initial Enforcement Order）[6]。整合活动只好停下来，在得到放行通知之前，这个业务一直在英国独立经营（持续了 3 个月）。

上面这个案例是因为在英国提前告知监管机构不是强制性要求。在大多数司法管辖地，包括美国、印度和欧盟其他地区（EU），正如杰伊·莫德拉尔（Jay

Modrall）所说，"告知监管机构是强制性的要求，交易必须满足相应的门槛要求。在一些司法管辖地，包括澳大利亚、新西兰和英国，告知却是自愿的。并购双方可以选择不告知，承担监管机构之后自行启动调查带来的风险。在一项交易公开之后，这些自愿备案地区的监管机构可能主动要求并购交易备案。"[7]要求强制告知的司法管辖区通常要求暂停交易和提前告知，但其中一些国家，比如东非和南非共同市场国家（COMESA），虽然强制告知，但不要求暂停交易，如果交易不获批准，交易完成后仍需承担潜在被否决的风险，凸显了得到好的法律建议的重要性。

欧盟不能调查那些超出审查门槛的公司并购，但是在美国和中国，反垄断管理机构有权调查它们认为需要调查的任何交易，不管是否满足门槛要求和是否告知了它们。这增加了反垄断监管对交割后并购整合的潜在影响。

反垄断监管的影响　对整合开始和进展中的风险同上所述，但是反垄断管理机构对并购项目的最大的影响来自监管机构的判断和采取的措施。对并购交易的严厉禁止情况很少见，因为反垄断指引是非常透明的，以前也有先例可循，因此律师对能否放行有很大的把握。更常见的情况是临时批准，并要求采取某种可以与监管当局谈判协商的措施。通常要求"纠正"并购引发的一个竞争方面的问题，同时认可该项并购的经济理据。帕潘德普洛斯（Papandropoulos）和塔季雅娜（Tajana）认为"反垄断管理机构倾向于要求企业给出剥离承诺，因为他们希望恢复竞争格局，而不需要经常监督"。[8]但是知识产权、许可证或其他变更是有可能发生的。

这样的纠正条件对整合的影响会非常大，这取决于交易的规模相对于被剥离的业务，以及被剥离业务的复杂程度和对其他业务的依赖程度。2007年卡夫收购达能时，欧盟同意交易的前提条件是卡夫剥离部分品牌和一个生产厂，并在剥离过程中提供过渡期服务。在并购的同时，引入一个庞大团队管理被剥离业务，这明显提高了整个项目的复杂程度。

在大部分情况下，这类剥离不会被收购方的交易团队充分重视，事实上交易达成协议、整合规划、协同效应、资源配置和时间表都应按照救助措施对其重新考量。并购双方并不一定要勉强接受纠正条件和继续进行交易，而是可以按照收购协议的限制条件做出相应决定。当然，在这个阶段，许多已经公布的正在进行并购的项目会失败。

行业监管规定

行业监管机构的范围和审批是另一个宽泛的话题，但是对于跨境并购和整合来说，买方、卖方和标的方的相关监管机构都应被知会，而且经常需要在交易签订协议之前进行咨询。在监管严格的行业，比如金融服务、保健护理、教育、制药和国防行业，监管机构也可以主动向企业施加压力，如果它们认为需要，可以要求企业进行合并或剥离。

在许多司法管辖地，反垄断管理机构与行业监管机构合作，共同行使反垄断管理权，而后者对行业内的并购交易拥有单独的司法权。例如，在英国，CMA 与 Ofgem 在能源业，与 Ofcom 在电信业，与 ORR 在铁路运输业，与 Ofwat 在水业共同合作。在欧盟，反垄断条例和行业监管规定都要求企业相互协作，将行为方面的问题提交反垄断管理机构，而将结构方面的问题提交行业监管机构。对于监管机构，全球普遍趋势是让不断壮大和成熟的监管机构，在并购活动中担任更主动的角色。

反垄断和并购政策引导倾向于告诉企业不应该做什么，而行业监管条例则告诉企业必须做什么，监管机构有更宽的职权范围问询交易各方，有时涉及管理层关注度、财务主管的资质、财务状况等。监管机构之所以能覆盖这么广，是因为它们对行业和交易双方的过往情况有很深入的了解，过去就检查和审计过交易方。在并购审批阶段，"最好的方式是行业监管机构和反垄断管理机构联合协作"[9]，把双方的专业能力结合起来。

然而，在交易中让监管者参与进来，会拉长交易审批流程，增加了交易被否决或要求采取解决措施的风险。在某些情况下，会极大影响管理层进行并购的意愿，因为他们"担心因无法得到监管部门批准而使'交易在市场上耽搁过长时间'"[10]，交易被公开曝光，会对业务产生不良影响。

监管机构也会让并购双方的工作变得更复杂，因为有价值的公司资源需要很早就开始为监管机构准备信息，回答相关的问题和质询。对于大型交易来说，可能需要在很紧迫的时间内提交数百页的法律支持文件，这给收购方的交易和管理团队施加了很大压力。在并购完成后，企业可能会被要求继续向监管机构提供信息，证明企业正在实施监管机构提出的建议。企业还须公开提交交易完成通知，竞争对手因而可以质疑企业的并购交易。企业遭遇的挑战包括受影响的市场的定义，因为较宽泛的定义可能让交易无法达到门槛值规定，而较窄的定义可以让交易高于门槛值标准。

大部分收购方向外部专家寻求反垄断方面的法律建议，这方面的服务应该谨慎选择。所有专门在某地从事反垄断法律服务的机构都应和相关监管机构建立良好的关系，而这在某个交易上可能会和客户发生利益冲突，比如在解决措施方面。顶级法律服务机构可能费用很高，但是它们能够利用自己的关系和经验，与监管机构磋商，并指导何时应该坚持立场。

监管在交易和整合过程中施加的压力，对于金融服务行业尤其巨大，特别是在 2007 ～ 2008 年银行业的金融和监管危机之后，对金融服务的监管明显加强了。在这个行业，监管性的反向尽职调查，即卖方基于买方监管立场所做的尽职调查，普遍被用于识别与交易相关的监管方面的问题。

监管机构除了反垄断方面的角色，还有数百个其他法律管理职能，也会影响到整合过程中和之后的业务经营，应该在尽职调查和整合规划过程中加以考量。由于这些职能因地而异，其中一些可能不会得到高管和整合负责人的重视，企业需要确保相关工作小组负责人了解相应的建议和计划。

下面是一些影响跨境整合的监管要求：

- 经营许可证
- 职业认证机构
- 当地和国际标准
- 安全和健康证明
- 广告宣传规定
- 食品和药品许可证
- 银行业规定
- 环境规定
- 污染监控与监管规定
- 运动与游戏规定
- 通信
- 车辆许可证和监管规定
- 薪资规定
- 信息安全规定

在这里用最后一点有关信息安全和隐私的规定，对整合产生潜在的影响做一个举例说明。所有组织现在都为保护客户、供应商以及雇员的数据，特别是那些公开数据，设置了复杂的规定。大量的信息安全疏漏、黑客和数据丢失案例，使得这方面对所有行业都变得非常重要。由于媒体和公众对公司出错的新闻非常感兴趣，所以在这方面不能出现任何纰漏。跨境数据管理本身就是一个复杂的领域，《安全港法》在某种程度上可以让数据在相互尊重对方数据保护法律的国家之间移动，但 2015 年 10 月欧盟否决了美国－欧盟安全港法。然而，收购方必须在取得控制权后，立即确保数据安全和数据处理得到充分保护。另外，整合计划不用考虑这些法律问题而确保数据得到完整保护。

财务方面的影响

跨境整合显然会带来财务上的影响，这主要是因为买卖双方所在地在税收和财务会计报告方面存在差异。本节将讨论这方面的一些细节。

税收

所有并购和剥离都会对买方和卖方的税收产生影响，其重要性怎样强调都不过分。前一节讨论过，股权和资产交易的主要差别就在于税务处理方式，税收的影响远远超出了交易结构，但是在交易完成前应该做的充分细致的税收整合计划，往往因为急于完成交易而被忽视。

由于不同国家存在着不同的公司税收标准和制度，这方面也是影响并购协同价值模型最重要的因素之一，尽管很少有人公开这样讲。事实上，税收效率不仅影响协同价值目标的达成，在某些情况下，还可能成为并购交易的唯一依据。近年来，高税收国家的政府越来越关注税收优化技术，特别是与并购相关的技术，如税负倒置，这被媒体广泛报道。

税负倒置这个术语是指一家公司进行资产重组或组织重组，以便通过合法运作转移到较低税收的国家（通常是并购总部在该国的公司），而实现降低税负的目的。主要做法是将公司总部从美国迁走，因为美国的公司所得税是最高的，然后搬迁到一个只对国内收益征收低税或零税的司法管辖地。这可以让企业合法规避大量在美国以外的收益被征税，通过将利润转移到海外子公司，还可以避免缴纳一些美国国内税。

英国被迫从全球公司征税制度改为本地公司征税体系，以避免公司被迫搬迁，但是美国目前仍在使用这样的税收制度。尽管税负倒置在 20 世纪 80 年代已经出现，但是在最近十年，它才真正得到应用，从一个税收事项变成了一个公共和政治问题，我们将在下一节继续讨论这个问题。美国的税收制度受到公众质疑和政治压力，从 2014 年开始修改，以抑制税负倒置行为，有可能在不久的将来会禁止税负倒置行为。

不仅公司税收水平需要考虑，还有其他相关因素，比如印花税、增值税（VAT）、对新投资的鼓励、补贴和免税、转移价格机制等，都需要纳入考量。税收效率除了影响交易结构外，为此而做的重组也会影响到并购整合。

预缴税金（withholding tax）和增值税避税损失是跨境整合和业务剥离中需要

关注的常见问题。如果业务剥离需要过渡期服务，而且是跨境提供服务，则需留意，确保这类支付不会出现避税损失问题。

税务会计和报告要求在整合完成之前，以及法律主体成立且正常运行之前，都需要继续遵守。支持税收功能的会计和税务信息系统在不再需要之前，都应正常运作。如果法务整合在 IT 全面整合之前发生的话，报告方面会因涉及多个系统而造成复杂和低效率，必须为此配置充足的资源。

在整合过程中，对税务产生的另一个影响是其他业务部门所做的决定。供应链效率通常是由税收造成的，但是对跨境物流，供应商整合和进口商所做的经营决策，通常会对税务产生影响，有必要对整合计划进行审查，以评估税务的影响。

总而言之，企业需要了解经营时的经济状况和适用税率，而这些方面经常会发生快速变化。跨国公司和跨境并购需要特别留意不同司法管辖地之间的差别，如果管理得当，就有机会获得税收优惠。而如果管理不当，则会严重威胁到交易的协同价值和商业利润。

财务管理和报告

国际财务报告标准（IFRS）用于为财务状况和企业经营表现提供一套会计和财务报告方面全球一致的规则。尽管它起源于欧盟，但已经在全球被广泛使用，使得当地会计准则得以统一。

对于跨境收购方来说，可以用这些标准对潜在标的进行高水准的尽职调查，并降低财务整合的复杂度，使交易完成后所做的跨业务财务报告变得相对容易一些，用 IFRS 定义的科目可以快速进行汇总计算。

但是美国还没有采用 IFRS，所以美国公司可能用的是美国财务会计标准委员会制定的会计准则，通常称作美国通用会计准则（GAAP），与 IFRS 不一致，而非美国公司也不可能遵循美国会计准则。尽管美国会计准则和 IFRS 多要求按照权责发生制记账（与现金收付制相反），但是资产负债表、利润表和现金流量表之间仍存在着明显差异。由于需要把财务报表从一种标准"翻译"成另一种标准，所以美国企业的跨境财务报告变得更复杂了。中国的会计标准与 IFRS 和美国会计标准都不同，但目前也在向前两者靠拢。

在交易完成和全面整合过程中，收购方需要按照不同标准制作财务报表，为了满足收购方的报告要求，这种报表的"翻译"工作可能还是需要的。

社会方面的影响

并购的社会影响可能会触及公共利益和公共政策、环境因素、公益和社会捐助、当地基础设施投资，而且经常对当地就业产生巨大影响。一项跨境交易的目标应该清晰地展示给利益相关方，如果难决断的因素会影响到当地社区的收购业务或更大范围的公众就应慎重考虑，以做好充分准备和权衡。准备工作应该包括全面的风险评估和风险缓解。

企业社会责任（CSR）是一个术语，可以用于宽泛地定义一家企业所采取的符合伦理道德的各种决定，这些决定改善了雇员、利益相关方和所在地更大社区的生活质量，而且可能涉及废物处理、环境、教育和社会根源、就业以及政府等政策领域。企业在这方面的社会责任实践是可以被评估的，并可以在各个收购方之间做出比较。

有趣的是，我们注意到 CSR 分数高的组织可能不积极参与并购活动，[11] 因为做交易是 CEO 和董事会集中控制的活动，经常带有个人偏见，并且寻求的是个人收益而不是为了提升股东价值。所以，企业治理水平较高、CSR 分数较高的公司，签订并购交易的机会更低。这可能导致对企业并购产生愤世嫉俗的看法。但是，另一方面，员工的多样化作为 CSR 评估的另一个重要指标，促使企业愿意进行跨境并购，因为相对于竞争对手来说，文化多样性带来的竞争优势使得收购方更容易通过并购创造出协同效益。

对 CSR 的影响和并购的社会因素进行量化处理可能很困难，但是这对于整合的影响是巨大的。社会方面的顾虑渗透到了工作小组领导、人力资源、沟通、文化、运营以及研究和开发等各个方面。

例如，一个收购方决定通过大幅修改标的公司的环境政策和废物处理流程来获得协同效益，尽管这样做符合其自身利益，但可能很快遭到员工、当地社区、环境保护主义者、媒体和政治家的批评。一家公司如果选择终止被收购企业所做的社会或慈善项目，那么很快就会被视为一个严苛的企业，这种项目通常对于企业内外部文化和品牌形象的建设是非常重要的。

当收购方忽略了公共情绪或偶然违背公开承诺时，跨境整合就会失败。2009 ～ 2012 年卡夫并购吉百利（Cadbury）就是一个值得详细研究的好例子。美国巨型企业对吉百利这个受欢迎的民族品牌的敌意收购，引发了媒体和政治的热议。吉百利董事会认为有必要在签订交易协议之前，做出一个公开的道德承诺，于是在交易签订的前几天将 Green & Black 品牌的所有产品加盖 "Fairtrade"（公平交易）图标，以便迫使卡夫履行该承诺。该项并购后来变得火药味越来越浓，吉百利董事会主席声称宁可考虑其他潜在同行买家，也不愿意卖给卡夫，而英国商业大臣彼得·曼德尔森（Peter Mandelson）公开警告卡夫不要试图在并购吉百利上"赚快钱"。

为了化解来自英国公众、工会和政治方面的压力，卡夫 CEO 承诺遵循若干条整合原则，包括保留萨默代尔工厂的 400 个工作岗位，这个决定后来被推翻了。除了整合非常困难且成本高昂之外，文化和生产力也因敌意收购而受到了损害，再加上英国消费者的反击造成了当年卡夫财务状况的恶化。这项高调的并购导致英国修改了并购法的部分条款，以保护和加强潜在并购标的方的力量。

一般而言，收购方，特别是那些发起跨境收购的公司，在涉及社会影响的领域做出整合计划时，会比较谨慎，因为害怕价值受损、在缺乏信息时做决定以及带来糟糕的公共影响。跨境交易的宣布，除了包括财务和战略目标外，通常还要考虑到整合的社会后果以及维护当前道德规范、人员配备标准、地点等的承诺或意向。除非在交易过程中出现重大变化，否则企业应该审慎地考虑需要做出的改变，并且留足时间和利益相关者（如当地的政府机构）沟通。

政治方面的影响

和社会因素类似，跨境整合的政治关联难以预测。一般而言，政治家和有影响力的团体，比如工会、政治行动组织以及其他非政府组织，在跨境整合的原因——法律、财务或前面所说的社会因素发生显著变化时，会对跨境整合产生兴趣。

相关利益者分析的重要性体现在确认所有对并购交易有兴趣的国内外公共和政治组织，以便提前预知他们对整合的哪些方面感兴趣。政治上的利益相关方不会对协同效应或企业交易依据有兴趣，却关注整合决策对公共事务、社会、环境和国家的影响。基于这个原因，在宣布并购消息时，通常会用某种方式表明重视这些社会和政治领域，使得这项交易对于更广泛的利益相关群体来说，具有正面意义，或者至少是中立的。

对于跨境并购的政治干涉通常聚焦在并购消息或整合活动对现状产生的负面影响方面。2014 年 7 月，AbbVie 宣称以 550 亿美元收购 Shire，以便利用爱尔兰的税制将有效税率降低到 13%，此举受到了美国政府的抨击。奥巴马总统将这个跨境并购行动称作"不爱国"，财政部长声称"我们不应该为寻求将收益转移海外以避免承担其公平税负的企业提供支持"。美国政府随后修改了逆向交易的规定，对离岸现金征税，导致这家公司放弃交易，并损失了 16.35 亿美元。AbbVie 明白美国政府"用一种有针对性的选择方式重新解释了过去一直执行的税收原则，其目的就是为了使这类交易变得无利可图"。

政治干预的最常见理由是工会，也就是工作岗位的流失。外国收购方如果是为了成本协同效应而减少并购标的所在地区的就业岗位，就会成为东道国在政治和经济上毫无益处的威胁。一些后台部门的整合在政治上是可以理解和接受的，但整体关闭公司或生产设施并将工作岗位移到海外将受到严厉抵制，除非明显有其他选项可以抵消这种失去工作岗位的威胁。

而在新兴市场做生意的时候，需要考量收购标的与政客和政治官员的政治联系和关联。克利福德·钱斯（Clifford Chance）建议进行"诚信尽职调查"，因为"与政府的良好关系可能是一个资产，但是如果政治领导层发生变动，这种联系也会变成负担"。[12]

政治或特殊利益集团可以而且应该在可能的情况下被用于支持和促进跨境并购。获得非政府组织、贸易协会和政治家的支持，是在并购交易中合法加强企业公共关系的做法。社交媒体也可以用于这个目的，对公众舆论产生正面引导作用。

管控外部风险和问题

对于跨境整合而言，注意以上这些法律、财务和社会因素的影响和意义是非常重要的。交易结构的计划工作是在并购交易项目周期的很早阶段就开始启动，但是对这些因素的全面影响评估可能要求买卖双方要有灵活性。

通过公告，人们可以了解到交易和整合的影响与意义，而且会反映在交易结构和条款中，但是整合团队的工作只是刚刚开始。整合负责人和工作小组负责人共同承担监控、管理和减少风险的责任，并解决交易和后续整合中可能出现的问题。投资者关系、公共关系、监管、政府事务以及人力资源工作小组应该与相关利益群体建立紧密的联系，并在整合过程中积极与他们互动。

企业在尚未建立商业团队、经营单位、利益相关者关系或缺乏对当地了解的国家实施并购，会明显暴露在比现有市场进行垂直或水平并购更大的风险中。对本地更严格的法律和财务方面的了解和经验是很重要的，但是对较软性的政治、社会和传媒影响的了解也同样重要。当买方和标的方存在较大文化差异，而且语言障碍使得评估和反馈更加困难时，就更有可能出现问题。

西方企业收购新兴市场企业尤其容易面临公众和政治压力，需要特别警惕在收购标的时的腐败、贿赂、环境影响和人权这类事情，因为媒体对这类事情的报道可能让交易泡汤，企业价值也会因此而快速减损。

所有整合中的风险管理应该在整合规划阶段尽早开始，在尽职调查时，整合团队应该和交易团队及外部顾问共同识别风险、做出相应计划，并随时监控这些风险。

本章小结

- 企业规划跨境并购时，需要同时考虑对交易的影响以及交易产生的影响。
- 交易结构和整合计划都需要适合交易的特定背景，因为所在地反垄断管理机构和其他监管机构有权阻止交易，或者要求做出对交易的重大修改。
- 跨境交易的整合计划需要在尽职调查阶段开始着手，在整合风险管理方面，要全面审视整合在法律、财务、社会和政治方面的影响。
- 内外部沟通应该遵循的原则是尽早尽快进行，尽可能充分地与政府、工会、非政府组织、媒体和其他利益相关方沟通。

注释

1. Global PMI Partners, Cross-Border M&A Integration Survey, Question 12— "Based on your general experience, identify geographies where you have experienced the greatest degree of cross-border challenges (legal, regulatory, political, etc.)." 2015.

2. Global PMI Partners, Cross-Border M&A Integration Survey, Question 10— "Which of the following areas impacted the integration of your most recent cross-border deal?" 2015.

3. Thomas J. Horton, "Antitrust or Industrial Protectionism? Emerging International Issues in China's Anti-Monopoly Law(AML)Enforcement Efforts." *Santa Clara Journal of International Law* (2015). http://works.bepress.com/thomas_horton/21/.

4. Ibid.

5. Independent Institute, "An Open Letter to President Clinton from 240 Econo-mists on Antitrust Protectionism, " 1999. https://www.independent.org/pdf/open_letters/antitrust.pdf.

6. Initial Enforcement Order made by the Competition and Markets Authority pur-suant to section 72(2)of the Enterprise Act 2002(the Act)(19 September 2014). https://assets. digital.cabinet-office.gov.uk/media/541c3ad640f0b612d7000023/Cooper-Sauflon-_Initial_ enforcement_order.pdf.

7. Jay Modrall, "Antitrust-Approval Risks: Issues and Pitfalls in International M&A Agreements, " Norton Rose Fulbright, November 2013. http://www.nortonrosefulbright.com/ files/antitrust-approval-risks-issues-and-pitfalls-in-international-m38a-agreements-108847. pdf.

8. Penelope Papandropoulos and Alessandro Tajana, "The Merger Remedies Study In Divestiture We Trust?" *European Competition Law Review* 27, no.8 (2006): 443-54. http://ec.europa.eu/ dgs/competition/economist/divestiture .pdf.

9. Cornelius Dube, "Competition Authorities and Sector Regulators: What Is the Best

Operational Framework?" ViewPoint Paper, CUTS Centre for Competition, Investment and Economic Regulation, 2008. http://www.cuts-international.org/pdf/viewpointpaper-compauthoritiessecregulators.pdf.

10. David C. Ingles, Sven G. Mickisch, and Alex Blaszczuk, "Managing Regulatory Risk in Bank M&A, " Skadden, 2015. https://www.skadden.com/insights/managing-regulatory-risk-bank-ma.

11. Scott M. Morgan, "The Impact of Corporate Social Responsibility on Mergers and Acquisitions, " University Honors College Thesis, 2009. https://ir.library.oregonstate.edu/xmlui/handle/l957/12180.

12. Clifford Chance, "Cross-Border M&A: Perspectives on a Changing World."http://www.cliffordchance.com/content/dam/cliffordchance/PDF/Feature_topics/Cross_Border_Changing_World.pdf.

第 4 章　全球并购的趋势和领先实践

◎托马斯·科斯勒

□ **学会思考**

┊ 并购交易生命周期中重要的阶段和步骤

┊ 理解进行交易的战略依据的重要性，包括使用 3 种工具加深这种理解

┊ 驱动跨境并购交易的关键原因和解决跨境交易顾虑的融资策略

┊ 一个循序渐进的寻找和筛选潜在并购标的的过程

┊ 在尽职调查过程中需要注意的重要问题

┊ 降低跨境并购交易执行风险的选择和策略

□ **本章概要**

　　本章描述了全球跨境并购交易的趋势和领先实践。它强调了提出一套清晰地将并购和合资与公司战略相关联的战略依据的重要性。本章将继续以逐步深入的方式讨论有关交易和融资策略的考虑因素，来找到合适的并购标的，并且讨论在跨境并购中尽职调查应该考虑哪些因素。本章也将强调降低跨境并购中执行风险的选择和策略。

后金融危机时代的全球并购交易趋势

　　过去的全球金融危机推动了金融机构的巨大变革，造成了很多发达工业国家大量的政府负债。经济衰退引发了企业重组，推动了企业进行精益管理和跨产业并购的浪潮。让我们回顾一下过去几年的主要事件：

- 主要经济体的银行业大规模整合。

- 在大量政府援助的支持下，全球银行系统趋于稳定。
- 显著减少的贷款能力和需求，进一步加剧了经济衰退。
- 政府为启动经济增长的支出推动政府债务螺旋式上升，且达到空前水平。欧元区对主权风险的讨论也是前所未有。
- 世界上许多的主要货币苦苦挣扎，包括欧元和美元。
- 利率骤升，引发支出大量减少，而这对陷入困境中的经济并无益处。

在后金融危机时代，中央银行开始探索通过保持低利率来管理恢复中的经济和货币。盈利能力的改善、增长和低利率，使资本转移到股票市场，推升了股票的估值。最近，美国央行通过回购政府债券计划来试图和通货紧缩趋势作战。虽然这样的计划有可能推动利率上升，但利率仍处于历史低位。

让我们先转换一下视角，从商业环境角度分析后金融危机时代。后金融危机时代下的商业环境为下一轮的精益管理提供了动力。经济衰退进一步促使人们关注核心经营活动，并从差异化的角度进行资本化。

很多非核心的经营活动已经被出售甚至关闭，成本被削减到最低水平，组织重组活动包括日益增加的将工业生产活动搬迁到劳动成本更低的国家。这些原来留在高劳动成本国家的经营活动将会通过进一步工业自动化和对劳动力的灵活应用来实现效率提升。除了成本方面的考虑，许多企业通过探索困难的母国经济环境之外的市场，寻求更多的增长机会。合资、直接投资、对新兴市场的绿地投资已然非常风行，目的是使企业有可能拓展商业领域、消除依赖、带来亟须的增长。

当下现金充裕的资产负债表和通过其他资产投资产生回报的有限选择，进一步激发了公司通过并购实现增长的欲望。因此并购是董事会经常提起的一个话题，这并不让人意外，因为公司在寻求扩大自身的差异化定位和技术水平，以提高竞争地位。

观察什么时候估值和溢价会变得太贵而导致收购者无法从并购整合中得到足够回报，从而使交易无法进行下去是十分有趣的。然而很多董事会成员认为持有实物资产是更安全的投资，这和将多余现金投资在固定收益证券中相比，更能让他们感觉到可以掌控自己的命运。

并购的生命周期

并购的生命周期（见图 4-1）是一个横跨五个主要阶段和四个主要里程碑的端到端的过程。它包含了并购中每一项活动，从制定并购策略，选择最合适的标的，到业务整合。

图 4-1 并购的生命周期

并购生命周期的各阶段

战略选择：跨境并购始于战略选择阶段，也许这是最重要的阶段，尽管并不被承认。基于战略匹配的决策，为什么选择此并购标的，如何在文化方面和收购方契合，收购方能获得什么样的交易，这些问题将在下文中详述。

"为什么选择此并购标的"的一些例子：

- 进入新市场——收入增长；
- 知识产权——加速创新；
- 去掉产品组合的短板——差异化定位；
- 工业自动化，进入低成本市场——改善成本结构；
- 滚动发展战略。

确定了搜寻标的战略定义之后，接着是识别适合标的并接近它的过程。如果一个被收购的标的公司认为收购是一个可接受的选项，双方就开始谈判。

如果双方认可对收购确有兴趣（战略和财务两方面），并目标的公司/卖方被选入备选清单，则开始下一个阶段——尽职调查。买方借此可以更细致地了解标的公司的基本面和商业价值，以便确定最终价格和进行交易谈判。

谈判之后是签订买卖协议（SPA，又称销售与购买协议），并向主要利益相关方公布交易信息。作为公告的一部分，收购方的所有主要领导层和管理人员将简单报告交易依据和对现有商业模式以及战略产生的影响。

在签署协议和交割这一重要阶段之间，则是交易完成阶段。根据行业不同，如果交易超出了反垄断组织和其他监管机构的法律规定，则这一阶段的早期工作主要是获得交易许可。交易双方同时也在为交割做准备。

在此阶段非常重要的是对整合的规划。如果卖方允许买方接近其经营场所和管理层，建议对协同效应的假设和评估做一个详细验证。此后，理想的情形是买卖双方的高级管理层召开一个协同工作会议，通过为期两天的非现场审查，根据影响和执行速度确定协同效应的优先顺序。首日（交割日的第一天）需要优先安排讨论那些可能并不会带来重要增值效果，但需要高度重视的最重要的管理任务，并且避免给标的公司带来过大压力。

交割日后，两家并购公司重温整合计划，并且开始实施 100 天整合计划。这一阶段通常从一个为期两天的非现场会议（整合团队启动会）开始。双方的主要领导层和管理层通过会议来计划并实施协同效应和交易任务的细节，从而形成一个详细的整合计划。这种方法的巨大好处是，在两天之内合并公司会对整合的主要里程碑有一个全面理解，明确方向，并且可以积蓄能量开始专注于这些任务和活动。项目管理办公室（PMO）通常需要 3 ～ 4 周时间才能完善一个完整的整合计划，但这会迟滞进度。而上述整合运动会的方法则可快速有效专注于并购中最重要的部分，并且为稳定业务、管理公司日常经营活动提供了时间，引导公司朝着战略目标前进。

并购生命周期中的交易计划和执行

公司总管和董事会层面在交易计划和执行中最重要的作用之一就是把并购交易和公司战略联系起来，如何为公司创造价值。如果无法解释清楚"为什么进行这项交易"，那么需要采取最谨慎的态度。因此对交易依据进行客观评估是必不可少的。交易撮合者需要确保进行深入的尽职调查，由于管理层通常会迫使团队完成交易，任何能被识别的障碍和风险都不能被忽视。对标的公司的评估是非常重要的，因为评估的可靠性有利于检验收购公司关于协同价值创造的假设，以及合并公司是否有能力保留顾客和达成增长预测。通常被忽视或没有正确对待的是两个公司的文化融合，比如，决策是如何做出的，哪些行为是被作为榜样和被鼓励的。如果文化评估显示两个公司间存在重大的文化差异，那么这就是一个需要启动重大改革措施的明显迹象。

另一个重点是确保一个可靠的并购整合计划和执行过程的到位。重要的是要对交易标的和衡量整合成功的关键绩效指标有清晰的认识，并进行多次沟通。

上述讨论的所有要素都是一个稳健并购过程的组成部分，将从战略选择、评估、融资、尽职调查、协同效应识别、执行到交易完成的经营转变来指导或引领公司。

因此在交易获得批准之前，想要确保交易成功，就需要进行大量的审查和计划。协议签订之后，需要做更多的规划。交割之后，整合计划的各项举措就要被执行。

将并购生命周期阶段和战略框架与本章中描述的概念相结合

并购的生命周期是本章的一个重要概念，因为它强调了从选择并购对象到完成运营整合的每一个步骤。

它强调了"为什么进行这项交易"对每项交易都是至关重要的。要知道这个"为什么"，要求公司有一个确定其增长策略的合理过程。CAS 大学和 Intralinks 并购研究中心的研究表明，各个发展阶段的公司都会非常积极地通过可产生显著股东回报的并购和合资来寻求增长机会。因此，最成功的策略结合了自建发展和交易驱动的增长。本章下一部分提供了一个战略工具，或者是一组工具，来识别并购会在哪里，如何以及怎样帮助找准竞争定位。

在这之后我们将看到一些驱动跨境并购的原因，从增长需求到一些与发展中国家跨境并购相关的、非常具体的指示，如交易结构、支付方式、关系等。下一部分主要介绍跨境并购中的主要融资工具，工具的选择主要取决于收购者的类型（财务收购者或战略收购者）、交易结构、地区和监管环境。

本章也会介绍如何选择合适的并购对象，将会为读者介绍一个从寻找标的到如何整合潜在标的的过程。

尽职调查会解决一些公司在参与跨境并购时需要关注的具体的问题。最后，本章关注在跨境交易中如何减轻风险的一些选择和策略。

制定一个简明的跨境交易战略

并购策略已经发展演变了几十年。有无数的方法被开发出来，而只有很少方法被积极并购的公司董事会保留了下来。通用 – 麦肯锡九格矩阵法用于在公司战略中寻找差距和机会，帮助公司识别注重增长而不管能否立即带来利润贡献的机会。它也强调为了达到增长目的，只要达到最小可接受的回报率，就可以投资。此外，它可以让公司识别出什么时候应该利用已获得的竞争地位谋利，或者积极推动剥离特定业务。欧洲工商管理学院（INSEAD）讲授的资源途径（Resource Pathway）框架专注于通过并购获得增长，提供了一个帮助企业定义收购资源的必要程度和所需战略方法的框架。根据公司风险偏好和控制的需求，它定义了战略上如何以及以什么形式去内部化（建造、借、买）所需的资源。现金增加值（cash value added）方法是第三个概念，它能帮助公司识别哪些公司行为在股东确定的最低回报率之外依然能为公司带来附加价值。

识别实现增长要素的一种传统方法：通用-麦肯锡九格矩阵

通用电气和麦肯锡最初在 20 世纪 70 年代发明了通用-麦肯锡九格矩阵，目的是有效地分析和管理商业经营单元的主要驱动因素。管理大型企业集团是一个复杂的任务，要求非常广泛的行业知识和深厚的管理能力，需要有一种让管理层的注意力聚焦于核心驱动因素和促进投资决策过程的方法，包括必要的投资组合扩展。基于这种最初的动力开发的方法并不是只用于大型跨境公司，如今，不论公司大小都在使用该方法，因为其组成部分在商业战略中有着广泛的应用。

从根本上说，通用-麦肯锡九格矩阵将产业吸引力和业务实力对应起来。产业吸引力通过供需来确定。需求侧的特点是市场增长率和需求波动。供给侧的特点则是公司通过产品、服务和技术差异化以及有效管理价格压力的能力，将自己和竞争者区别开来。一个公司、子公司或业务部门的业务实力是由相对的市场实力、销售增长率、成本水平和技术地位以及市场渠道来衡量的。用于决定市场吸引力和竞争实力的必要数据点并非难以收集，因为从市场得到的情报和内部消息应该可以通过有效的预算和战略过程获得。即使是规模较小的公司也可以很容易地提供这样的数据，因为在融资过程中也需要考量这些信息，以便认清自己在市场中的竞争位置。

因此，一家公司需要在市场吸引力和业务实力方面，为每一个变量确定与行业相关的基准。下一步是衡量业务或业务部门是否具有吸引力，以及在基准的两端之间确定增量标准来完成决策框架。这个尺度和相应的决策变量一般会随行业的不同而不同。

一旦为一个公司、部门或产品组建立了这样的矩阵（见图 4-2 中的例子），就也创造了一个识别公司战略定位缺陷的战略框架。这些缺陷可通过并购活动来弥补。从逻辑上说，这个框架被应用于搜集潜在标的和竞争对手的信息。最后，这个框架也可以为得出综合观点和并购交易将如何改变竞争和战略定位提供见解。

这个框架可以让公司为每个主要产品组和业务部门做出重要的投资决策分析。

图 4-3 描绘了一个帮助管理层做投资决策的管理决策框架，当他们出现如下情况时，管理决策框架就会起到帮助作用：

- 无论是否有能力通过自身现金流来维持发展都需要投资来促进增长；
- 需要根据确定的最低增长率进行有选择性的投资；
- 需要对未来投资进行严格控制，竞争优势逐渐弱化的情况下只能投入有限的资源以维持现金流，而领导层会考虑逐步退出或直接做资产剥离。

因此使用通用-麦肯锡九格矩阵来管理投资组合扩展是一种较完美的工具。

内部和外部比较的矩阵

行业吸引力	1 不具吸引力	2 中等不具吸引力	3 中等	4 中等具有吸引力	5 具有吸引力
需求：市场增长率	非常低增长率	低增长率	中等增长率	高增长率	非常高增长率
需求：波动性	高需求波动性=对宏观经济环境的高依赖性	如果专家在1格和3格看到波动性则可以使用	中等波动性的需求	如果专家在3格和5格看到波动性则可以使用	非常低的需求的需求波动性
供给：产品、服务和技术差异潜力的机会	低差异潜力（类似大宗商品）	如果专家在1格和3格发现差异潜力可以使用	中等差异潜力	如果专家在3格和5格发现差异潜力机会则可以使用	高差异潜力
供给：价格压力	高价格压力	如果专家在1格和3格看到价格压力则可以使用	中等价格压力	如果专家在4格和5格看到价格压力则可以使用	低价格压力

注：增长率可能随着行业和地区变动。

竞争力	1 低	2 低于平均	3 平均	4 高于平均	5 领先
相对市场份额（RMS）	依赖行业滞后（$RMS < a$）	追随者（$a \le RMS < b$）	平均（$b \le RMS < c$）	领先者（$c \le RMS < d$）	领先者或第2名（$RMS \ge d$）
销售增长率	销售增长≪市场增长（销售/市场年复合增长率<a）	销售增长<市场增长（a<销售/市场年复合增长率<b）	销售增长=市场增长（b<销售/市场年复合增长率<c）	销售增长>市场增长（c<销售/市场年复合增长率<d）	销售增长>市场增长（销售/市场年复合增长率≥d）
成本优势	非常劣势（只有公司是处于劣势）	劣势（公司和其他都处于劣势）	平均	领导地位（公司和其他都处于领导地位）	强烈领导地位（只有公司处于领导地位）
技术优势	非常劣势（只有公司是处于劣势的）	劣势（公司和其他都处于劣势）	平均	领导地位（公司和其他都处于领导地位）	强烈领导地位（只有公司处于领导地位）
市场渠道	非常劣势（只有公司是处于劣势的）	劣势（公司和其他都处于劣势）	平均	领导地位（公司和其他都处于领导地位）	强烈领导地位（只有公司处于领导地位）

图 4-2　通用–麦肯锡九格矩阵：从有吸引力到无吸引力业务的衡量尺度是什么

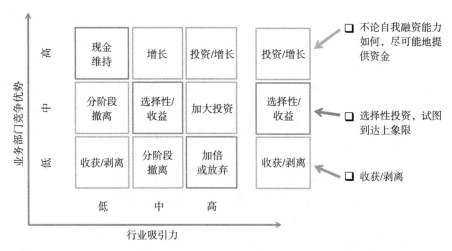

图 4-3　通用－麦肯锡九格矩阵：哪里投资，什么时候可以收获或剥离

连接战略增长和资源需求的一种现代途径：资源途径框架

资源途径框架（见图 4-4）是由 Laurence Capron 和 Will Mitchell 开发的，为公司提供了一个基于资源可得性、风险管理和开展控制要求来管理增长的决策框架。

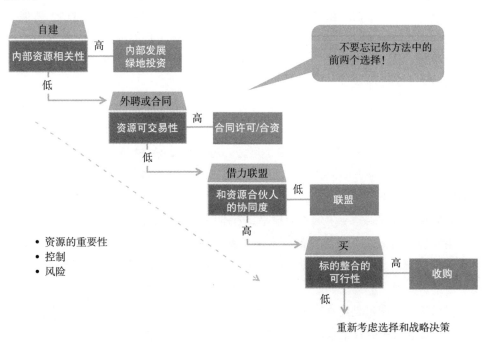

图 4-4　资源途径框架：资源可得性和在商务交易中所需的资源控制

这个框架表明绿地经营、合作增长方案、合资、战略联合和兼并收购有着不同的资源、风险和控制特性。

绿地经营是由潜力内部化和使用或制造公司内部所需资源的需求来决定的。如果资源可以自由交易或者可以从市场上获得，则可以选择合同性合资这类简单的解决方案。如果这些资源在市场上不可得或者较难被有效利用，公司可能会选择合资公司或战略联合方式。这个先发制人的策略会允许合资企业的合伙人实现共同控制。共同拥有资源可能并不能满足一个公司控制增长目标的需求。如果是这样的情况，则管理团队必然会采用并购作为驱动企业增长的一个符合逻辑的方法。

资源的讨论不能脱离对于管理层可以控制增长过程和相应风险偏好程度的理解。相对绿地投资而言，并购尽管可能看起来是推动企业增长的最好解决方案，但考虑到股东价值的增长，它也是风险最大的方案。

因此非常重要的是管理层应慎重权衡用于解决战略缺陷的选项。

现金增加值：一个已被验证的能保证并购提高企业价值的概念

Erik Ottosson 和 Fredrik Weissenrieder 在 1996 年提出了现金增加值概念。这个概念聚焦于产生超过预期市场利率的现金流回报。它是 1991 年本尼特·斯图尔特在《价值追求：EVA 管理指南》中建立的基于价值管理理论的一部分。

现金增加值（CVA）被定义为由正的息税折旧摊销前利润（EBITDA）体现的现金流和最低要求现金回报的差值。一个非常好的例子是德国汉莎航空公司提供的年度报告。该年度报告有一节专门解释了现金增加值概念，并且展示了如何将其应用于实际的商业运营中。

"EBITDA+"是经营和财务现金流的一个近似值。它包含所有完全由管理层决定的现金相关项目。经营结果要经过非现金项目调整，比如折旧和摊销；减值拨备转回的收入；无形资产的减值损失、厂房、房产和设备；税前养老金拨备，等等。"EBITDA+"在财务方面包括按比例的税前非合并权益投资的结果、利息收入以及金融资产处置结果等。

最低现金流需求是要求资本回报率、资本回收率和统一税率之和。

用于计算所需最低现金流的资本金基数是由非现金资产加上流动资产再减去无息负债得到的。换句话说，就是业务中使用的资本金。资本金基数可以用历史成本衡量。

资金使用的回报是建立在加权平均资本成本（WACC）之上的。它是由债务和权益在企业融资中的权重乘以权益的成本和债务的成本后得到的成本。

资本回收率是由资产生命周期结束后以加权平均资本重新购买资产时每年所

需的投资量决定的。以资本基础的一个百分比来计算所需回收的资本金额，这个百分比定义了用于计算最低现金流需求的资本回收率。

计算最低回报率的最后一个元素是税率。预期上缴税款也用资本金基数的一个百分比表示。

最后，将资本加权平均成本、资本回收率和税率加在一起，并乘以资本金基数，计算出所需的最小现金流。从"EBITDA+"中减去最小所需现金流，得出现金增加值。

现金增加值是衡量公司或业务部门是否能产生现金流的一个通用方法。然而，这种方法也被用来识别是否一个提议的收购会贡献正的现金增加值。在汉莎航空的例子中，2012 年的年报表明出售 Amadeus IT Holding 股权带来了显著的现金增加值。另一方面，使用现金增加值作为一个衡量业务成功的重要指标，引发了大量的投资组合扩展，比如英国航空公司出售 BMI、亏损的翡翠航空（Jade Cargo）和其他不良的、非战略性的股权投资。

将并购策略和交易现实相结合

企业通常会被建议在做跨境交易和考虑多种融资策略时要了解跨境并购交易的一些核心驱动因素。

驱动跨境交易的核心原因

本节讨论驱动跨境交易的原因。我们从寻找并购交易当前趋势的信息开始。接着讨论为什么公司参与并购或合资，强调关系的重要性，对冲只在单个市场占有主导地位的风险，并讨论当前融资和交易种类趋势的原因。

寻找新的投资：很多从财务危机中走出来的老牌企业拥有优质的资产负债表和雄厚的现金储备，这引发了股东要将这些资金用于新的投资以获得更高回报或者将现金返给股东的需求。

很多全球律师事务所、并购软件公司和并购信息数据服务商（例如，Allen Overy，Latham Watkins，Baker McKenzie，Intralinks，Mergermarket）定期出版市场趋势报告。这些信息表明欧洲有对高增长的发展中市场（比如印度、中国、巴西）的数量可观的跨境并购活动，美国则更集中于本土投资和成熟市场。另一方面，亚太地区专注于本区域，如中国和印度，但目前亚太地区投资者中专注于欧洲的比例也正在增长。

"为什么"参与跨境并购　公司出于许多战略原因参与跨境并购。在这些原因中，最重要的一个是市场和产能的全球扩张。一个众所周知但不能轻视的原因是：获取研发和软件开发的人才。随着企业越来越多地将新兴市场从纯粹的销售渠道转变为制造基地，创造知识产权和专有技术以及获得技和富有创新能力的软件，这些在跨境并购交易中明显是被低估了。这个因素会变得越来越重要，特别是新兴市场的工程师、软件开发人员、制药和医学类毕业生数量正在增加。

跨境投资的一个核心驱动因素：风险分担   跨境并购交易常伴随着一定的金融、文化和政治风险，因此有的企业更倾向于合资。风险分担的渴望，尤其是从金融和文化角度来看，是大量跨境并购交易的一个重要驱动力。当地的合作伙伴通常可以促进所需的当地注册过程，同时为外国合伙人提供了一个学习环境，以更好地理解当地文化从而在该国做生意。另外，新兴市场国家中依然存在一些针对全资或外资控股企业的限制，这使得那些希望进入这些市场的企业只能选择设立合资企业。

坚实的商业关系推动跨境投资   在启动海外投资之前，公司通常被建议应在它们想要投资的市场上建立稳固的关系。一般是与当地分销商努力建立关系，以测试当地市场对产品的接受和需求的程度。一旦证明存在机会，下一步通常是以绿地投资、合资和战略联合或收购的形式直接投资。收购一般无须 100% 持有股权，可以少数持股，具体取决于投资的战略意图。

长期的快速恢复能力   多样化的方式规避和减少商业风险是另外一个驱动公司进行跨境并购和进入高增长市场的重要原因。全球金融危机表明，与成熟市场和高增长市场建立广泛联系的公司通常表现较为优秀。这引发了那些缺少快速恢复能力以应对不利区域经济发展的公司评估其战略选择。

抛开那些可以通过宽泛方式对冲的经济风险不谈，快速恢复能力本身可以被看作一种管理任何不利情况的能力。世界正在融合，因此公司需要一个更广泛的多元文化人力资源基础，来应对商业的风险和机会。跨境并购推动了在组织内形成这种能力，它可能被视为在境外经营业务的一个副产品，但是建立和发展这种人力技能基础是其中一个重要组成部分。

现金为王   近年来现金已经成为跨境并购主要的支付方式。

原因是多方面的。从交易的角度看，其中一个观点是公司资产负债表上可用的现金应该用于产生股东价值或者返还给股东。另外一个观点是不论使用哪种金融工具，这种方式的利率都相当低。因此公司会仔细权衡固定收益工具和通过股权进行融资的利弊，这取决于交易发生时债务和权益的成本。因此，在低利率的环境中，由于股权融资有较高的成本，因此公司对其的兴趣会下降。目前出现了大量固定收益融资，更是证明了这一观点尤为正确。

从经营的角度看，首席财务官对用他们管理的全球经营自然对冲的兴趣在增加。自然对冲指的是使用在当地赚的货币进行再投资，如通过购买经营性资产、融资并购和用作本地经营支出。自然对冲不需要把当地货币转换成母公司所在国的货币，减少带来的对冲成本及可能导致的汇兑损失，也避免了利润汇回造成的更大的不利税收影响。

资产交易占主导地位 跨境并购交易通常是资产交易。一个关键的原因是这样做只针对特定资产，同时能避免在尽职调查中未被发现的任何隐藏或者被低估的负债。最重要的是了解与被收购公司相关的税负影响。类似地，如果收购方在取得资产后开始改变做法，资产交易可能会使收购方免于承担原企业的非法行为责任。相反，如果不是整体收购，而是只收购其中的资产或负债，那么收购方需要重新取得监管方或第三方的批准。以上讨论表明公司在选择资产交易还是股权交易结构时，有很多方面需要考虑。

目前在新兴市场跨境交易的风险情况，导致了对资产交易结构的偏好。而对于符合全球合规性和商业道德的成熟市场来说，选择是开放的：从股权到资产交易结构，或者二者的混合。

跨境交易的主要融资策略

跨境交易的关键财务策略随交易者财务组织的规模和结构的不同而改变。大多数收购方从集团金库角度管理下属业务部门的财务结构，不管融资是为了内部投资还是收购企业。

收购方是一个战略投资者或是财务投资者，其财务策略可能会非常不同，这取决于所在的行业，同时也可能取决于市场成熟程度的不同。

成熟市场的跨境并购融资策略通常会包括市场上所能想象到的全部金融工具。这些通常包括现金、各种形式的债券和股权、混合金融工具以及不同程度的盈利能力支付结构。

权益融资策略可能包括普通股。使用的最常见的交易结构之一是普通股作为对价，参与公司以特定比率互换各自的股票作为合并后新公司的持股。普通股也通常被用于其他形式的"免税"并购。

杠杆收购基金、私募基金和风险投资公司通常会使用优先股工具。它们可以在优惠利息之外附加其他条件，如表现为股利和清算所得形式的优先参与权、可转换权、反稀释权和多重清算权等。

贷款质押股票（loan stocks）可以用于杠杆收购融资结构，因为只有当公司债务违约时它们才能转换成普通股，由此确保排在普通权益所有者之后的权益提供者——持股管理层也在"同一条船上"。

债务融资结构从优先级债务（在违约时拥有高清偿权的债务）到次级债（低清偿权的债务），到前一轮融资中给收购者时间以等待最终融资到位的过桥融资，如贷款、负债或债券。

混合融资结构是在一种融资工具中结合了权益和债务的特征。可能包括可转债（以特定执行价格或在特殊事件发生时转换为普通股）或夹层债（附有权证的次级债，即可以用提前决定的价格购买股价或债券）。

盈利能力支付结构（earn-out structure）是当买方和卖方在对价上有不同意见时，用于弥补价格差的融资方式。当满足某些关键性指标时，买方向卖方支付额外资金。这通常要求卖方至少要有一段时间留在交易中。此结构的特征是，在交割完成时付给买方一部分购买价，而剩余部分则在约定的经营业绩达到时再支付。最后给卖方的支付对价取决于是否达到这些标准。如果卖方超过或低于这些约定标准，收购方可能会多付或少付对价金额。另外一个特征是，收购方在交易完成时先支付其愿意支付的最低价，而与卖方估值不一致的部分，则在卖方经营业绩达到特定表现水平时再支付。另外，盈利能力的支付结构可以设置上限，也可以上不封顶。

可以公开交易的盈利支付结构是否有条件价值权（contingent value right），它们的方式类似盈利能力支付结构：高于特定表现标准时，普通股的出售者和或有价值权的持有者会得到提前约定的额外现金支付。

在发展中市场，我们通常看到的是使用现金和普通股的支付结构。复杂融资工具的使用程度较低。

如果东道国政府禁止外国投资者控股，使用优先股对合资公司来说是一个好策略。在这种情形下，外国投资者可能会持有政府所允许的最高比例的普通股。对于一个未来可能终止的合资公司，优先股可以用来均衡股东结构。在出售或清算合资企业时，通过优先股可以达到合资公司按所有权各占一半的方式清算的效果。

选择合适的交易对象

选择合适的交易对象更像是一门艺术而不是科学。它需要一系列的逻辑步骤来确定适合公司竞争地位的战略。描述并购生命周期的战略选择阶段始于确定为什么要交易——对公司竞争地位有何好处。当需要用并购来支撑战略定位时，可以用通用 - 麦肯锡九格矩阵描述和确定商业活动中的这些部分，而资源途径框架可以为交易类型的决策过程提供洞见。现金增值法为一个选定的标的是否会有价值增值提供了另一种方法。这些是寻找合适的并购对象过程中的重要元素。

管理交易渠道

潜在交易对象的想法在哪里产生呢？将候选对象放在对每个商业活动的年度战略回顾中要比列在清单上更重要。年度战略回顾是一个更合适的场合，因为它为每个商业经营单元提供了平等的机会，来考虑如何定位、未来如何增长。它要求所有部门，从销售到采购，从财务到人力资源，尽可能参与到提供一个潜在的对象可能会在哪里对增长有益、为什么会对增长策略有益的讨论过程中来。在明确了这一点之后，接下来的问题就是去哪里寻找标的。答案是明显的。大部分标的（通常是最佳的标的），可以在组织内寻找。人们互相认识，或者在公司中任职，或者在交易会上认识，然后便有了联系。这些类型的标的公司成了最好的候选公司，因为它们在内部战略分析过程中被评估，当然也会有产生可能的候选标的的其他渠道，然后再进行战略分析或常规年度评估之外的审查。

外部渠道通常包括投资银行、为公司提供财务服务的会计师、贸易协会、商业协会、政府交易机构以及最新的并购交易来源——互联网。其他潜在的重要渠道是风险资本家和私募股权机构的交易清单。这些公司的购买行为并不是为了长期持有。它们对未来 3 ～ 7 年间产生利润回报感兴趣，这样它们可以在未来某个时间退出投资。与行业中人士建立关系被证实是非常有利的。

列出候选标的清单

上文描述的识别适合公司战略方向的潜在标的的方式叫作列出候选标的长清单（long list）。这个清单可能包括还未准备出售的公司，另外还未审查其具体的价值贡献，而这些工作会在确定候选标的的清单之后开始。不管时机是否合适，候选标的的清单只是收购方可能会作为收购公司标的的一组公司或商业资产。它们是需要建立长期关系的候选标的，因为它们可能未来会出现在收购短清单（short list）上。

从候选标的的清单到收购清单——筛选与战略契合的标的

一旦潜在标的被纳入年度或交易驱动策略审查流程，公司需要把重点放在并购案的立项上。这一步要求公司识别它们在哪里可以找到交易后价值。产生价值的来源和原因是什么？是否有推动地域扩张的价值、更好的差异化定位、经济规模效应、增加特殊资源和技能或提高制造优势？不论这些原因是什么，它必须符合增长目标和公司的核心战略。

下一步是识别威胁或侵蚀公司预期从并购中创造价值的所有潜在问题或障碍。这里重要的是区分障碍和真正的风险。障碍是可以被克服的。障碍可能具有风险的性质，此时需要管理层决定是否选择承担这个风险。尽管障碍和风险的区别不大，密切关注其本质的差别是非常重要的，因为这可能是交易价值增值与否的原因。

障碍包括地区差异、不同的销售收入确定方式、技术和信息技术不兼容，由于管理风格、文化差异造成的低估。最后，同样重要的是公司要慎重对待反垄断调查。当前全球有超过 100 个并购法律制度体系。这表明各个政府都在严密审查跨境并购交易。

上述这些要点构成了尽职调查阶段很好的调查问题，尤其是在尽职调查过程中与标的公司管理层进行讨论时。

最后，公司需要制定它们的"并购完成后的愿景"。业务如何从地区、功能、组织、产品、消费者角度进行整合？流程、信息技术规划和系统是否匹配？设备、人力资源政策和固有的文化如何处理？解决这些问题会迫使公司不仅专注于完成一项交易，更会促使管理层思考把并购作为整体价值贡献者的一部分。上述工作是整合计划的第一步基石。

上面提到的步骤适用于境内和跨境并购。在跨境并购交易中，有必要更加留意地理、文化和语言的差异，这是使并购交易成为长期成功故事必不可少的。

规划跨境尽职调查

战略选择阶段之后，收购方进入探索收购标的出售，或与有兴趣的卖方就合并事宜进行初步谈判。如果这些对话进展顺利，标的方释放了信号，交易团队通常会在迅速开展尽职调查的同时，开始研究可能的交易结构。

尽职调查通常包括五个核心元素：财务、税务、法律、商业和人力资源尽职调查。但若涉及特殊行业，公司也会纳入其他尽职调查的要素，如在化工和自然资源行业中对环境的尽职调查，在消费品行业中更深入的商业尽职调查。关键是要在短期内了解标的公司的结构和能力。信息技术和沟通交流可能是额外的尽职调查工作，尤其是它是公司价值链上非常重要的一部分时，如金融服务公司。

在工作流的构成方面，要确保尽职调查小组拥有必要工作技能的同时，限制其规模也是很重要的，这样可以避免信息外泄并更易掌控这项工作。鉴于并购交易的敏感性质，公司要限制参与部门，主动管理信息流。在签约之前，交易团队要保持非常低调。潜在的交易信息泄露，包括交易团队愿意支付的价格，都会对交易管理造成有害的影响。因此所有的小组成员需要通过签订个人保密协议来阻止其在核心交易团队之外分享任何信息，并且要记录小组成员的姓名。如果收购公司是上市公司，那么即将达成的交易则被视为内幕信息。

跨境交易中特别重要的是得到当地的支持。这个支持来源于公司内部还是外部并不重要，说当地的语言和懂得当地的文化，是非常重要的。因此，能够翻译主题信息，不论是翻译文件的字面意义还是某个情景、行为或文化差异的引申含义，在合理决策过程中都是非常重要的。仅仅使用母国尽职调查的方式来对标的公司进行调查可能是有风险的。它可能导致时间浪费、信息遗漏，并忽略重要问题。因此公司通常会雇用本地顾问协助尽职调查，评估法律的要求和组织交易的可能性。

管理有效尽职调查项目的另外一个重要成功因素是工具的使用。虚拟数据室、电子文档室、微软的 Share Point 云服务、会议/视频电话设施都是其重要的组成部分，尤其是在多个工作流是由多个地点、时区和职能参与管理的情况下。

卖方通常管理着虚拟数据室。他们允许收购方查看和分析提供的数据，提出问题和获得答案。在某些情形下，收购方可能得到下载或打印特定文件的机会，即使这些机会非常有限。使用数据室，要求使用人员在每次使用时均签订保密协议，并且每页上都带有"绝密"的水印字样。截图功能通常在实施尽职调查的电脑上不能使用，以防不打算分享给收购方的数据被复制。虚拟数据室对收购方很有用是因为这些数据室在分析跨区域数据时实现了责任隔离。在尽职调查过程中，每个关键问题方面的专家都会参与其中，方便收购方评估潜在交易的风险和收益。

电子文档室或 SharePoint 云服务通过在团队中交换信息、实施数据分析，通过仅供特定人员使用的项目平台建立文档，来为收购方交易团队服务。基于并购交易具有高度保密性，这是一个必要工具。

一个与电话会议和视频会议工具类似的方式是"全体成员会议"，通常一天一次，包含所有工作流参与者交流会，讨论每个工作小组在尽职调查中遇到的重要问题。这对于所有用来识别、评估和开发协同价值的工作流来说是非常重要的。为此他们需要在整个数据室搜索，要比某特定主题或功能工作组查看更多文档。全体成员会议为协同价值团队提供了一个分享他们目前正在进行的工作的机会，接受各个其他工作小组关于该审查哪些文件的建议以完成他们的任务。一般来说，会议会提供一个管理跨职能的问答平台和回答重要的管理层汇报问题。最重要的是，它可以让尽职调查管理人员对继续还是停止尽职调查做出快速决策。记住，一旦尽职调查开始进行，并购方的交易成本会迅速记录，因为要聘用外部税务、法律、财务专家在各个工作流中帮助和提高内部团队的技能。

最重要的是在评估交易风险和价值方面规定明确的责任。这样做不是为了不惜一切代价完成交易，而是评估一项业务，以及如何在减轻与出售资产相关风险的同时产生价值。

确定成功的选择和策略，降低跨境并购交易的执行风险

本章重点在于降低跨境并购的执行风险。因此，它解决了公司需要解决的三个核心问题，第一个问题是，收购方通过并购和合资在国外市场开展业务面临的政治环境和法律环境。

第二个问题是，如果理解和管理是成功的必要因素的话，理解组织文化的不同和相似处就是非常重要的。

最后一个问题是，为什么整合不是在交易签约甚至已完成时才开始，而是整合活动一直在确保着价值创造，从通过尽职调查来进行战略选择阶段开始，包括签订、完成交易和交割之后。最重要的是，每一个阶段提供了决定标的公司是否是真正的好标的、会否成功支持增长策略的重要信息。

政治环境和法律环境

首先，交易团队需要解决任何来自政治层面的风险，比如反垄断制度、反贪污制度、涉及某些敏感行业投资的规定（如航空航天、国防、高科技等），还有竞争和针对国外直接投资的制度。通过解决关于政治投资环境的问题，公司可以避免花费大量时间和精力在最终不能被收购或被特定国家的公司法律禁止收购的公司上。与这些问题有关的是需要解决的政治、国家风险和人力发展风险问题。作为海外投资战略的一部分，公司要经常检讨这些问题，为公司和业务部门建立框架，并确定公司在哪里或哪个国家可以实现扩展，是通过直接投资、分销商合同、合资、战略联合还是通过并购。

文化差异

下一个公司需要尽早解决的风险是特定标的公司所在的国家文化内涵和差异的理解。文化可以用简单但非常精确的方式来定义。文化是一套根深蒂固的行为，是用来定义公司是如何做事的。如果公司理解了什么行为是值得激励的，那么它们便了解了标的公司的文化。因此建议公司在战略选择、最初谈判、实施尽职调查过程中开始进行文化评估，以寻找交易双方的不同点并加以重点关注。

图 4-5 展示了一个文化评估工具的例子，它帮助管理层评估文化的不同点和相

同点。公司越清楚了解自己行为特征和标的公司之间的差异，越容易设计变革管理活动，使双方行为得以兼容。经验表明，改变激励、一对一指导、自上而下地展示某些行为特征，都是合理的方式。

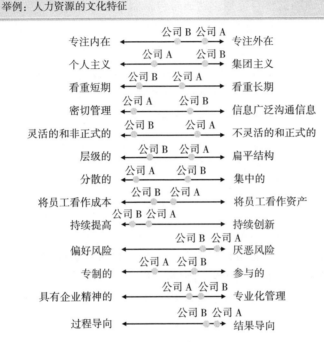

举例：人力资源的文化特征

	公司 B 公司 A	
专注内在	←——●—●——→	专注外在
	公司 A 公司 B	
个人主义	←——●——●——→	集团主义
	公司 B 公司 A	
看重短期	←——●——●——→	看重长期
	公司 A 公司 B	
密切管理	←——●——●——→	信息广泛沟通信息
	公司 B 公司 A	
灵活的和非正式的	←——●——●——→	不灵活的和正式的
	公司 B 公司 A	
层级的	←——●——●——→	扁平结构
	公司 A 公司 B	
分散的	←——●——●——→	集中的
	公司 B 公司 A	
将员工看作成本	←——●—●——→	将员工看作资产
	公司 B 公司 A	
持续提高	←●—●——→	持续创新
	公司 B 公司 A	
偏好风险	←————●—●→	厌恶风险
	公司 A 公司 B	
专制的	←——●——●——→	参与的
	公司 A 公司 B	
具有企业精神的	←——●—●——→	专业化管理
	公司 B 公司 A	
过程导向	←————●—●→	结果导向

图 4-5 文化评估：收购方和标的方在各自文化特征中处于哪个位置

保护性的就业和劳动法

对很多交易进行研究之后，发现很多收购方缺乏对当地劳动法关键条款的了解。得到关键信息的简短介绍对于参与跨境并购的每个人来说都是非常有帮助的。交易会否导致雇用或解聘当地雇员，这需要了解当地基本劳动法律和传统。一个人需要多久能更换工作？对养老金、医疗福利、失业保险、休假日和其他福利的补偿方案的一般预期是什么？解聘员工的必要条件是什么？需要遵循的步骤是什么？在公司要求他们辞职之前，员工需要获得哪些基本权利？

对关键问题的简单介绍可以极大地推进标的选择和谈判过程，避免关键性的错误和误解。

并购前后的整合

管理层可能有兴趣了解在并购生命周期每个阶段的特定整合步骤：从战略选

择开始，直到交易后的经营整合。在战略选择和尽职调查时，重点是尽可能多地理解和量化协同效应，同时考虑如何最好地去整合标的。建立对文化差异的理解是分析标的公司的另一个重要步骤。如果认真选择标的方，并且为交易定价提供重要的信息来确保成功，这些步骤的每一步都会为收购方提供额外的信息。签订合同之后，公司开始制订详细的整合计划。这通常包括制订和准备"首日"和"100 天计划"，做一个对协同价值评估和优先级更详细的评估，以及建立整合执行团队。公司在反垄断调查中如何进行上述工作呢？我们的经验是，反垄断法规允许交易和整合团队做一些整合工作，作为两个独立的公司分享某些数据，比如详细的消费者和供应商数据，直到交割完成。但是泄露与反垄断调查有关的信息则不被允许，并且也不允许规划有关消费者和供应商的合并活动。有时，卖方和收购方可能会决定推迟整合计划直到反垄断调查结束，或者推迟整合计划直到接近调查结束。

然而，收购方应该知道即使在反垄断调查进行期间，也有办法向前推进。这可以通过一个无关联团队（clean team）来实现。无关联团队是在双方提供法律支持下工作的外部顾问，通过分析提供给该团队的信息来制定和计划整合活动。签约和交割的重要步骤也是签约后的管理层联合执行的过程，因为这可以向大部分管理团队解释为什么交割，它将如何展开，交易中收购方和标的方在哪里看到了价值。另外一个重要的事件是交割后的协同工作会议。这是协同领导小组层面对协同效应具体细节的交流。双方共同确定优先事项，也可以改变协同效益的假设和结果。这本质上是另一种明智的检查，以确保一旦交割完成，团队加速向正确的方向推进，捕捉交易的价值。交易完成后的整合团队开始执行"首日"和"100天计划"，最终将整合从项目团队手中转移到管理团队的手中。

本章小结

- 并购生命周期的主要阶段和步骤是什么？
- 为什么理解进行交易的战略原因是非常重要的？
- 支持交易的战略原因的三种工具是什么？
- 哪些步骤可以帮助投资者寻找和审查潜在并购标的？
- 跨境尽职调查时公司应该重视哪些问题？
- 有什么选择和策略可以减轻跨境交易的执行风险？

第 5 章　跨境并购：
国家或区域特有的趋势和交易计划要点

◎ 洪麦克

□ **学会思考**
⼁ 影响并购策略和交易计划的区域和国家趋势
⼁ 关于跨境并购的有益见解和建议
⼁ 在交易过程中理解和区分公司文化和国家文化
⼁ 影响并购整合的区域和国家的特有做法

□ **本章概要**
　　本章从讨论全球国家和行业交易前的并购趋势开始，探讨在寻找经营价值方面的趋势。接着讨论在特定区域内选择国家时的考量因素。接下来本章分析了在欧盟和美国等相对稳定经济体之外的机会和反竞争审查趋势。本章最后将分享一些关于跨境并购的有益建议，以及会影响并购整合的一些当地特有情况和做法。

引论

　　如果并购趋势和模式可以被引申到未来，并由此最小化风险和最大化并购活动的成果，则可能获得竞争力和交易优势。

　　在过去几年中发生的大部分交易或源于美国或与美国有着联系，因此美国交易的趋势决定着全球并购交易的基调。除此之外，其他一些交易活跃的国家有英国、法国、德国和中国。中国并购交易的一些过去常见驱动原因包括为国内工业发展确保原材料供应和利用中西方股票市场在股价或权益方面的估值差异。

　　TMT 行业（通信、媒体和技术）、工业和化学品、消费、金融服务、商业服务、制药和能源、矿产、公共事业是并购发生的主要行业，这些行业的一些特有经营模式决定着并购的趋势（见图 5-1）。因此这些国家和行业的并购趋势将是本章开篇重点探讨的问题。

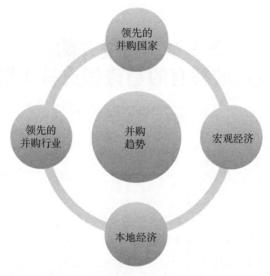

图 5-1　并购趋势中的国家与行业

　　另外一方面，并不存在完全相似的两笔交易，因此也不存在两份完全相似的股权购买协议（SPA）。

　　在跨境交易的计划过程中，有必要进行一个交易前的决策过程来确定是否在以下领域需要分配资源和进行详细的分析。

- 一个**税务分析团队**会分析所在国的具体情况，来决定交易后的基本税务设置，包括公司税、产品和服务流水、交易前税务裁定方面，还有可以申请哪些税收优惠。该团队还可以研究不同国家实体之间在交易后如何分担交易价格。
- 尽职调查和股份或资产购买协议需要当地的**法律协助**。
- 关于当地**养老金和福利**的尽职调查和协议。
- 财务尽职调查，这是由于不同国家之间会计制度不同。
- 信息技术的尽职调查。
- 环境、健康和安全的尽职调查。

- 并购整合尽职调查。

在本章读者将学到：

- 并购策略和交易计划的全球趋势；

- 跨境交易见解和建议；

- 公司文化和国家文化；

- 并购整合的区域和国家的特有做法；

- 影响交易策略或规划的区域和国家的趋势。

首先需要研究的是美国的并购趋势。总体来看，美国的并购趋势中，价值创造的来源已经从提供财务杠杆转移到了改善经营，而这一趋势是由美国成熟的私募股权投资行业主导的。私募股权投资公司已经在过去的几十年里分析研究了美国各行业的公司，并致力于从资产负债表上寻找可获取的价值。它们探索各种方式来利用负债，出售非核心资产并缩减开销。

较大的私募股权投资公司目前在美国和欧洲之外的其他市场寻找机会，试图了解这些市场的趋势、市场成熟度，并在这些新土壤中复制已成型的成熟操作。如果标的公司规模合适，私募公司则有可能对参与竞购感兴趣。

经营和业务的改善和交易协同效应可能在以下方面出现（见图 5-2）。

- 进入新市场的国际扩张；

- 供应链；

- 人才管理；

- 生产；

- 新媒体营销；

- 在价值链上提升，更接近客户需求；

- 供应商管理；

- 组合优化；

- 客户群优化；

- 客户关系管理；

- 服务改善；

- 其他效益收益和利润率的改善。

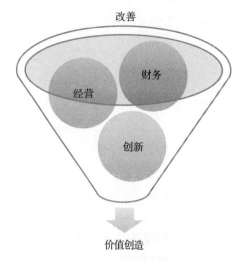

图 5-2   价值创造的源泉

　　另一趋势是新技术和媒体公司（其中大部分来自硅谷）走向全球化，如果它们需要当地人员，便会通过收购本地公司进入当地市场。由于历史和语言原因，在欧洲的切入点通常是英国，尤其是伦敦。伦敦也是金融中心和欧盟并购中心之一。然而，如果寻求商业文化上的匹配，那么在美国，或比如荷兰，可能会更容易找到合适标的。如果一项并购的目的是进入欧洲或亚洲市场，或一些新兴市场，那么最好在选择国家时有一系列可循的标准。下列清单是这些标准可能的一些选项。

- 商业文化的匹配；
- 行业相关人才的可得性；
- 物流问题，即能有效覆盖公司发生或可能会发生商业活动的区域或国家；
- 生产和生产过程知识；
- 高校在所在行业有研究项目或重点优势；
- 多文化环境；
- 在美国和标的国家实现工作轮岗的容易程度，针对外派人员的政策；
- 商业、个人或外派人员的税务压力；
- 生活质量对雇员有吸引力；
- 可用的办公、生产或物流空间；
- 政府或当地政府的激励措施；
- 建设成本、收购总成本，加上业务自建发展的成本。

当然，有些商业模式允许在没有本地员工和国际办公室的情况下运行，因此没有必要为了并购而建立国际营销和销售渠道。这种趋势主要在 TMT（通信、媒体和技术）行业较为常见。

并购交易成功的基础是领导和人。收购公司和标的公司的心态需要调整得当。由于全球政治、冲突、体育赛事、个人领导人等原因，情绪在不同国家会随时间变化。这意味着一位收购者可能会在某个国家遭受嘲讽和戒备，而在邻国则会获得荣誉，例如，一个美国公司在英国经营可能会和在某个波罗的海国家经营有很大的区别。

目前出现了一小波趋势，由来自欧盟的公司通过收购美国公司来帮助美国公司进入欧盟市场，而这主要由欧洲私募股权投资公司持股的公司主导。此类交易的逻辑在于，与标的公司在美国的同类公司相比，私募股权公司投资于欧盟的公司会为标的公司在欧盟创造更多价值。

国家趋势可以在以下方面影响收购的时机和顺序。

- 私募股权基金兴趣的有无。
- 本地股票市场的首次公开发行时机（如果时机合适，则溢价倍数会走高）。
- 政府干预或政策。
- 本地市场、区域消费者或商业模式。
- 价值链发展的速度。

区域 / 国家商业环境的发展

美国和欧洲经济平稳并广受公众关注，但是依然有一些事态会影响交易。

新的东盟十国（印度尼西亚、马来西亚、菲律宾、新加坡、泰国、文莱、越南、老挝、缅甸和柬埔寨）建立了一个几乎消除了所有关税的共同市场来促进国家间的跨境进出口。下一个议程将是人员和资本的自由流动，如果可以实现，则会为试图在该区域获得主导地位的公司带来大量交易机会。可以预见中国公司会非常积极地通过在东盟内部降低人力成本来保持竞争优势，并推广它们自有的消费品牌。

中国正在走向一个更加依赖消费驱动，而不是出口驱动的经济。生活水平的提高带来的居民的生活方式和消费模式的改变将是一个可以关注的趋势。可以在中国建立外国品牌，中国品牌也可以在东盟区域发展。随着网购数量的增加，物流将会是一个持续扩展的行业，因为产品必须快速送到消费者手中。中国的旅游行业发展势头也持续良好。接下来出现上行趋势的行业将是健康保健、财富管理和保险公司。

更多外国投资通过全资拥有的业务模式进入中国，即通过绿地投资和全资收购。这样不仅可以更好地控制在中国的新业务，也有助于保护知识产权。最近，中国政府开始通过收紧政策来限制外国产品在国防敏感领域的使用，如网络和通信设备，这导致了几起颇为有趣的"部分"资产剥离，例如：惠普公司近期将51%的中国服务器业务转让给某中国公司，这样一来它会被更视为一家在中国经营的中国公司，而不是在中国的美国公司。

美国针对并购的反竞争审查即使在信息相对有限的情况下也会迅速进行。执行力度则取决于当政者是一位对本国市场更保护的民主党总统，还是一位倾向对外扩张的共和党总统。近期在美国本土进行的交易也受到是否扰乱竞争的质疑，这给交易者们带来了一些困惑。

欧盟的反竞争审查在过去10年内审核了2800笔并购，但只否决了其中5笔交易，而这部分是由于递交草案前冗长的讨论和正式递交文件前反应的时间过长。欧盟在审核并购时，越来越倾向于把市场定义为整个欧洲市场而非某个成员的国内市场。而当某项并购涉及的市场处于欧洲市场和成员国内市场的重叠区域并影响竞争时，则需要交易者做出减少行业垄断嫌疑的解决措施。除了营业额，交易总额是否应该也作为触发审查的因素引起了一些小型的争论。对于欧盟并购审查法规的更新，在一本白皮书中阐述了两点原因。

（1）需要在决定一项交易应该由欧盟还是由欧盟成员国内竞争审查当局裁定的方面做出改进。这会有相关的提案来精简、细化和进一步简化其他程序。

（2）缩小少数权益持股方面的差异。在一些交易中，小股东可以通过持股来损害竞争，如在瑞安航空／爱尔兰航空的案例中，英国反竞争审查当局要求瑞安航空出售其大部分股份。

在中国，反竞争审查有很长的预先通知期和提交后的审查期。近期中国为较简单的交易引进了一项更快的程序来加快审查速度。

在涉及多个国家的大型跨国交易中，想要协调预先通知过程、签约前交易谈判时间表，并在签订和达成交易间获得核准是非常具有挑战性的。最大的挑战是努力为反竞争审查机构提供必要的信息。所以，如果交易面临审核，交易团队中必须预留一部分资源来应对上述情况。

近期在非洲成立的东非和南非共同市场（COMESA）要求，如果一项交易中收购方和（或）标的方在两个或两个以上成员国运营，即使收入为零，也需要提交申报资料。

在南非，收购方必须同时关注狭义和宽泛"赋予黑人经济权利"的法规，并在制定并购策略和交易计划时确保合规。

关于跨境并购的有益见解和建议

可以利用以某国"投资"为名头的中介机构来寻找顾问、了解情况，并研究如何才能符合当地政府激励政策标准。这些机构通常免费提供初级服务，也提供收费的特定市场研究服务。在较大城市和国家的不同地区（如德国）有时会有它们自己的机构。它们可以为交易团队提供免费资源和宏观层面的行业信息。但这些资源只能提供有限的信息。

离开办公室，和交易团队去标的公司的所在国，是实施跨境交易的重点；面对面地从当地律师、财务、税务和其他顾问那里获取本地信息，则可以作为筛选本地顾问过程的一部分；利用自己国家在标的所在国家的贸易委员会和商会等资源，跟标的国家最大的房地产经纪商谈一谈，因为它们会知道哪个公司刚进入该国，或希望进入该国或该城市，并且知道这些公司位于哪里；积极参加展会和活动。

商业和信任是发生在人与人之间的，因此一定要注意以下几点。

- 经常见面，以促进良好的沟通。
- 安排与整合项目团队见面，商讨符合核心交易逻辑的项目。例如，如果标的公司有好的产品可以被收购方出售，向整个整合团队展示产品及其价值，让他们成为内部大使。
- 在项目实施过程中，聚拢跨职能团队成员。
- 搜寻多种渠道来验证与收购案例有关的重要事实、交易逻辑以及对于独立业务的理解。

在亚洲和新兴市场，高管们通过拥有大空间办公室、停车位、最新的设备、公司汽车和一名助手等来显示威望。这些待遇在欧盟和美国的很多地区和行业是不存在的。并购后如何处理该问题呢？这些待遇增加了边际成本，更重要的是与合并公司的价值观和行为标准不相符。大多数情况下收购方对此并不做出回应，而是把此类行为归因于当地的商业文化。然而，交易的目的本该是使标的公司发生改变并使其运行更有效。计划跨境交易时，在交易达成后不能忽视这些细节。如果有一套统一的可行政策，便不再需要第二、第三套或者更多。试图从雇员而不是高管的角度来考虑他们如何看待公司发生的改变。为了实现协同效应，交易前团队必须降低改革的门槛。选择一项或两项明显的高管待遇，在交易前的谈判中就提出这些待遇在交易完成后会被怎样改变。

如果是同一个城市中的两家公司合并，并且计划让这两家公司的雇员共享同一办公区域，那么将高管办公室安排在哪里就非常重要。不论待遇如何，如果两个人之前均负责管理，那么现在将他们放在同一办公室则会出现"一山有二虎"的局面。

标的公司、某个国家或某个城市的管理层有时可能会与当地商业社区有着不健康的利益互换关系，而收购方则有机会解决这个问题，解决方案可能隐藏在尽职调查和表象之后。可能是办公区租赁、物流、清洁服务、午餐吧、维修服务等存在非公平竞争的外包合同，也可能是某位亲戚支取工资却不真正工作，收购方需要针对最需要做出改变的方面来削减开支。比如，避免此类利益互换关系，可以由总部工作人员或标的国外的人员来进行办公室和工厂租赁谈判，也可以使用较权威的房地产中介机构的租赁顾问来达成同样的效果。

大部分国家在全国有一套法律法规，但要注意联邦法律法规在不同联邦地区内的区别。比如，在德国的不同城市，公司所得税不同，尽管区别可能并不显著。其他例子，如在比利时和荷兰，交易前税务裁定在当地则有着讨论和谈判的空间。

留任奖金的使用方式在世界各地均有不同。当降低成本的项目（如裁员）启动时，在并购整合的公司里是否容易被接受还是会导致公司出现混乱？有一些极端的情况，如在日本，雇员通常被公司终身雇用，而在硅谷，雇员却在不停地寻找更好的职位。因此决定是否使用留任奖金的主要因素有以下几点。

- 所在国人才市场是否活跃，是否会因此而失去核心人才（竞争对手的猎头会在交易宣布时乘虚而入）？
- 标的公司需要的公示期有多长？劳动法的规定是什么？在公示期内需要做什么？
- 如果人才离开会给公司带来什么损害？
- 离职人才的空白是否可以较容易地由本地人才库填补？

被收购公司的高管可能会通过策略式和假消息式的沟通来获得收购方不一定非给不可的留任奖金。一些交易中，通常有个预期是标的公司的前4%～6%成员会获得留任奖金。收购方可能会问自己类似"我真的需要付给雇员奖金来让他们在公司继续工作1～2年吗？"这样的问题，这可能很难让收购方心悦诚服。尽管留任奖金和其他成本比起来可能数额并不多，但是如果收购方过于大方，标的公司高管可能会有利己动机，并试图从交易前或交易完成时获利，而这种想法对于收购方来说是危险的。

在跨境并购交易过程中理解公司文化和国家文化

世界和商业在变得越来越全球化。大部分并购企业都是国际化的，具有国际增长野心。所有或者大部分公司曾经都是创业企业，创业领导层会建立企业文化来确保公司初始的成功，并且公司文化会随着时间演变。一般主要是消费者、顾客和市场在推动着公司文化的演变。领导层通常采取可遵循的商业和经营模式。很多国际公司也会主动去适应本地的顾客和市场，这就导致了各国不同组织间客户基础的差异。地方差异也会影响到产品和服务，包括供应链。通常称一家公司是"国际本土化"的，意味着该公司既是国际化的，也是本土化的。如果公司有着很多事业部和业务部门，则会有亚文化的差异。

一国的文化源于该国的历史、自然资源、地理位置、宗教、战争、冲突、政治、法规、法律、人口迁移模式等。它是归属感和分享过去、未来的源泉，将家庭、朋友和国民联系在一起。一个国家内不同区域的文化也不尽相同。例如，意大利北部是工业区，而南部是农业区；另外如德国，北部较为自由而南部倾向保守。

当实施和计划跨境交易时，考虑好如何处理收购公司和所在国文化，并了解标的公司文化和所在国文化是非常重要的。如果收购方充分了解了这些问题，则会在沟通中就论点可接受度和交易谈判中分享的心态和视野方面占据优势。如果标的公司是家族公司，跟其他竞购者相比，尊重其文化可能会为收购方节约 20%的收购成本，而如果标的公司是上市或专业机构拥有的公司，收购方可以通过提问正确的问题获得更多信息，以便更好地理解信息。

针对标的公司可以进行信息数据分析和基于人员的分析。

如何为文化方面的挑战做好准备？

- 选择交易团队成员时，看哪个成员对标的所在国或标的公司更有见地？
- 组织公开讨论：团队成员跟标的公司交流时获得了哪些信息？如何看待标的公司交易团队的某些行为？
- 从交易对方的角度来理解问题。
- 必要情况下，为自己公司和标的公司（如果可实施）做文化评估。

针对标的公司的信息数据以及与标的公司沟通来往的人员分析，通常是交易团队获取信息的两个渠道。对标的公司顾客和本地竞争者做一个调查或者文化评估也可以作为信息来源的补充（见图 5-3）。例如，可以由收购方的人力资源部门、外部的顾问执行，或者可以部分由标的方年度雇员满意度来调查衡量。评估可以通过雇员调查和对选定的领导和雇员做深度访谈来完成。

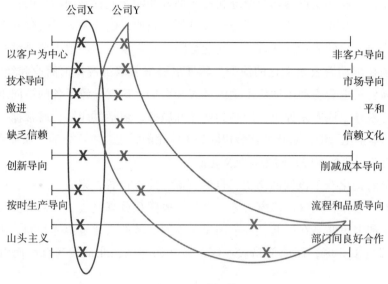

图 5-3   文化评估

交易团队对交易对手的了解对于交易前的沟通、谈判来说很重要，并且也会帮助整合标的的形成。举一个简单的例子，如果收购方顾客对售后服务非常满意，并由此带来顾客忠诚度，增加销售，然而标的方顾客对标的方公司的售后服务并不满意。交易团队的任务则是需要明白在何种程度上可以改进标的公司的售后服务部门，如何实现改变，相关的成本和收益是多少。

影响并购整合的区域和国家的特有做法

如果标的公司需要使用外部顾问或当地顾问，当地专业服务机构的成熟程度则是值得关注的一个因素或趋势。例如，在中国和印度进行交易时，对顾问和咨询的使用非常有限，然而国外收购方在进入这些国家时会经常使用相关服务。出售方可能在做本国交易和尽职调查时并不使用税务和法律中介顾问。避免根据英语能力来选择顾问，因为英语能力强的顾问可能方便了交易团队，但是如果他们在基于关系的当地商业环境中是局外人，他们作为当地顾问的有效性就会被削弱。如果交易前标的公司对顾问和咨询人员有抵触，那么在交易后会更甚。一个可行的解决方案是为这些参与并购后活动的顾问们印制含有内部邮箱的名片。

一个国家或地区的私募股权基金、风险投资基金、公司金融业务的成熟度也符合上述专业服务逻辑。

一些在具体国家的例子如下。

- 在瑞士：
  - 交易前需要标的公司内部达成一致，这通常非常费时；
  - 金融机构非常发达；
  - 很多公司高度电子化，因此建议开展信息技术方面的尽职调查。
- 在北欧国家，标的公司雇员通常都加入了工会，因此需要与工会进行沟通。
- 在奥地利，达成交易合约后依然需要标的公司内部达成一致，因此交易成败的挑战来自标的公司内部，可能会出乎收购者的意料。
- 在挪威，处理交易按部就班，被收购方总会提出挑战而最终导致讨论如何解决问题。
- 在丹麦，对待并购的态度会更加个人化，取决于领导层是否支持。
- 在美国，关注经营业绩以及产品是否会更具竞争力。

本章小结

- 影响并购策略和交易计划的区域和国家趋势。
- 关于跨境并购的有益见解和建议。
- 在交易计划时理解公司和国家文化。
- 影响并购整合的区域和国家的特有做法。

第二部分

跨境交易的文化和领导力协同

第6章 跨境并购中领导力的角色

◎斯科特·惠特克

□ **学会思考**

⋮ 跨境并购中领导力的重要性

⋮ 收购公司高层领导的责任

⋮ 标的公司高层领导的责任

⋮ 整合管理办公室的领导责任

⋮ 无效领导的表现和解决方法

⋮ 实现领导力的主要方式

□ **本章概要**

　　对于任何公司来说，一项并购交易可能是最重要的转折点之一。一笔规模较大的并购可以检验公司的规划和执行能力。此时正是需要领导层发挥巨大作用的时候，目的是帮助收购方和标的方雇员保持冷静，专注于整合活动。

　　本章并不打算列出领导们该具备的一般素质和特征，因为在读者能想象到的任何领域（如商业、公共服务、运动领域），有无数本书描述这样的特征。相反，本章试图描述领导们在并购过程中所能采取的特定行为和做法，来帮助实现交易成功，并搭建使整合成为组织的核心竞争力的基础。

为何领导力在并购中的作用异常重要

　　对很多公司来说，一项并购活动是它们所经历过的最严酷并看似最混乱的时期。想象下在一项典型整合过程中应该考虑的因素。

- 公司的战略方向和业务焦点。

- 企业领导力和治理结构。

- 个人的角色和责任。

- 政策、流程和商业惯例。

- 公司办公室和设施地点。

- 财务表现。

- 商业投资和资本分配先后次序的重新分配。

- 产品和服务组合。

- 信息技术和运营基础设施。

- 供应商和客户组合。

以上只是一些最普通的例子，在一个完整的整合过程中，几乎所有事情都在发生着变化。这些变化中的情况几乎会给所有雇员带来高度的焦虑感。伴随着很多未知情况，人们往往害怕最糟糕的情况发生，并且会认为任何改变都会对他们的现状不利。

但是整合活动也会给公司在增长、市场和地域扩张、产品和服务扩张、个人成长方面带来巨大机会，也包括本书前几章已经讨论过的许多战略驱动因素。

领导在整合中的作用主要是平息焦虑，并为未来潜在的机会指明道路。如果缺乏强有力的领导，由并购活动带来的焦虑可能会压垮收购方和标的方公司，并且侵蚀生产力和雇员的敬业度。

并购过程中缺乏领导力可能会破坏发展势头，摧毁价值。更糟的是在最开始就形成了对"新公司"的阻碍。在一项并购活动中，应认真规划并协调领导方式来避免意想不到的结果和问题。

整合过程中领导的"失败"可能会带来一些严重的痛点，并会削弱在整合过程中所付出的努力。

- **互相冲突的目标和策略**：领导层未能为公司和新公司指明方向。

- **糟糕的沟通**：不幸的是，几乎在每项交易中这都是一个问题，主要原因是信息和决策公布的速度太慢，使得人们变得焦虑不堪。领导层必须主动支持沟通计划，而高层管理人员应该在整合过程中积极做出反应。

- **冲突、冲突、冲突**：冲突往往不可避免，很多时候适当的冲突反而会带来更好的结果。但是当冲突导致了麻木和执行力障碍时，则会显著降低整合

　　的成功率。最终领导们需要处理有损整合和执行努力的冲突。
- **文化差异：**有时文化冲突会为整合带来摩擦甚至会导致整合进程停滞。文化冲突也使大多数员工感到焦虑，有时甚至是痛苦。领导们需要了解标的公司的企业文化，体会文化属性的不同之处和这些不同之处产生的原因。

收购公司领导层的责任

　　从 CEO 到整合管理办公室（IMO）的领导，每个人在整合过程中都有他们各自的领导角色和责任。

　　对组织的中高层领导来说，他们领导力成果的体现如表 6-1 中所示。注意到这些责任主要集中于和整合相关的话题方面，并且假设这些领导在交易达成的过程中已经扮演了重要角色（即这些领导们促成了并购交易）。表中也介绍了标的公司高层领导的责任。

　　正如读者所看到的，高层领导主要专注的是为高层（或总体）整合计划提供方向、消除障碍，举例如下。

　　高层整合计划方向的一些例子：

- 整合范围（哪些该整合，哪些不该整合）；
- 新公司组织架构和经营模式；
- 商业计划所用的假设条件；
- 整合工作的优先顺序；
- 宣传沟通发言要点和新公司的愿景；
- 利益相关方管理指引（如投资者社区）；
- 整合时间周期；
- 成本节约和增加收入的协同目标。

表 6-1　整合中的领导层责任

职位	主要领导责任
董事会	• 在交易完成前为有效互动做准备
	• 管理小股东的利益
	• 明确交易原则、价值驱动和业务重点
	• 强调频繁、开放沟通的重要性
	• 为外部财务相关者提供信息

（续）

职位	主要领导责任
CEO 和高级管理层团队	• 强调将整合作为公司首要任务的重要性
	• 明确整合计划的范围、指导原则和假设
	• 对整合进行全面的监督和管理
	• 确定组织设计和结构
	• 建立目标和成功因素
	• 支持积极的沟通
	• 把控标的公司参与整合前期计划活动的时机
	• 确保合理的整合资源和预算
	• 对可能影响整合计划的投资计划和（或）交易结构进行沟通
标的公司高级领导层	• 促进整合计划数据的交换
	• 确保整合管理办公室拥有足够的资源
	• 确保遵守公司法务部门对敏感信息和非敏感信息的限制准则
	• 关注标的公司雇员，主动回应任何有关交易的谣言

一些消除障碍的例子：

● 保证整合管理办公室有合适的资源以免人员不足；

● 确保参与整合工作的人员具备适当的资历和专业水准；

● 确保整合管理办公室领导者和成员参与基本的整合培训，避免羊入虎口；

● 与标的公司信息交换的过程中要注意及时缓解僵局，以确保计划信息能及时持续地传递；

● 促进高层领导团队在未来期望和信息传达关键点方面达成一致，避免为雇员带来任何含糊不清的信息；

● 在领导层面及时做出决策以推动整合进行。

收购方领导人员的另一个重要责任是理解整合可能面临的挑战。

　　领导人需要明白，为了使整合成功需要进行哪些行动，要分配合适的人员来执行这些行动。低估这项任务是领导层通常会犯的第一个错误。

　　——约瑟夫·达菲，Verso 公司计划和控制副总裁（已退休）

　　如果一个公司没有太多整合经验，甚至没有任何经验，领导层需要使公司完整地认识和理解关于整合顺利进行所需要做出的计划和执行工作量。

标的公司领导层的责任

表 6-1 也包含了一些标的公司领导的重要领导责任，他们会在促进交易的成功中扮演重要的角色。以下列出了标的公司领导应该施加影响的方面。

促进整合计划数据的交换。

- 很有可能出现的情形是领导们已经参与了尽职调查中数据的交换工作，但随着整合工作的全面展开，收购方会提出更广和更深的数据和信息要求。
- 标的方领导需要确保整合需要的数据完整、最新且及时。阻碍和拖延会使整合计划停滞，并使每个人感觉沮丧。标的公司应该确保整合计划数据完整、有条理，并配备可以对数据做出解释的专业人员。

确保整合管理办公室拥有足够的资源。

- 标的公司领导应该为整合管理办公室配备有经验的人员。但是一般会出现一种倾向：在确保交易可以达成前，标的公司并不愿意为整合投入太多的人员。众所周知，交易是一项有着大量不确定性的动态活动。整合管理办公室的责任是把交易达成作为必要假设做出整合计划，这就需要标的公司提供可用的资源。
- 新手或者经验不足的人员会减慢整合进程。收购方公司需要在标的方公司领导的协助下，从标的公司中获得适合的人员。

确保遵守公司法务部门对敏感信息和非敏感信息的限制准则。

- 任何有可能涉及反垄断方面考虑的交易都会对数据交换有严格的规定。通常交易双方的律师会权衡数据请求来确保对方请求获取的数据不是敏感信息，并且可以分享。交易方和标的方在这方面必须坚持严格的流程来确保合规。（本书在其他章节讨论了关于交换和审阅敏感信息的流程。）
- 标的公司领导应该不要随意把某些自己不愿意分享的信息视为敏感数据来促进上述数据交换过程。律师通常会决定特定信息是否属于敏感信息，这个决策过程应该有章可循，不应是随意的。几乎在所有情形中，收购方公司需要数据仅仅是为了给整合的平稳进行制订计划——拒绝提供数据可能会为整合计划中的某些方面带来风险。

关注标的公司雇员，主动回应任何有关交易的谣言。

- 标的公司领导应该首当其冲地站出来对交易前弥漫的谣言和不利信息做出回应。他们需要主动解决这些问题，让雇员能够投入和保持生产力。
- 标的公司领导不应妄加揣测新公司的长期计划，尤其当计划和信息还在生成的过程中时。
- 标的公司领导们将无法有效地完成本段中提到的目标，除非他们到处勤走动并多与雇员交谈，因为一般情况下雇员不会主动把揣测或谣言告诉上级领导。走出去了解大家所担心的问题，这样才能有针对性地解决问题。

破坏整合计划的活动

不幸的是，标的公司领导层有时可能会不愿合作，甚至会破坏整合计划的实施。这通常发生在标的公司并不情愿被收购，或者是被恶意收购中。不论原因是什么，这种情形发生时带来的典型负面效应如下。

- 对交易是否能被股东和监管者批准持有怀疑的态度：如果标的公司领导人将这种情绪传递给其他人，可能会阻碍合作并推迟关键的计划交付。
- 阻碍沟通的努力：领导人不允许任何与交易进展相关的基本沟通，这将导致巨大的信息缺口。这种行为对标的方员工群体来说危害最大，而他们恰好是这些领导人最想要保护的人群。
- 资源规划不足：领导人迟缓安排整合管理办公室人员会拖延交易完成前所做的规划。

整合管理办公室的领导责任

当提到整合管理办公室的领导力时，我们一般指的是那些被委任并担任整合管理办公室管理职务的个人，或在某些职能范围内负责的个人。

有些人员会参与到日常计划和执行中来，因此他们通常可以清楚了解所有整合工作。

除了肩负的大量整合计划工作和执行职责外，这些人员也同样负有领导责任，如表 6-2 所示。

下面列出了整合管理办公室管理人员应该如何施加影响。

"信息收集"与"信息分享"

正如我们在表 6-2 中提到的,整合管理办公室管理人员在交易前计划阶段应该专注于"信息搜集",如果计划还在进行中则需要避免过量的"信息分享"。

表 6-2 整合管理办公室的领导责任

职位	主要领导责任
整合管理办公室管理团队成员	• 帮助建立和标的公司领导团队、整合经理们沟通的氛围
	• 成为主观事项方面的整合专家
	• 强化整合工作的重要性,确保整合任务被视为组织的首要任务
	• 确保整合管理办公室管理团队中各自成员角色清晰且互相不重复
	• 确保为整合管理办公室中所有角色配备足够资源
	• 确保遵循信息分享协议
整合管理办公室的部门经理(如人力资源、信息技术、财务等)	• 精心规划和组织与标的公司的每次互动——为接下来要发生的活动建立良好示例
	• 确保高层部门经理(如财务部门高级副总裁)及时了解整合工作进程
	• 管理各部门的整合进程
	• 在前期计划阶段专注"信息搜集",如果计划还在进行中则需要避免过量的"信息分享"
	• 确保细分小组和其他参与者获得有关交易的全部信息
	• 确保整合管理办公室参与者在合作和信息分享流程方面接受必要的培训
标的公司的整合管理办公室和部门经理	• 为合作设定基调,支持前期计划的工作需要
	• 确保遵循信息分享协议
	• 对需要澄清的问题做出解释(是回应谣言的官方渠道)

整合管理办公室经理可能会被关于公司"未来状态"的问题所包围(例如,新公司组织结构会是什么样),而且大多数情况下这类信息并没有得到最终的确定。顺便说一下,这样的问题通常来自于标的公司和收购公司两方。

经理需要避免妄加揣测任何有关未来情形的计划,即使他们真的知道未来情形的细节,也要避免与他人分享。这就需要经理具备一定程度的成熟度和自我控制力。

从始至终经理都要不断向整合管理办公室的所有成员强化"收集而非分享"的观念。

信息过早地泄露只会为后续带来更多工作量,因为当每个人都忙于各自工作时,依然需要腾出时间对谣言和揣测做出回应和处理。

领导力失败的表现和解决方式

了解何时领导力失败会对整合计划和执行工作带来负面影响是很重要的，因此必须采取有效措施来解决这些问题。

以下是一些体现领导缺乏的典型情形和可能根源。

整合管理人员或整合管理办公室只对单个部门汇报，如人力资源部门或财务部门。

- 除非整合范围较窄并只局限于某个部门，整合管理办公室只对一个部门汇报并非最优选择，不推荐这种做法。
- 对单个部门来说工作量太大，资源有限。
- 整合计划可能会较为短视，过分专注单一功能。
- 如果整合管理办公室只对单个部门汇报，可能会向标的传递困惑的信息（如：标的公司可能会认为"这是整合人员唯一在意的部门吗？"）

高层管理人员对"谁对整合工作有话语权"感觉困惑。

- 整合应该和项目指导委员会或者和某主管整合并确保其成功的上级一起建立有效的治理结构。
- 如果没有类似监督委员会的治理结构，权力可能会分摊到一个或两个公司高层管理人员身上，为整合管理办公室领导们带来不必要的麻烦和复杂性。
- 这种权力分散可能会带来领导力缺失，因为有时可能两个高管都不会完全投入到某项整合工作中。
- 沟通计划可能也会受到负面影响，因为整合进程和信息更新没有明确的负责人。

整合管理层中缺乏紧迫感。

- 整合工作本应较为紧迫，所以紧迫感的缺乏也就等于领导力的缺乏（即管理者没有把整合放在优先的任务位置上）。
- 有可能在部门经理眼中整合工作并非是优先任务，这也导致了工作势头的缺乏。

交易后组织形态的不确定性，可能也意味着高级管理人选也在待定中。

● 当组织未来形态依然处于不确定中时，核心管理人员可能会对自己未来的状态和角色非常焦虑，这也可能为整合工作带来领导力缺失。

● 一些经理可能会避免专注于整合工作，因为他们对未来状态不确定，试图避免改变现状（事实是，在组织处于变动和不确定状态中时，参与整合工作是一个看清现状的绝好方法）。

如果整合工作正在经历上述这些问题，可以在以下方面探索解决方法。

● 建立（或与之重新沟通）整合办公室章程和治理结构。

● 重新强调整合管理办公室的职责，制造紧迫感和使命感。

● 加速交易后的组织规划进程，巩固管理结构。

● 为高管团队创建问题优先排序和制定决策的框架，确保将需要优先解决的问题提到日程最前面。

实现领导力的主要方式

本章此部分概述了管理人员在整合中可以真正发挥作用并有所作为的一些主要方面。这些方面也是可以帮助新公司建立坚实基础的工具。

为那些通过并购加入新公司的雇员定义新公司。

● 通常情况下，制订初次沟通计划的任务会落在沟通管理团队身上，他们有时必须具备完整的信息来为新加入雇员制订有效的入职培训计划。管理人员需要推进该项活动，并为审查工作和他人参与留足充裕的时间。

● 避免在公司休息室里张贴措辞平淡的宣传资料。领导层必须主导公司沟通计划的制订，以此来激励新员工，促进他们对公司未来方向的理解。

● 慷慨地分享信息。从新加入公司的雇员那里可能会听到的最大的抱怨之一是"我们没有听说任何新消息"或"我们根本不知情"。

积极沟通。

● 有时让领导在沟通内容许可上签字非常困难。有些人会避免或推迟披露关键信息或做出关键决策。

- 领导们需要积极进行沟通，传递稳健、准确和激励人心的信号。
- 在整合过程中支持有力、频繁的沟通。开始时频繁沟通，随后需要逐渐舒缓沟通节奏。因为这时才是通过并购加入公司的雇员们真正渴求更多信息的时候。

尊重文化传承。

- 公司采用共同企业文化说起来要比做起来难很多。想要消除之前公司文化的遗留痕迹几乎是不可能的——即使这样做符合大部分人的利益。
- 领导者需要接受这一现实：文化认同需要时间，通过并购而加入公司的新员工可能会坚守他们之前的价值观。
- 领导者不应忽视或轻视文化传承，而是应该努力强化组织中他们希望看到的文化。

秉持客观态度。

- 领导者应该对整个整合过程中的人员、流程、政策和操作实践提供一致客观的评价。

本章小结

- 清晰定义收购方和标的方公司高管们的领导责任。
- 为整合管理办公室和部门经理清晰定义沟通方面的领导责任。
- 学习识别领导失败的最常见表现。
- 促进在组织内采用整合经理应有的示范做法。

第 7 章　文化在跨境并购中的角色

◎甘霖

□ **学会思考**

　┊ 在一个并购交易环境中文化的重要性

　┊ 对文化的充分意识将如何提高交易成功率

　　　定义概念

　　　区别不同类型文化：全球文化、当地文化、公司文化、创新型文化

　　　如何在交易团队中建立文化意识

　┊ 如何在交易策略中将文化元素融入其中

　　　主导型文化或宽容型文化

　　　语言在交易中的重要性

　┊ 如何在签约前、签约后与交割之间、交易完成之后均能切实地融入

　　　文化维度

□ **本章概要**

　　　本章描述了在一个并购或整合环境中文化的重要性，展示了如何在
交易团队和整合团队间营造文化意识。在介绍切实地将文化因素变成推
动交易成功的方式之前，我们会强调公司价值和本地语言的重要性。

理解文化管理

　　在跨境交易中（即兼并、收购或剥离），文化是至关重要的。这一观点已经被
无数的研究支持。一项来自贝恩咨询公司的调查在询问了来自 73 个国家约 10 000

位管理人员后，发现解决文化整合的问题是促成并购成功的诸多因素中最为重要的一个（见图 7-1）。

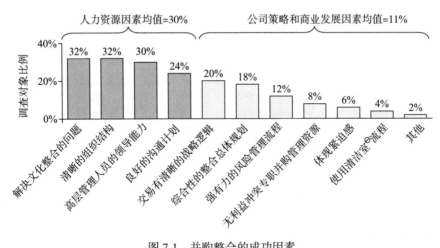

图 7-1　并购整合的成功因素

　　一项来自埃森哲经济学家智库的研究表明，整合中最主要的一些挑战都与人的因素有关，而这其中最重要的挑战是文化因素。交易撮合者是指那些善于为商业交易带来满意结果的人。这些交易撮合者会采取实际行动来解决那些对交易至关重要的文化因素。他们会考虑来自买方和卖方自下而上的文化压力。在文化方面的重视使这些交易撮合者比其他决策者占有先机，因为其他大部分人会忽视已被实际案例证实的文化因素影响和文化融合的解决方法。

> 注意："买方"或"收购方"指购买另外一家公司或公司资产的一方，"标的方"指的是被买方购买的公司或公司资产。

　　"跨境并购中的文化"本身值得用一本书的篇幅来阐述。本书的目标是为读者提供一本实用的手册或一些建议来识别文化陷阱，甚至将其转化成可以利用的机会。

　　至关重要的一点是，必须认识到文化管理是一种独特的能力，它贯穿从交易开始前到并购完成的整个过程，跨越交易的生命周期。的确，并购交易部门通常不负责业务整合。我们通常会看到交易团队和整合团队之间存在组织上的脱节，结果导致在收购方和标的方的文化整合方面没有分配到足够的资金和精力（见图 7-2）。

　　⊖　清洁室＝保密电子资料云，用于尽职调查时按权限给买方人员提供相关信息。

为了解决这个问题，我们推荐一个两步方案：第一，建立一个整体的认知，使大多数人意识到事实上他们没有做好处理文化问题的准备；第二，用一个系统性的、以事实为基础的方法管理文化差异。令人惊讶的是，量化这样一个情绪主题是非常容易的，而且可以将其纳入更大的整合管理实践中。

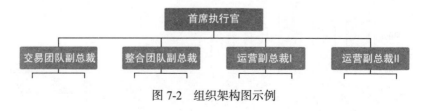

图 7-2 组织架构图示例

文化意识

这一部分将涵盖"文化意识"这一基本主题，然后对文化做出定义，包括全球文化、本地文化和公司文化。

人们可能会认为文化差异并不那么难以克服，但这是一种虚假的自信感，因为我们在文化差异的广度和深度方面的体验并不广泛。文化维度有很多种类，因此人们反应或互动的方式也会有很多种。来自不同文化的人能够正常相处简直可以被称作一个奇迹。

文化管理技能的四个阶段

来自埃森哲经济学家智库（EIU/Accenture）的研究总结出，交易和业务人员双方（例如各部门领导，如财务、营销、交易、信息技术、供应链、运营、制造部门等）都意识到了文化的重要性。然而，他们并不具备处理这个问题的技巧。心理学术语描述了迈向熟练掌握一项技能的四个阶段（见图 7-3）。

（1）**未意识到缺乏技能**。个人不理解或不懂如何做某件事，而他并没有意识到这是个问题。他可能会拒绝承认技能的有用性。对文化而言，这个现象发生在管理者对并购流程不熟悉时，尽管公司在过去做了很多交易。这种情况发生的原因是管理者们可能被交易带来的兴奋感冲昏了头脑。

（2）**意识到缺乏技能**。尽管个人不理解或不知道怎么做某件事，但他们意识到这个问题需要解决，也意识到学习新技能对解决问题的价值。这种情况通常是指一些经验丰富的交易专业人士知道如何在某些问题方面获得内部或外部的支持。

（3）**意识到拥有技能**。个人知道如何做某件事。但是应用技能和知识却需要持续专注。这可能需要在做事时分步进行，在使用技能的过程中需要持续的专注和投入。这种情况可能发生在当整合专业人士在积极获得文化技巧之时。

（4）**未意识到拥有技能**。个人并不需要过多练习技能，技能已经变成了"第二天性"，可以轻松使用。

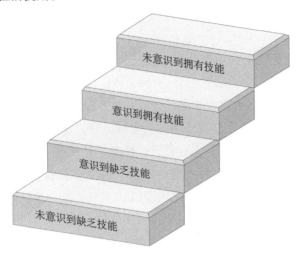

图 7-3 迈向熟练的四个阶段

"文化"的定义

由于关注的方面和角度不同，关于"文化"这个词的定义也有很多。我们将会使用一个能满足跨境并购需要的定义。在一个跨境并购环境中，文化可以被定义为：

一个关于当地和公司规范、行为、符号、价值观、系统和规则的集合。

跨境文化管理指的是基于系统和事实，对本地和企业属性的差异化进行管理。一个整合经理的能力取决于他能强化积极因素，并有能力化解任何可能会导致冲突的潜在消极倾向。

全球文化、本地文化和公司文化

在一个相互关联的世界里，每个国家都在平衡着全球文化和本地文化。一些文化元素是可变的、灵活的；而其他一些则是不易变通的。企图触碰这些因素可能会唤醒紧张情绪并带来文化冲突。每个地区都有它们自己的方式来应对这些紧张形势，这取决于本地团队如何解决和消化这些冲突，收购方可以在充分了解的情况下进行调和、教育并做出行动。

全球文化　每个国家都在某种程度上支持着全球文化。世界各地的人们使用相同的品牌，观看相同的电影，听着同样的新闻故事。然而对这些信息的解释可能会随着国家文化的不同而不同。从经济的意义来看，关于创造利润和进行国际扩张的想法在全球是一致的。全球化的本质在于经济、金融、贸易和通信的全球一体化。

然而，全球文化带来的后果分化为相反的两个方向。一方面看，我们走向上述描述中的同质化，即西方模式。另一方面，我们也走向了两极分化：抵制同质化和以消费资本主义为标志的西方规范。抵制采取了全球性的反压迫运动，如"占领行动"，这是一项抗议社会和经济不平等的全球运动。这种运动可能会导致极端的情形：世界上某些地区的意识形态在教育、性别平等和科技方面可能会出现倒退。第三种文化融合方式是上述两种方向的混合。混合形态随着社会的不同而不同，就像资本主义的形态也有很多种，美国强调个人责任、欧洲更倾向社会变体。

这种矛盾性使得国际商业人士很难识别文化信号。这些信号可能看起来类似，却有着不同的内在含义。对于公司管理者来说，这种全球文化是他们必须要面对处理，而非他们可以改变的。

尽管法律对企业活动有着重要影响，但迄今为止，全球化对国际法律的影响却很有限。公司管理层一次次惊讶地发现，他们在本国熟悉的法律框架并不适用于其他领土。询问一下任何计划在德国或法国裁员的美国公司，他们发现当地工会采取的法律流程会使计划搁置数月甚至数年。有时尽管法律在形式上相同，实际的应用方式也可能会有不同。鉴于跨境并购的定义意味着在不同司法辖区开展经营活动，跨境收购者们在法律方面常常面临着诉讼风险。

除了正式的法律限制，公司还面临着特定的文化禁区。这种情形通常发生在当地某些禁忌区，因此在区域内提起某些话题可能会导致争议。第 14 章将详细讨论这个问题。

本地文化　我们避免使用"国家文化"一词，而更偏爱"本地"这个词。正如一些人所承认的那样，同一个国家内，某个城市或地区文化是不同的，然而在国家层面可以总结出一些概括性的特点。有一些获得文化价值观的经典渠道，如世界价值观调查、施瓦茨（Schwartz）文化价值观和霍夫斯泰德（Hofstede）文化维度理论。理查德·巴雷特（Richard Barrett）的价值观中心和艾琳·迈耶（Erin Meyer）在这方面提出了他们最新的见解，我们将在第 14 章中介绍。

接下来我们介绍吉尔特·霍夫斯泰德（Gerard Hendrik Hofstede）的文化维度理论。霍夫斯泰德是一位广泛研究民族文化关系的荷兰心理学家。我们发现他的研究尤其适合初步理解国家之间的文化不同。霍夫斯泰德设定了 5 个坐标，称为

"维度"，它们分别是：社会取向、权力距离、性别角色、不确定性接受程度和时间取向（见图 7-4）。

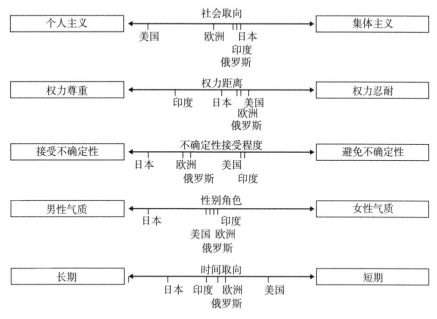

图 7-4 霍夫斯泰德文化维度

（1）**社会取向**。社会取向指个人主义或集体主义：个人主义可以被定义为松散的社会结构取向，个人只需照顾好他们自己和直系亲属。相反地，集体主义代表了一种紧密的社会结构取向，个人在团体内需要照顾好彼此以换取绝对忠诚。一个社会在此维度的位置体现在人们在表达自我形象时使用"我"还是"我们"。例如，美国的个人主义得分最高，而日本的集体主义得分最高。

（2）**权力距离**。权力距离指尊重或忍耐，即社会中地位低的成员对于权力在社会或组织中不平等分配的接受程度。这里的根本问题是社会如何处理人民之间的不平等。高权力距离程度的国家有着明显的等级制度，每个人有着各自的位置并无须做出过多解释。而在低权力距离的国家，人们努力平衡分配权力，在出现不平等时寻求合理解释。

（3）**性别角色**。性别角色指男性气质或女性气质：男性气质代表了对成就、英雄主义、自信和成功带来物质奖励的偏好。这种男性气质的社会更具竞争性，如日本。相反，女性气质的社会代表了合作、谦逊、对弱势群体的关爱和对于品质生活的偏好，如瑞典。但是使用类似与性别相关的术语来描述社会正在变得越来越有争议。

（4）**不确定性接受程度**。这个维度体现了社会中成员对不确定性和模糊性的接受程度。主要是社会如何处理未来不可知的问题：应该控制还是顺其自然？对不确定性规避较强的国家保持着对信仰和行为的严格规范，不能容忍异端思想。而接受不确定性的社会有一种更为放松的态度，这样的社会认为实践比原则更重要。

（5）**长期和短期（时间）取向**。每一个社会都必须保持一些和过去的联系，同时也在应对来自当下和未来的挑战。不同的社会把这两个目标放在不同的优先次序。一些社会偏好保持悠久的传统和规范，并用怀疑的眼光看待变迁。而短期取向的社会则采取更务实的态度：他们鼓励改变和实用主义。

读者可以通过访问以下网站了解到比较国家文化的工具：http://geerthofstede.com/countries.html。网站中为每个国家提供了大约一页篇幅的小结，这是初步了解国家间文化差异的一个很好的开端。

在下面的例子中读者可能很难独立地识别国家特征，但是戴姆勒－克莱斯勒的例子显示了组织文化和国家文化之间的相似性。

◎ **戴姆勒－克莱斯勒合并案例中的国家文化碰撞**

戴姆勒－克莱斯勒尝试合并的案例是一个本地文化深植于公司文化的例子。它们合并 7 年后，笔者在 2006 年参与戴姆勒和克莱斯勒的分拆，这场分拆中处处体现了两个公司的文化差异。

从国家背景看，两个国家在长期和短期取向方面得分不同。根据霍夫斯泰德的文化维度理论，美国是一个倾向绝对真理、关注稳定和传统价值观的国家。伴随着与文化属性一致的态度，克莱斯勒管理层认为戴姆勒并无可取之处，认为自己的产品和生产流程有着绝对优越性，并且不想改变当前已有工作方式的稳定性。为了坚持传统，克莱斯勒在从戴姆勒那里重获独立的那天，立即启用了其标志性五角星标志。伴随着烟花和音乐声，老标志在员工的欢呼中重新启用。

而德国的文化得分体现了它有着多种真理，倾向用务实的方式解决问题，会设定清晰的目标，详细的任务分配，有着正式的控制系统且不接受质量上出现任何含糊。而这些特征和克莱斯勒的结构化活动和书面规则有着较低的文化认同度。

类似地，德国文化中的"彻底性"使戴姆勒出于经济上的考虑停用了两个克莱斯勒品牌。其中一个品牌普利茅斯（Plymouth），对于蓝领阶层来说代表着稳定和传统。即使很多年之后，克莱斯勒的顾客们依然在抱怨："他们怎么敢扼杀了这个品牌！"

企业文化　我们不一定把公司文化看作国家或当地文化的一部分，尽管我们注意到公司在国际化初期更注重自己的本地文化。公司文化受到很多因素的影响，其中之一就是本地文化。另外一个重要因素是高级管理层的管理风格。回到我们之前对文化的定义：

一个关于当地和公司规范、行为、符号、价值观、系统和规则的集合。

很明显文化定义中的各个方面在公司文化中的体现要比在国家文化中多。规范、行为、符号、价值观和系统在不同公司中会有很大差异。下面这个例子体现了在同一国家中两个公司间巨大的文化差异。

◎ **在法国的公司文化冲突**

　　两个年收入约 300 万欧元的公司，一个是家长式的收购方公司，权力集中、部门分散并在责任分配方面不清晰的组织（管理者不习惯讨论决策）；另外一个，标的公司，有着明确责任分配的精细管理组织。

　　收购方获得了额外的银行融资，以实现交易的协同效应。交易完成后，家长式的收购公司并没有在整合两家公司方面付出任何努力。两家公司系统性差异依然存在并在加剧，这使得管理层难以实现协同效应。两年之后收购方依然需要额外的外部融资来偿付银行贷款。

　　这个例子的教训告诉我们如果预先没有讨论过组织差异的问题，就应该先搁置并购计划。

公司品牌文化　有关品牌的决定应该慎重。与客户一样，员工也会忠诚于自己公司的品牌，将品牌与他们的文化和价值观联系在一起。削减品牌的举动被认为是一种不敬的行为，就像试图以军事风格消灭企业文化一样。

交易者熟悉将财务上的商誉概念引用到品牌管理上。在会计核算中，当一家公司收购另一家公司，如果支付的金额高于净资产市价时，超出的部分则以无形资产记为商誉。然而，员工们并不会以会计原则来看待自己公司的品牌。收购方应尊重标的公司的品牌，这不仅会带来财务价值，还会有以下这些好处：

- 展示整合诚意；
- 减轻员工的恐惧感；
- 拉近和股东的关系；

- 留住董事会中的重要成员；
- 消除距离感；
- 树立好的先例。

对于公司品牌文化的正确处理是一项成功整合的理想开端。它不仅值得认真思考，也需要使用稳健并基于事实的方法，并应该在品牌评估分析中进行完善的研究和记录。这之后管理层可以基于各种情形，在权衡利弊后做出决定。这可能意味着收购方需要保留标的方的品牌，如法国航空和荷兰皇家航空在合并之后依然保留各自的品牌。这跟收购方的自尊心无关，而是为了替股东创造更大的价值。另外保留品牌也会节省重新建立品牌的费用。

创新性管理文化 非常具有创新性的管理文化有着明显的标志和迹象。在巴西有这样一家名为Semco的公司，它挑战着管理层结构、增长和薪酬的传统理念。在这家公司里，没有职位头衔，人们设定自己的收入，并且自己决定某天是否会去上班。

"一切看起来都很疯狂，但是这个模式很有效。"这种管理模式使该公司在一个波动的经济环境中持续发展。自从对该公司有了新闻报道之后，Semco已经孵化出了一家投资组合管理公司，帮助外国公司在巴西开展业务。

战略与文化

跟其他收购者相比，把文化作为制定并购策略的一部分因素，能帮助收购方站在领先地位。在正式签约前，想象一下那些不重视文化的竞争者可能面临的不利地位：

- 被误解所阻碍；
- 不懂得观察和解读谈判信号；
- 缺乏建立信任和尊重的工具；
- 无法理解给予和接受之间的脆弱平衡；
- 尽管具备支付能力，却使标的方管理层感到不舒服。

将交易和文化因素联系起来："认识你自己"

从本地文化和公司文化的角度来了解自己公司的文化特征是大有益处的。它能帮助收购方客观合理地认识标的方的文化。

对于每一个文化因素，都将价值和文化成分定位为三类：文化上主导、文化上包容和文化上共享。表 7-1 就是一个例子。

表 7-1　收购方和标的方的文化定位

	文化上主导	文化上包容	文化上共享
收购方	等级森严	愿意学习	个人主义
	高权力距离	公司提供用车	对品牌忠诚
	部门间较独立	工作时饮酒	对工作有激情
	男性主导	保证最低工资	
	集中领导		
	稳定和传统		
	当我们事必躬亲时我们做得更好		
标的方	扁平的组织结构	短权力距离	关注顾客
	清晰的责任分配	短期方面	个人主义
	持续提高	女性气质文化	对品牌忠诚
	愿意学习		对工作有热情
	外包非核心业务		
	公司用车		
	免费优质咖啡		

文化上主导　文化上主导的特征指的是收购方公司在规模和影响力上超过标的公司，除非标的公司也显示了同样的特征。收购方需要知道它希望看到的标的公司的文化价值特征。公司具有文化上主导的特征，这是一个既定事实，并无所谓好坏。如果收购方和标的方在同一文化维度上的主导角色有分歧，这需要格外重视。在之前我们提到的两家年收入 300 万欧元的公司案例中这个问题就被忽视了，收购方没有对组织如何运行及时做出决策，最终导致收购方丧失了部分所有权，付出了沉重代价。

文化上包容　如果一个组织并不特别在意收购方和标的方之间或不同国家之间文化因素的不同，这个组织就是文化上包容的。例如在比利时，很多中层管理人员拥有公司用车，而在日本，这样的福利极为少见，如果在合并时取消标的方的公司用车可能会使收购方失去员工。如果一个组织可以接受这样的差异存在，那么它就是文化上包容的。如果这里给出的逻辑依然不够清晰，我们看一下事实：公司用车在比利时很受欢迎的原因是，对雇主来说，给员工分配公司用车的成本要低于用工资支付员工同样的需求。

文化上共享　如果共享型的文化特征是你公司基因的一部分，那么这是无法妥协的，并不会随着环境和时间而改变。印孚瑟斯（Infosys）是一家来自印度提供

服务咨询的全球企业，它们提出了标的公司需要遵循的 5 个文化特征，这被称作
"Infosys 式相容"。

- 开放；
- 精英主义；
- 速度；
- 想象力；
- 卓越的执行。

价值观　除了文化特征，还需要考察公司共享的价值观。Infosys 咨询公司考
虑到了这一点，总结了自己公司价值系统以首字母组成 " C-LIFE"，代表着顾客愉
悦、以身作则、诚信透明、公正公平和追求卓越。

Infosys 咨询公司的价值系统为：

- 接受迟后享受满足的能力；
- 形成行为准则的协议；
- 把组织利益放在个人利益之前；
- 识人能力；
- 接受来自不同领域才能的领导；
- 以身作则地领导，比如 Infosys 领导学院提出，"我们的公司是我们的校园，
  我们的业务是我们的课程计划，而我们的领导是我们的老师"；
- 做每一笔交易时保持归零心态；
- 真正有价值的论点会被重视，跟提出者的级别无关，提出主张需要辅以例
  子来证实；
- 不将公司资源为个人所用。

这些价值观可能跟读者的公司价值观很接近，也可能有很大差异，因为每家
公司都是独一无二的。第二个例子是来自 Netfix 公司的文化声明，包括以下 9 条
价值观。

（1）**判断力**。在人员、技术、业务和创意方面做出明智的决策，找出问题的
根本原因，战略性地思考并能清晰表述你试图做与不做的事；巧妙区分哪些事情必
须做，哪些可以后续再改进。

（2）**沟通**。良好地倾听，而不是迅速地反应，这样你会理解得更好；演讲和写作时做到简明扼要；尊重他人，不论他们地位如何或是否跟你意见相左；压力下保持镇静。

（3）**影响力**。完成数量惊人的重要工作；保持具有持续性的优异表现，这样你的同事才可以信赖你；专注于结果而不是过程；崇尚行动力，避免无效分析。

（4）**好奇心**。快速而热切地学习；寻求对公司战略、市场、客户和供应商的理解；你对商业、技术和娱乐有广泛的了解；在专业之外能提供有效贡献。

（5）**创新**。多种角度思考问题，发现解决困难问题的方案；挑战原假设时，确保能提出更好的方案；创造有价值的新观点；通过减少复杂性和缩短时间来保持敏捷。

（6）**勇气**。即使观点有争议，也敢说出来；做艰难的决策，而不患得患失；冒聪明的风险；质疑与我们价值观不一致的行为。

（7）**热情**。用对卓越的渴望激励他人；你非常关心 Netflix 公司的成功；庆祝成就和胜利；你是顽强坚韧的。

（8）**诚实**。你是坦率和直率的；当与他人意见不同时也能坚持非政治化；不在他人背后说三道四；能快速承认自己的错误。

（9）**无私**。选择对 Netflix 最优的决策，而不是对个人或小组最优的决策；在寻找最好的想法时别把自尊看得太重要；腾出时间来帮助同事；公开主动地分享信息。

整体上讲，有 3 种普遍的价值观对于任何组织的运转顺利都有帮助。

以合理次序为人员分配职位：这和组织目标有关。最先为所有人员的工作职能建立基本框架和可执行的人最先被赋予职位。接下来是为下一级职能建立框架的员工，依此类推。这样可以用合理次序为每个员工安排职位。

给予与接受之间的公平交换：每个员工为公司付出，也在持续地获得回报。

每个职位的雇员在组织中的权利是相同的：不论雇员是库管经理还是 CEO，他都需要获得在该职位工作的权利。对当前雇员是这样，对曾经重要的雇员也是。他们需要获得荣誉感。

公司价值观是组织系统的一部分，也是公司和雇员间合同的一部分。如果收购方和标的方在此合同上有雷同是非常巧合的，收购方擅自单方面改变协议也很危险。

为了创造可被接受的价值观，整合经理需要知道如何启动和推动变革。这是一个持续的过程，需要使用关键绩效指标来定期评估，并根据结果调整策略。这和管理一个公司客户是类似的。

衡量的元素是员工的个人需求、感觉与组织文化统一的程度（价值观统一）以及他们对组织处于正确道路上的认可程度（使命统一协调）。

逐步进行，这样才可以朝着合并后组织需要的方向培养价值观和行为方式。

调整战略，以最大限度地利用价值观和文化因素的差异

制定整合策略和日常整合管理中需要体现出上文中我们讨论的文化差异和相似性。Mirvis 和 Marks 提出了一个简单的模型来演示这些差异将如何影响交易类型（见表 7-2）。

他们使用的两个变量分别是收购方和标的方做出改变的程度。根据这两个变量将收购方和标的方分为五种类型：①各自独立，收购方和标的方均不需要改变；②改变，收购方和标的方均发生巨大改变；③吸收，标的公司发生大部分的变化；④逆向收购，标的公司的工作方式最终占据了主导；⑤两全其美，各自汲取对方好的方面。

这种分类方法不仅可以应用于公司层面，也可以应用于单个工作流和某个部门。准备充分的收购者会提前想好收购本身如何与公司策略以及商业模式相匹配。

表 7-2　不同类型的并购

资料来源：Mirvis, P. H. and M. L. Marks, *Managing the Merger*：*Making It Work*（New York：Prentice Hall，1992）.

语言

除了很明显的地域特征，语言还以一些微妙的方式反映着文化差别。任何未被识别的文化差异都有可能为组织带来潜在的问题。英语作为普遍使用的商务语言意味着员工需要将英语作为第二语言。表 7-3 中列出了一些有趣的例子。

表 7-3　"当英国人说……"说话者的意思和倾听者的理解

当英国人说	英国人的意思是	其他人理解的意思是
你说的我听到了（I hear what you say）	我并不同意你的观点，但我也不打算跟你做进一步讨论	他接受了我的观点
以最崇高的敬意（With the greatest respect）	我认为你是个蠢货	他正在倾听我的看法

（续）

当英国人说	英国人的意思是	其他人理解的意思是
不算糟糕（That's not bad）	挺好的	挺差的
这是一项非常大胆的提议（That is a very brave proposal）	你大概是疯了吧	他认为我很有勇气
相当好（Quite good）	有一点失望	相当好
我建议（I would suggest）	照我说的做，不然就准备好为自己辩护	他请我考虑下这个建议，但我可以按照自己的意思做这件事
噢，顺便说一句（Oh, incidentally/by the way）	我们讨论的主要目的是	他要说的不重要
我对这件事有点失望（I was a bit disappointed that）	我很恼火	这并不重要
很有意思（Very interesting）	这简直是胡扯	他们很感兴趣
我会记住的（I'll bear it in mind）	我已经忘了	他们可能会按照我说的做
我确定这是我的错（I'm sure it's my fault）	这是你的错	为什么他们认为这是他们的错
你一定要来用晚餐（You must come for dinner）	这不是邀请，我只是客气一下	他即将发出邀请
我差不多同意（I almost agree）	我一点也不同意	他差不多要同意了
我有一个小小的建议（I only have a few minor comments）	请重写	他只发现了一些拼写错误
我们可以讨论一下其他选项吗（Could we consider other options?）	我不喜欢你的主意	他们还没决定

事实是，沟通问题可以决定整合能否成功。第 14 章会介绍更多实用的指导原则。

数字化

标的公司和收购公司各自数字化的方式也是双方公司基因的一部分。一家公司的数字平台指的是它的信息和沟通技术（ICT）以及信息系统（IS），例如公司内部网、协作工具、企业资源计划（ERP）系统、人力资源管理系统、客户关系管理系统、公司博客和企业社交网络工具。

数字平台包括建立在平台上的工作结构，例如，能力、流程、指南、相应的财务、法律、运作模式和员工的反馈工具。收购方和标的方在数字化方面可能属于不同层次。

在传统（非互联网或非数字化）行业中，文化在此类公司可能是：

- "将公司精神镶嵌在我们建造的每一堵墙里"；
- "我们公司的文化是支撑一幅画能留在墙上的那颗最重要的钉子"。

在一家数字化公司，文化可能是：

- "在公司内网站上可以找到";
- "会发链接给你";
- "有一个网播视频";
- "你学了线上教程了吗";
- "你有没有看最新的视频";
- "请填写在线表格";
- "你还没读博客吗";
- "这条信息在社交网络上非常火"。

在大部分的交易和收购中，光是信息和沟通技术（ICT）以及信息系统（IS）的整合就需要花费很长时间。为了使收购方和标的方处于同一数字平台，整合的时间可能从4个月到长达2年。

想象如果是以一家传统公司作为标的公司要与一家电子化公司合并，这些问题可能会被放大。存在的风险可能是标的公司永远也不会和收购方的文化与信息流合并成功。

在并购交易刚刚签订时，标的方和收购方对改变的抵制是最小的，但是随着时间的推移，这种抵制会逐渐增加，在问题被完全解决之前甚至可能导致危机。信息和沟通技术（ICT）以及信息系统（IS）的整合通常在对改变的抵制达到最高前就应该开始。因此强烈建议员工进行沟通、参与并进行过程管理。

数字平台整合过程中可以使用一些过渡方式和临时解决方案。标的公司雇员需要尽可能地参与到数字平台整合中来。对员工进行对数字平台的培训或介绍会对推进整合很有帮助。

实施

这一部分主要介绍一些可以帮助实施本章其他部分所提到的概念的实用工具。接下来是整合步骤的时间表。

第一阶段：在完成交易之前

如何才能切实地传播企业文化认知呢？以下是一些备选方法，可以根据自己公司的需要将这些方法进行组合。

（1）**管理层培训**。一些领先的企业非常重视管理层在文化上的培训，并将培训作为年度战略的一部分。通常情况下这种培训耗时1个小时到1天不等。培训的内容基本上涵盖本章前面讨论的内容和第 14 章的内容。

（2）**在线培训**。同样的培训内容可以通过在线培训来实现。在线培训的优势是可以监督哪些员工参与了培训，而且员工也可以选择合适的时间来完成培训。

（3）**文化手册**。文化手册可以作为一份参考文件来帮助完成培训，也可以作为独立的参考文件供员工阅读。并购过程中处理文化因素的具体方式也可以是编制一本独立手册，分发给所有参与人员。因为每个公司的特殊性，这些手册通常依照公司的具体情况定制编写。

（4）**文化和价值观陈述**。这是以一种非常公开的方式来陈述公司认同的文化。本章前文中 Netflix 的公司文化例子就选自该公司长达 124 页的公司文化陈述手册。下面是手册的一些节选。

- 公司的真正价值观，不是哪些听起来顺耳的价值观，而是体现在我们奖励了、提拔了或开除了哪位员工。
- 我们的文化专注于帮助我们实现卓越。
- 如果你质疑之前的假设，那么你就要提出一个更好的。
- 你通过减少复杂性和缩短时间来保持敏捷。
- 说出你真正想说的，即使会引起争议。
- 你非常关心 Netflix 的成功。
- 有意见当面说，不要在人背后说三道四。
- 公开积极地分享信息。
- 好的业绩必有优厚的回报。
- 对不符合我们价值观的行为提出质疑。

（5）**公司文化专家**。聘请一位外部独立文化专家为领导层提供文化方面的指导。外聘专家通过外部身份保持独立并指导决策。他可以帮助内部组员们成立文化能力中心，以此来执行文化和价值融合策略。

（6）**文化能力中心**。一些收购行为较频繁的收购方会将文化工作流的成员包括进业务发展小组中，来扮演实际中卓越中心的角色。这样做的原因是基于之前的经验，文化原因处理不当会导致交易失败甚至需要撤出标的国家。

那些不了解历史的人注定要重复历史。

——乔治·桑塔亚纳（George Santayana）

文化能力中心的职责范围包括：

- 在团队中创造文化意识；

- 促进文化能力发展；

- 为了更好地理解整合，建立和开展文化研讨会。这些研讨会需要根据当地文化和管理文化定制；

- 从当前和过去的收购经验中收取实际反馈；

- 研究组织中管理团队的文化能力；

- 建立处理语言敏感性的指导原则；

- 制定文化尽职调查的内容；

- 监督整个并购生命周期中的各个文化维度：整合阶段、团队建立、混合团队、领导全球性团队；

- 不时地强化公司文化和价值观。

第二阶段：考虑开展一项交易时

　　一旦开始考虑进行一项交易，就需要开展文化尽职调查和事实搜集。尽职调查是指谨慎努力地对一个组织的某些方面进行调查。一项尽职调查可以涉及很多方面，一般集中在财务、法律和税务领域。

　　文化尽职调查可能没有财务尽职调查的涉及面广。这是一个需要重复的过程，从第一印象开始，随着并购时间表的进展逐步扩展工作范围。

　　文化尽职调查可以从了解标的国和当地文化的情况开始。收购方在标的国具有哪些经验？可能公司供应商、顾客和员工可以提供更多关于标的国的信息。网络上可以找到什么信息？可以使用霍夫斯泰德的文化指南来做一个文化比较，或者可以翻阅本书第14章借鉴艾琳·迈耶的研究。这会很容易为收购方提供国家间一对一的比较，以及提供一些非常棒的观点。

　　继续了解收购方本身的情况——"认识你自己"部分。一些塑造组织文化的例子如下。

行为
- 声明和实践方法。
- 确定项目高层领导和有影响力的关键人选。
- 组织设计。
- 员工和管理人员日常互动方式。

- 向同行公司、顾客和供应商传递的信息。

- 薪酬机制。

- 加班机制和补偿方式。

- 非正式的奖励和认可。

- 公司的社会责任。

- 会议和邮件协议（例如：准时的、遵照日程）。

- 沟通和顾客反馈。

- 寻求共识还是自上而下指令。

- 是给予自由度并注重责任制还是进行限制。

- 男性特征主导还是女性特征主导。

- 混乱的还是系统的和有规则的。

- 实用的或基于规定。

- 社交活动、团队聚会、非正式聚会。

- 准时完成项目或拖延推迟。

- 积极补偿还是补救型补偿。

- "追求卓越"还是"见好就收"。

- 价值观陈述。

- 官方价值观陈诉和公司真实价值取向的一致性。

- 奖励创新行为。

符号

- 企业标识或徽标。

- 品牌。

- 办公室布局。

- 咖啡、食品、小吃等福利的有无、价格和质量。

- 地点。

- 着装风格。

- 公司薪酬水平和市场薪酬水平。

- 正式和非正式沟通使用的语言、术语和行话。

- 对公司形象和目标的意识。
- 在公司中如何才能实现升职和成长。

系统

- 汇报和评价。
- 设定目标和预算。
- 人力资源政策和实践方法。
- 时间追踪和标记。
- 学习和提高。

价值观

- 例如：可靠性、成就、适应性、雄心壮志、平衡工作和家庭、被他人喜欢、追求最优、关爱的、谨慎的、清晰的、培训/指导、承诺、社区参与、同情心、能力、冲突解决、不断学习、控制、勇气、创造力、开展对话、可接受不确定性、效率、热情/积极的态度、企业家精神、环境意识、道德、卓越、公平、家庭、财务稳定、原谅、有益、下一代、慷慨、健康、谦逊、幽默、独立、积极主动、诚信、工作保障、领导力、倾听、发挥影响、开放、耐心、毅力、自我实现、个人成长、认可、可靠、尊重、奖励、冒险、安全、自律、团队合作、信任、视野、财富、幸福、智慧。

列出这些之后再决定哪些价值观对组织是最重要的，因为上述有些价值观可能是互相对立的。通过这样做，可以帮助公司确定企业文化的核心。我们在第14章会进一步展开讨论。

接着，将公司这些事实和标的国相比较。这方面通过公开信息渠道可能很容易获得。标的公司数据室和文件的组织方式，和标的管理团队的交流都会逐渐提供一些线索。如果两个公司存在很大差距，可以通过书面方式，或在问答环节向标的公司提问。

文化尽职调查结果的处理　基于两公司文化比较的结果，对结果进行诠释处理。根据调查结果是文化主导型还是文化包容性，可以采取的措施如下：

- 毫不妥协地执行收购方的文化；
- 根据当地义化在核心文化元素上进行调整，力求建立共识；

- 循序渐进，给整合留出充裕的时间；

- 采取机会主义策略、利益驱动策略，将标的公司作为一个独立个体；

- 放弃交易，如果收购方像 Netflix 一样有着明确且强烈的价值观，而标的方则相反，考虑退出交易，停止进一步的尽职调查。

文化尽职调查结果需要与整合策略的执行计划、单独工作流的行动相结合。

沟通交流 标的方的交流沟通是收购方在文化理解上传递的第一个公开信号：收购方表述了什么、没有表述什么、表述的方式是怎样以及使用了哪些行业术语和专业词汇。

标的方公司听众从收购方那里可以知道收购方对标的公司文化的理解：收购方提到了谁？没有提到谁？是否会通知供应商？顾客？工人？通过当面沟通、电话还是邮件？

在向不同标的公司对象传递信息时，信息的一致性也将非常明显：向顶层管理层传递的信息是否与向员工、工会、社区和投资者传递的信息一样？谁宣布消息：收购方或标的方的代表人、CEO 还是部门领导。

在交易协议签订时，通过针对一些敏感问题量身定制沟通方式，可以为接下来的文化工作做准备。

第三阶段：在签约后和交割之间

在签约后，收购方和标的方一般会有很多对话的机会。这可以帮助双方达成更深入的了解。

对签约过程中的沟通应做出反馈。询问工作流领导们有哪些敏感的问题，以便及时沟通从而更好地完成交割。

为高层和中层领导人准备一个问答清单，帮助他们传递正确的信息。考虑建立一个包含同样问答内容的企业网页，并设立一个反馈论坛。

准备"欢迎手册" 收购方为各个标的方的利益相关者分发"欢迎手册"在某些文化中是一个惯例。检查一下这本资料册中的内容是否得当：是否和文化整合执行方案一致？不论采取的是文化主导性、文化包容性还是实用主义策略，这些信息都可以包含在欢迎手册中。

研讨会 针对签约前信息采集的结果，在交割后准备一个文化研讨会，研讨会上可以包含以下元素：

- 带动面对面交流；

- 使用一系列博弈方法；

- 围绕双方结合后经营模式和并购交易逻辑进行讨论；

- 互相包容；

- 为国际团队的建立奠定基础；

- 使用上述"了解你自己"的部分进行自我评估，然后对交易双方都进行评估。

图 7-5 展示了一个在全球性肥料公司文化研讨会上提出的可视化图像，体现了公司的 5 个文化元素和文化特征。

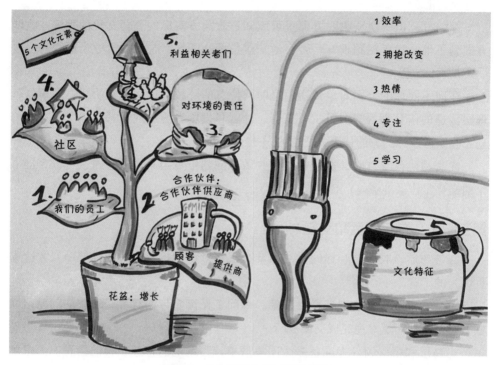

图 7-5   文化研讨会的可视化图像

管理和整合团队的准备

- **术语**：为项目建立一些常用的术语，并佐以定义和例子；确保整合经理们对术语有统一理解是一个良好的开端，这是一个旨在为新团队带来最佳业务表现的流程。

- **商业模式**：确保对交易逻辑有共同理解；推荐使用商业模式画布®，这是一个简单有效的工具。

- 使用包容和集体活动的**技巧**来促进形成一种通用方法，这也有益于团队统一；技术手段的例子有 Lego® Serious Play®：这是一个旨在为新团队带来最佳业务表现的流程。

第四阶段：交割后

如果在交割前准备文化整合不太可能，那么在交割后甚至数月之后也可以开始。收购方现在摆脱了交割前的种种限制，正是开始实施和改进各项准备行动的好机会。最好以循环往复的方式开始，不断搜集反馈并且融入行动中。促进文化融合的一些促进因素有助于实现这一目标。

促进文化融合的促进因素 确定了文化差异之后，便要制订计划来解决这些阻碍。表 7-4 列出了为促进文化融合可实施的行为清单。

表 7-4　促进文化融合的促进因素

类别	促进行为	预期结果
领导力	高层领导具备文化意识	文化问题是决定并购的一部分
培训	在文化整合技巧方面对高层领导和管理者进行培训	以身作则
	培训员工学习标准化的形式、系统和流程	获得上层领导的授权和背书
		通过统一和分享领导方式提高效率
		公司实现专业化
尊重	领导对其他文化下的员工和同事示以尊重	制定一个共享的行为参考准则
参与	领导们通过非正式聊天和正式且形式统一的演说来传递公司的价值观和文化	通过各级组织传播价值观和文化
	为员工提出建议和反馈搭建一个反馈系统	使每个人都参与到整合中
谦逊	向客户、员工、供应商和其他机构征求意见	诚信、说服、共识、认同
重复	创建一种"命令和控制"的模式	员工得到指令后有效完成任务
	眼光放长远	建立信任和依赖

统一价值观 一家公司的价值观是促使公司保持状态并实现使命的核心元素。活跃的公司文化体现了公司内价值观的高度统一。理查德·巴雷特围绕基于价值观的领导力发展出一套广泛使用的框架，包括书籍、培训、在线工具和为公司提供支持的全球专家。组织价值观告诉我们从个人角度和集体角度，如何才能实现组织的任务和目标。在整合开始阶段，合并后的公司需要从目前较混乱的价值观逐渐转到形成双方认可和共享的价值观。

当组织的价值观和个人价值观吻合时，公司会具有高度的员工敬业程度。人们会把他们可用的精力全部投入到工作中来努力完成任务。

我们设想要在员工、标的方和收购方中实现价值观的统一。对于这三者来说，价值观分享的理想情形是"做出积极改变""目标取向""开放的沟通"和"信任"。在收购中需要衡量价值观的不同，此时需要"信任"和"开放的沟通"。衡量的过程也是了解的过程，衡量并分享共同的价值观是迈向正确方向的一步。

传播 最后，以统一形式向组织中所有层级的人员传播公司的价值观和文化。这可以通过分发价值观和文化手册，通过当地的舆论领袖和变革推动者的宣传，另外还有非正式谈话和正式演说来实现。持续地强化价值观和公司文化会促进并购的圆满完成。

本章小结

- 文化考虑对于促进跨境交易成功非常重要。
- 文化分为本地文化、国家文化、全球文化和企业文化。
- 霍夫斯泰德提出五项文化维度：社会取向、权力距离、性别角色、不确定性的规避和时间取向。
- 从文化各个方面决定是主导型文化还是包容型文化。
- 文化元素和其他整合工作流存在相互依存关系。
- 交易前就应开始重视文化融合，并在整个交易生命周期内都应如此。

参考文献

Accenture/Economist Intelligence Unit. *Top Integration Challenges* (New York: Economist, 2006).

Barrett, Richard. *The New Leadership Paradigm* (Raleigh, NC: Lulu, 2011).

Coisne, Christine. *La gestion des differences culturelles dans les fusions-acquisitionsinternatronales: Une competence distinctive*? (Roubaix, France: Edhec Business School, 2012).

Hernandez, Daniel Guardiola. *Cross-Border M&A and the Impact of Cultural Differences* (Roubaix, France: Edhec Business School, 2012）.

Hofstede, Geert. *Culture's Consequences: Comparing Values, Behaviors, Institutions, and Organizations across Nations*, 2nd ed. (Thousand Oaks, CA: Sage, 2011).

Laneve, Marc, and Thomas Stüllein. *The Influence of National Culture on Cross-Border M&A* (Sweden, Linnaeus University, 2010).

Pollan, Michael. *The Omnivore's Dilemma: A Natural History of Four Meals* (New York: Penguin, 2006), 99-100.

Renison, Daniel R., Byan Adkins, and Ashley M. Guidroz, *Managing Cultural Integration in Cross-Border Mergers and Acquisition: Advances in Global Leadership 6* (Bingley, UK : Emerald Group Publishing, 2011), 95-115.

Stam, Jan-Jacob. *Het Verbindende Veld* (Avonhorn, The Netherlands: Het Noorderli-cht, 2004).

Vaara, Eero. *Constructions of Cultural Differences in Post-Merger Change Processes*: *A Sensemaking Perspective on Finnish-Swedish Cases. M@n@gement 3*, no. 3 (Helsinki: School of Economics and Business Administration, Department of International Business, 2000), 81-110.

Valentini, Todd, "Cultural Enablers," *Thoughts from Taddeo blog*, 2016, http://thoughtsfromtaddeo.blogspot.be/2016/02/shingo-dimensions.html.

第 8 章　管理跨境并购国家政策和主权相关问题

◎吉勒斯·沃瓦

□ **学会思考**

⋮ 影响外国直接投资（FDI）政策的背景因素

⋮ 限制外国直接投资的主要因素

⋮ 敏感行业列表，各国敏感行业的形成和历史

⋮ 从战略到交易后的执行，符合所在国对外直接投资限制和国家敏感
性问题的潜在实施方法

□ **本章概要**

　　各个国家目前正面临着经济全球化、技术和科学一体化以及文化
同质化的挑战。政治制度、国家组织和世界上大多数国家的所有组成
部分都在努力保持当地的平衡，并从资本、思想和人员流动中获益。
在大部分国家中，保守势力和极端主义将民族主义作为政治乌托邦的
最后手段，反对已知的一切和遥远且无法控制的未知。跨境交易对这
种思想倾向尤其敏感，对于各国来说，确保外国直接投资不危及国家
的安全或稳定是至关重要的。本章介绍了一些外国直接投资限制的详
细定义以及潜在收购者将面临怎样类型的问题。

跨境并购与国家利益之间的矛盾关系

　　跨境交易是经济全球化进程的重要组成部分。因此应该从全球的视角来看跨
境交易给公司和国家带来的变化，包括它们之间的联系。

国际贸易一直被视为经济增长的加速器，推动社会、文化和政治趋于一致，但同时也是政治风险、外国影响、战略依赖和财富不平等的潜在根源。

从政治角度来看，各国正在面临的一些重要问题对外国投资的接受程度正在产生影响。

- 正在增长的国际人口迁移为在世界范围内的发达国家带来不稳定因素。例如欧洲在未来几年要接受超过 300 万的移民。另外，还有 2100 万名来自欧盟的非欧盟国家（28 个国家）的公民目前也住在欧洲。这将带来重大的社会和政治反应，包括限制移民和增加对外国活动的控制。
- 许多社区正在重新定义由过去沿袭至今的国界。伊拉克和土耳其的库尔德人，克里米亚的俄罗斯人还有其他东欧国家都是这类进程的例子。
- 在中东和非洲，各种各样的国内冲突和战争使人口数量不稳定。这对许多中东和非洲国家产生了影响（黎巴嫩、也门、埃及、沙特阿拉伯和马里），也影响到了很多距离遥远的国家（美国、澳大利亚、印度尼西亚和俄罗斯），这些国家面对着修订军事和国防原则的风险以及国家安全问题。
- 与此同时，失业、贫穷和不平等仍然是大多数国家的国内问题。在发达国家，国家偏好被用来作为削减就业和防止社会倒退的政治防御屏障。越来越多的人要求增加保护主义和国家监管，而市场支持者仍要求以更少的障碍和规则来最大化企业的自由度和利润。
- 这种处于日益全球化和严格的国家保护之间的普遍紧张趋势，直接影响到了跨境交易。因此，跨境交易带来一些反应，而这些反应逐步导致监管和对外国投资的控制。在本章中，我们将试图提供一个全球性的视角。在本章最后会提供缩略语表。

在境外收购——对外直接投资

对外投资的不同种类。外国直接投资从传统上分为两种不同的种类。一种是从无到有的外资企业（"绿地投资"），另一种是收购已有的当地企业（"褐地投资"）。这两种投资从商业策略上看各有优缺点，它们也面临着不同的监管限制。

绿地投资。从无到有的企业建立形式需要一个长期过程，也需要很多精力去了解当地的特点、与利益相关者建立关系，发展切入市场途径的调整过程。而这种情况现在也有所改变，因为信息技术和知识是资本转移到新实体的关键方面。

结果我们可以看到一种趋势的快速发展：利用本国信息技术投资，用绿地投资的策略发展国际初创企业（如 Uber 和爱彼迎）。这种投资在当地一般被积极看待，因为可以为当地带来外国的技术和资产（例如标致汽车在摩洛哥的发展）。另一方面，绿地投资是出口的替代方式，因此可以作为一种减少运输成本和劳动力成本的方式，但同时在母国也会导致裁员或降低就业率。

褐地投资。 这是收购现有资产和企业的跨境交易。褐地投资可以节省时间，但也可能受到特定的对外国直接投资所有权的限制。

对外直接投资和公司实力。 海外资产的取得和发展壮大了企业的财富和影响力。但是最初的战略意图与实际执行之间可能存在着较大差距。跨境交易可能会产生比国内交易更多的风险，应对措施可能出台不够及时或难以执行。最终结果总是支持外国收购者吗？绝对不是的。

公司对外投资和国家实力。 让我们从更广泛的国家视角来考虑。一个特定国家内公司的对外投资积累是否会为这个国家带来优势？毫无疑问是的，有对外直接投资的国家和主要接受外国投资的国家相比经济地位在提高。但这种正面影响有潜在的益处和陷阱。从积极面看，一个国家收购更多的外国资产，更能受益于贸易流动的多元化，拥有来自不同宏观经济周期环境中的顾客以及多种采购选择。更多的员工了解到当地情况的细节，可以开发出更多新的产品、新的销售策略、新的法律结构、新的财务优化和新的知识产权。

外资引进和产业政策。 作为产业政策的一个主要潜在工具，引进外国直接投资的限制已经被广泛研究，其中也包括其他工具如贸易进出口限制、关税和环境健康安全（EHS）政策。作为行业中的后来者，中国汽车行业的案例说明了这种限制政策潜在的积极作用[1]：通过限制外国（和本国私人）投资，并通过一些固定数量的本国公司和少量外国投资建立合资企业，中国在 20 世纪 80 年代中期增强了汽车制造技术和能力。这些最初的合资企业使知识和技术成果实现转移，带来国内生产增加（从 1958 年的 5000 辆增加到 20 世纪 90 年代末的 500 万辆）和技术（开始先模仿，再发展原创的本国模型），并且缓解了国有企业的危机。在第二阶段，在已经有了 3 家汽车主要生产商的基础上，在 90 年代末期开始减少外国投资的限制来提高国家竞争力，然后第三阶段可能会专注在对外投资和出口上。

对外直接投资与产业政策。 在自由市场经济中，用产业政策目标监控对外直接投资是一个困难得多的过程。可以制定有利条件来支持投资决策和跨境交易（对外国投资的税收优惠，为境外收购的投资者提供管理和财务支持、银行政策）。政府也可以利用公共机构购买来影响私营企业发展路径和海外投资。但这种方法的提前时间和有效性很大程度上取决于公司层面的决策，这可能会被少数股东或公众的反应打断。国家通过国有企业直接监控对外直接投资是更简单、更快和更有效的方法。了解这种潜在的战略，迫使大多数国家发展对外商直接投资的限制，特别是针对国有企业或与政府相关的公司的外国投资。一个例子是 20 世纪 90 年代早期美国通过《伯德修正案》（Byrd Amendment），再到针对外国国有公司或由外国国家控股的公司收购美国公司的《艾克森 – 芙罗瑞修正案》（Exon-Florio Amendment）[2]。

对外直接投资和本地工作岗位流失。海外收购提高了企业建立国家相对优势的能力，并相应改变它们的价值链。在这种方法中，跨国公司的利益可能会明显偏离最初的国家利益，因为通过跨境交易获得的灵活性可能会导致在国家层面上裁员的增加。企业可能通过保持和在母国同等水平的研发，在低成本的国家建立制造点，将供应链放在低税收国家并通过价格转移获利，将销售或团队实体放在利润所得税较低的国家。在国际地点之间进行权衡时，总部专注于企业目标和特定的利益相关者。不能低估跨境并购交易在公众眼里的印象，这一点对于标的方和收购方都是如此。

外商直接投资

外商直接投资的限制一般不包括企业对外的投资，因为一般认为这种投资从国家角度考虑是积极的。但是例外也可能存在，如有人利用对外投资实现避税转移资金或资助非法活动的目的。因此也需要重视外商直接投资方面的限制。

引进外国股东会增加对最终战略目标的不确定性。大部分利益相关者（公共管理方、政治机构、工会、雇员、客户、供应商）了解将股份转让给部分或全部外国投资者的潜在后果。这方面有正面和负面的潜在后果，而净效果是存在着更高不确定性的潜在利润。为什么会有不确定性的增加呢？因为影响决策的因素会发生改变，包括和收购方国内情形或其他国家有着联系的各项参数。换句话说，它将标的企业暴露在复杂的影响因素之中。由此带来的观念是，至少从公众角度来看，针对这种情况需要有一些政治行动来限制不确定性和风险。

对本地经济增长需要提供承诺。外商投资的一个风险是本国可能出现工作岗位流失。跨境交易中的每个标的企业都期望能够发展当地的业务，通过扩大国际销售团队以获得更大的产品和服务组合，或者更容易募集资金投资和提升生产力，等等。但这些情形也有可能不太明显，同时跟本国股东相比，引入外国股东带来的消极后果可能会更严重。考虑到类似裁员的特殊敏感性，收购方需要理解和管理标的方的预期，因为这些积极因素在当地将对新品牌的忠诚度起到重要作用，可以帮助公司留住关键人才，防止价值流失。信任和合作心态事关整合成败——不执行已达成共识的决策是一种对信任的粗暴破坏，并会带来潜在的持久结果。因此，收购方在自上而下过程中需要重新考虑协同效应，基于更精确的当地信息，重新评估开始时设计的削减计划。概而言之，从不同的利益相关者的角度检讨整合计划是至关重要的。过分强调某些元素可能会适得其反。

对沟通的高预期。收购方很少交流他们认为的潜在协同效应，实际上可能包括一些对非核心资产的清算和退出，用自己现有的团队集中经营某些业务以及裁员或削减工资。然而，并购和跨境交易的发展往往会增加当地不同利益相关者预测收购方未来决策的能力。这就是为什么当交易宣布时会出现越来越多的当地反应。我们认为，随着利益相关者的日益成熟，买方必须在沟通和规划并购后的阶段考虑这一因素。只要协同效应表明收购方和标的方需要共同承担，协同效应预测就应该尽早进行。协同效应本身不会带来任何问题，因为它被视为是正常的并购交易目标。公平是高管们在整合战略设计和执行中必须触发的主要问题。

处理治理问题。一个预期风险是决策的不确定性。决策制定过程可能会有显著改变，而且决定决策制定过程的参数一般在当地确定。在这种情况下，远距离决策，依赖数据因素而不是人员因素的决策过程，这使风险显得更加重要。

经济全球化和国家利益

对外商直接投资的限制、潜在交易类型的增加、越来越多的经济和军事风险的增加，所有这些现象都和经济全球化、文化和社会层面国家间越来越多的相互依存关系有关。我们将详细介绍下这些不同的关键问题。

经济全球化和国家福利。自20世纪80年代以来，中国、巴西、印度和其他新兴国家数以百万计的人民，已经从低于贫困线水平成长为中产阶级。不论从哪个角度来看，这都是一个重大的历史成就。在另一个较低层次上，东欧和中欧国家在达到欧盟生活标准方面有了显著的进步。所有这些主要与自由市场经济的国际扩张、本地就业机会的发展和更具竞争力的公司有关。外商直接投资和跨境交易是整个全球化进程的主要部分。

全球化、不平等和公众舆论。这种经济社会的整体进步并没有消除不平等。事实上，在过去的50年里，新兴国家和发达国家的财富和收入都在增加。这是否意味着经济国际一体化本身是消极的，应该受到限制，甚至停止？没有证据可以证实这一点。与此相反，不平等是国家之间监管竞争的结果，信息只被已经富裕的个人所利用。从税收方面已经看到，国家利己主义使得逃税成为可能。国际政治协议的达成，比如与瑞士当局达成关于银行信息转移的国际协议，表现出在这个问题上达成了共识："搭便车"行为必须被调整，并且也在迅速调整中。但在许多发达经济体中，经济全球化和成本、税收优化之间普遍存在着混淆，导致搭便车、短视和贪婪行为的泛滥。

系统风险与国家安全。 针对外商投资监管政策的演变是平衡潜在风险和寻找外资的一个示例。例如，美国对外商直接投资限制的演变（见下文）表明，风险的类型在多大程度上会随着时间演变，并扩大了终止交易的可能性。然而实际上被官方决定阻止的交易数量似乎非常有限，实际数字还未知。

经济相互依存与和平。 然而，欧洲已经决定通过增加经济依赖性来建立和平，1951 年成立欧洲煤钢共同体，接着在 1958 年成立欧洲经济共同体，随后根据《里斯本条约》(2007) 进一步推进欧洲国家间的相互合作。

双边关系的政治审查。 当前存在一种敏感的观点，认为全球化是社会不平等和政治不公正的载体。在大部分发达国家，政治行动面临着怀疑。在这种背景之下，跨境交易面临越来越多的公众监督和政治反应也是很正常的。这反过来也对制订更好的交易和管理计划提出了要求。

来自外部的跨境交易：主要限制

基于之前我们提到的因素，各国逐步制定了一套处理外商直接投资的程序来限制威胁国家安全和稳定的潜在风险。这些对外商直接投资的限制，建立在一些关键的观念上。我们将看到，基于对潜在威胁的预期，这些观念可能会随着时间的推移而演变。但是程序的复杂性不一定会带来更精确的定义。同样值得注意的是，"关键行业"这个概念可能在不同的国家有着不同的含义。但是一般来看，在对外商直接投资的限制和法规的重要性方面存在着普遍的共识。

大多数国家制定了限制外企并购的法规。 这些规则基本上是对外商直接投资的限制（绿地投资和褐地投资），外企并购的相关规则，针对外国所有权的贸易规则、产业政策、反垄断政策以及与国防和国土安全相关的核心国家安全问题。所有这些因素都促使了针对外商投资的政策制定。

美国监管规定的关键作用。 不论在国内并购市场还是跨境并购市场（对外并购和外国对内并购），美国都是非常重要的一个国家，因此美国的监管框架一直被其他国家作为标杆的主要来源。以下列出了美国企业并购历史上重要的里程碑。

- 在美国，对德国投资限制的《对敌贸易法》(TWEA) 在 1917 年 10 月签订。其他法规的出台加强了这一趋势，触发了对特定行业的限制：1920 年出台的《海运法》和《矿产土地租赁法》，1926 年出台的《商业飞行法》。

- 在 20 世纪 70 年代，来自欧佩克（OPEC）国家的外商投资的兴起导致《外国投资研究法》在 1974 年的出台。在欧佩克对美国实施石油禁运后，福特总统在 1975 年通过行政命令促使了美国外资投资委员会（CFIUS）的成立。根据《11858 号行政令》的规定，它的"行政部门有着以下持续主要责任：监控外国投资在美国的影响，包括直接投资和投资组合，对于美国针对此类投资政策的执行情况进行协调"。

- 在 20 世纪 80 年代，日本在美国的投资增加，它们的目标在于技术资产。1986 年，日本富士通公司试图收购仙童半导体公司，由此导致的对国家安全的潜在威胁引起了重要的政治和公众反应。这促使 1988 年《艾克森 – 芙罗瑞修正案》的提出，给美国外资投资委员会增加了监督责任：总统可能会审查任何可能影响国家安全的交易，并会终止任何此类交易。1991 年里根总统授予美国外资投资委员会这一权利：在财政部部长的领导下，可以审查和终止任何可能威胁国家安全的交易。

- 1992 年，在法国军工集团汤姆逊 – CSF 试图收购美国 LTV 的导弹与航天部门失败后，其竞争对手洛克希德 – 马丁公司声称汤姆逊 – CSF 曾有与伊拉克进行武器交易的历史。汤姆逊是一家国有企业，并且法国在该领域有着悠久的历史。这就与联合国在伊拉克的介入相违背。但法国一般不被视为美国的国家公敌。因此这种情况导致了一套新规则的通过（《伯恩盖尔修订案》），来限制由外国国有组织主导的外国投资，前提是该投资主体支持的外国国家政策对美国国家安全存在潜在的威胁。这项涉及国有或国家相关外国投资的规定在后来发挥了重要的作用。

- 随着《外国投资与国家安全法》（FINSA）的实施，2007 年发生了新的政策调整。这是在"9·11"恐怖袭击和布什总统发动的"反恐战争"之后发生的调整。迪拜环球港务集团（DPW）对英国 P&O 公司的收购就是这一演变的例证。尽管 P&O 不是美国公司，但其在美国东海岸管理着 6 个港口。正因如此，由于 DPW 是阿拉伯联合酋长国的公司，而阿拉伯联合酋长国一度被认为在支持恐怖主义，所以这项收购要求停止。尽管后来获得了美国外国投资委员会的积极投票，收购依然障碍重重。作为应对，新的《外国投资与国家安全法》详细界定了美国外国投资委员会的作用，确认了其在外资并购国家安全审查方面的角色。该方案将美国外国投资委员会的委员人数增加到 16 个，以覆盖更大的专业范围，还详细规定了美国外国投资委员会的 3 个主要目标：①检查交易是否是由外国人发起，或和外国人交易，可能导致美国业务被外国控制；②检查是否有可靠的证据表明这种控制会导致威胁美国国家安全的行为；③检查是否有足够的法律手段来保护美国的国家安全。《外国投资与国家安全法》增加了另外一项有关预先咨询阶段的规定，支持潜在的收购者和外国投资委员会之间信息的共享和谈判。

有些规则建立在不易定义的概念上。有一些不同类型的限制是基于需要定义的元素。下面这些是最重要的一些问题：

- 什么是外国人和外国公司？
- 对本国公司的"控制"如何定义？
- 在"国家安全"和"一般利益"这些概念下该包括哪些内容？

企业的国籍——一个越来越困难的问题。关于企业国籍的概念要比看起来更复杂，尤其在一个人员快速流动、经济相通、文化交流日益增加的世界。

- 公司总部所在地可以定义公司国籍吗？对于那些由于税务原因将总部移到国外，却在最初的国家依然保留大量员工的公司而言又如何呢？有些人可能会认为，公司国籍应该位于其产生重大决策战略的地方，但这也在不断变化中。
- 公司的所有权可以决定国籍吗？如果可以，那些有大多数外国股东的国际公司、上市公司的国籍又是哪里呢？公司国籍和其上市地点有关吗？或者和 CEO 的主要办公地有关吗？
- 公司有可以定义国籍的实际经营资产和人力资源吗？那么那些将产品放在低成本国家的公司呢？公司国籍和研发地点有更多关系吗？和最重要投资发生的地点有关吗？
- 公司的国籍更大程度上是一个文化问题吗？那么对于那些聘用来自海外 CEO 的公司，这是否反映了公司国籍的改变？从另外一个角度看，我们可以说一个公司的国籍取决于其最常用的内部语言吗（英语之外）？

不同国家有不同的定义。正如我们所看到的，国家监管机构必须处理的现实问题是复杂的，没有明确的情况或通用的解决方案。在国际层面上，寻找多种解决方法并不奇怪，最典型的原因有以下几种。

- 由于政治优先项，军事或国土安全的背景和经济形势的不同，国家之间存在差异。
- 在每个国家，改变也在发生，基于新的情况、政府的变化、新的经济背景和法律。
- 在每个国家，由于利益相关者不同的层次和焦点，也可能会有不同的方法（中央政府与地方政府、国防部长与经济部长）。
- 文字与实际实践有区别。用文字定义不当的条款可以通过法律更明确地定义。
- 很多决定都不是正式的，因为官方的过程不够透明，也因为交易之前可能发生非正式的讨论，导致出现一些没有被记录的决策。

收购方的性质

对外商直接投资的限制引发外商投资。什么是外商投资？答案可能并不简单，尤其是在需要知道收购方性质的时候。法规必须制定一些规则来限制交易覆盖范围，并根据潜在威胁的性质调整法规。下面将详细介绍。

外国的与本国的。正如我们可以想象到的，监管机构面临的问题是如何定义收购方的类型，并进行分析和过滤排除。对收购方国籍的确定已是位居第一的问题。不同国家解决的方式不同，随着时间的推移也有反复的变化，因为法规不得不适应越来越复杂的国际所有制结构。现在在这个复杂的世界中什么样才算是一个外国收购者呢？在国际股票市场上市、有着国际股东的外国公司的本国分公司是一个外国收购者吗？一个中国投资者在美国从华裔美国投资者那里融资会改变他的国籍吗？

- 在中国，2006年出台的《关于外国投资者并购境内企业的规定》（以下简称《规定》）中没有对"外国投资者"的明确定义。"投资者"一词涵盖企业和个人，是否是外国投资者则要看他们的国籍。但2006年的《规定》同样适用于外国在中国投资的企业，前提是不低于25%的股权由外国投资者所持有。法规也适用于特殊目的的投资载体，即由国内公司或自然人直接或间接控制的海外公司 [3]。
- 在美国，《艾克森－芙罗瑞修订案》发展出了更宽泛的方法。一个外国人是"被任何实体行使控制或由外国利益行使的外籍人士或实体"。因此，由外国个人和实体控制的国内被收购企业不论其持股比例如何，都应被审查，重点放在通过股权和其他形式实现的影响力上。

军事上的敌国：直接战争敌对国、敌方的盟国、支持恐怖主义国家。投资限制直接与国家外交和军事地位挂钩。因此，军事敌人的概念随着时间的推移而演变，并为针对外商投资的监管带来了反复的调整。从逻辑上讲，限制最初应用于国家军事上的敌国。这种观点认为，来自被认为是敌国的投资必须要被识别、控制，若有必要则应停止，这仍然是外商直接投资法规的核心基础。但是，国家军事敌人的概念在某种程度上已经发生了转变，国家之间敌对的战争减少了，而内战和国际干预的情况越来越多。随着这种多边军事干预的发展（伊拉克、利比亚、阿富汗、乌克兰、叙利亚），处于冲突中的国家和公司在外商投资上已经受到了一定的限制。这种趋势随后体现在支持不支持伊朗禁运的公司的行动上。这是跟"9·11"恐怖袭击和由美国及其他国家发起的"反恐战争"有着联系的另外一步。

经济竞争。在 1974 年第一次石油危机之后，美国的监管政策限制来自欧佩克国家收购者的投资，很显然限制外商直接投资的政策不仅适用于直接或间接的敌人，还针对经济竞争对手。事实上，限制外商直接投资的许多负面后果纯粹是经济问题：大幅裁员，利润和税收的非正常转移，基于获取和转移知识的收购改变了竞争地位。在这种背景下，不同国家的外商直接投资法规扩展到了针对"国家利益"方面，而不仅仅是军事方面。

国有企业和独立企业。在国家和公司的关系方面，不同国家有着很大不同，但是总的来看国家干预是存在的，这些干预以直接所有权和金股⊖、合同和销售的归属、直接或间接补贴、会计、法律、税收政策、贸易法规等形式体现。例如，德国模式是某个州和区域非常强势，并且是自治的，在主要的大集团中持有股份（如巴伐利亚州在大众公司中的位置）；法国模式则更加集中，公司机构在主要集团公司有着直接持股和金股；在美国，联邦政府和不同州政府对公司发展有着重要影响。基于合同和销售额，在美国更倾向于采用原则或其他限制性政策而不是由国家直接持股。因为这些联系的多样性，企业认识到国家的影响非常重要以至于有时不得不成为部署国家政策的一种组成部分，外资管制政策逐渐强化了对收购参与方和外国国家之间关系的分析。在美国，2005 年中海油案例、P&O 案例和 2007年颁布的《外国投资与国家安全法》都广受关注。

⊖　指能够大幅上涨，并为投资者带来黄金股般收益的强势品种。——译者注

标的方的性质

什么样的公司算是一个本国公司？同样地，定义和决定这个概念的因素随着国家的不同而不同。在一些国家，只要有当地商业活动就足以受到干预（只要控制权的改变可能影响到国家安全），因此并购交易可能会遇到审查和阻碍，即使交易包括的收购方和标的方都属于外国国籍。

- 在中国，对公司的定义有不同看法。尽管 2006 年出台的政策似乎将本地公司定义为完全没有外国投资的实体，但一些学者认为外国普通股份占比少于 25% 就是本地公司。

- 美国不会特别侧重于标的方的国籍本身。根据《艾克森 – 芙罗瑞修正案》规定，实际上，任何人（个人或实体）都"参与了跨国商业"。当交易涉及外国公司时，因为它们在美国本土有商业活动（如 P&O 案例），因此尽管在美国对外国公司的业务和标的公司总业务相比的相对权重没有绝对限制，但政府会将重点放在国家安全的概念上，它需要通过美国外国投资委员会的审查流程。

资产和企业。外商直接投资法规还解决了收购方法律性质的多样性。跨境并购交易不仅可能触发现有的法律实体，还可能涉及被剥离的一个或几个法律实体的资产。在大多数国家，对内并购的限制确实会对资产和法人实体产生影响。

交易的种类

并购与合资。外商直接投资限制包括一般并购，也包括与外国伙伴其他形式的合作关系。在世界许多新兴国家，外国投资者必须与当地实体和个人分享所有权和控制权。这可以提高国家的经济技能，并保持国家在重点行业保持长期独立。当没能力或能力较为有限时，建立合资企业是国家获得知识和技术的一种方式。有趣的是可以看到，在哪种程度上国家战略在合资和收购上是相关的，随国家的不同而不同，并随时间演变。

- 中国汽车工业的发展是这条发展道路的极好例证。在 1978 年之前，中国生产行政公务用车和卡车主要有一个集中的地点，并按照苏联的方法和技术生产。中国在 1978 年年底开始寻找与数量有限的国际公司合作（通用汽车、福特、日产、丰田、大众、雪铁龙、标致、雷诺、菲亚特）。第一批和外国公司建立合作的合资公司在 20 世纪 80 年代中期成立（大众和标致是最先签订合同的）。生产中的国产化率逐渐升高（上海大众在 1990 年是 60%，1997 年是 90%）。因此，分包商可以发展他们的本地技能和投资。该行业的发展也由其他的措施支持：数量有限的新汽车制造商，强保护主义和准入限制，针对国内绿地投资的限制，或通过并购来形成全国领头企业的名单，基于当地生产的重要性来计算对汽车零配件征收的关税。为推动中国加入世界贸易组织（WTO），对于外商投资的一些限制在 1997 年被松绑，主要针对技术转让。由于整体的产业政策，国内竞争的增加和本地生产取得的显著进步提高了国产化占比，使中国能够放松对外商投资的限制。轿车的生产蓬勃发展，从 1983 年的 6211 辆，到 1991 年的 81 055 辆，1997 年的 435 615 辆，再到 2006 年的 1 657 259 辆。在 1997 年进口替代战略目标成功实现。中国汽车工业正进入另一个阶段，中国工业的长期目标可能是发展出口，并试图复制韩国汽车工业的发展模式（仅仅在产业起飞的 10 年之后成功进入美国市场）。

- 在同样的产业，巴西在 20 世纪 50 年代打开了外商投资的大门，但有高国产化率的要求（约 90%）。由于竞争激烈，当地生产者要么终止生产要么被外国公司收购。截至目前，依然是外国公司主导着巴西市场。

少数和多数股权。一般来看，对于持股比例的认识有个演变过程。最简单的观点是，公司控制权可以由主要股权来确定的观点已经受到挑战。对外商直接投资的限制，现在越来越多地集中在影响力的概念上，而不是简单的控股股东的标准上。企业战略和决策的有效影响可能确实来自范围广泛的因素，甚至来自公司小股东。因为有可能通过如对特定的收入来源和合同的依赖、金融和银行的安排与联系、高层管理人员以及研发和技术转让等方面影响企业。监管现在开始关注这种宽泛（同时有点模糊）的"影响"概念，在越来越多的国家，针对外国直接投资限制可能会被实施，而不论外国人（企业或个人）拥有的股份比例。

国家安全的定义

国防完整性和国家安全。尽管这两个概念是近似的，但其中仍有明显差异。

- 国防完整性主要集中在弹药、武器和民用国防技术工业（电子设备、飞机和卫星生产、电信）。主要由主管国家军事的部长、行政部门或机构、国会团体或外部智囊团监管并进行具体的审查和评估。与外商直接投资委员会有联系，甚至嵌入其中。在大多数国家，军队、舆论和本地制造商对投资的潜在影响非常敏感，担心会影响到维持国家独立和可靠的武装力量。

- 国家安全的概念更广泛，因为它包括关键行业（如水和钢铁）或基础设施（如能源、机场和飞机），可能也包含经济安全的概念（如战略供应商）或社会稳定（如媒体）。进而言之，国家安全的观念在外商投资政策监管中得到了重视。

国家间的差异。对于国家安全的概念，各个国家之间存在着差异。

- 在中国，2006 年出台的《关于外国投资者并购境内企业的规定》中，包含了外商投资可能会影响国家安全方面的法律框架，其中说到，当交易由外国投资者做出（1）涉及任何重点行业（2）影响或可能影响国家经济安全，或（3）带来拥有驰名商标或中华老字号的境内企业实际控制权的转移时，审查是必须的。《反垄断法》第 31 条在 2008 年的出台强化了当涉及国家安全时强制审查的原则。[4]

- 在美国，《艾克森－芙罗瑞修正案》只有在"外国利益行使控制可能采取损害国家安全的行动"时，才批准总统进行干预，认为没有其他法律能提供足够和适当的权力来保护国家安全。更具体的是，已经确定了 12 个因素来考虑阻止外资收购。它们在某种程度上定义了什么是国家安全。但值得注意的是，法国的监管没有明确提及对于"关键行业"的概念。

关键行业的定义

关键行业。"关键"或"战略性"行业的概念是决定对外商直接投资限制的一个重要因素。大多数法规倾向于限制外国对这些工业能力的控制，以维护国家的独立和主权。然而，各国通过不同方法来实现这一目标。

- 在美国，《艾克森－芙罗瑞修正案》允许将外商投资审查扩展到非国防相关行业和经济问题，同时附带对关键基础设施的使用条款。这包括航运、电信、金融服务、水利和运输。随着时间的推移，越来越多的重点被放在了高科技产业。然而，我们可能注意到，在 2005 年，石油行业的独立性作为一个重大争议，引发了公众对中国海洋石油总公司竞购加利福尼亚州联合石油公司（优尼科）的反对，最终导致交易失败。国土安全部则进一步扩大了关键行业的范围，列出了 17 个敏感行业。列表显示了在某种程度上关键资产的合理概念可能很宽泛。

- 在中国，"关键行业"的定义是 2006 年由中国国有资产管理委员会给出的，范围包括军用装备、发电和电力输送、石油和石化、电信、煤炭、航空和航运业。这个定义反映了中国经济的情况和当时的优先战略，特别是需要提供高水平的原材料和制成品的生产，以促进国家经济的增长。

- 法国也已经建立了一个这样的清单，这些"战略产业"需要通过国家的审查和批准。

自然资源。重要的自然资源一般是在外商直接投资的范围内。这些敏感的自然资源清单根据国家供应以及国家和国际的需求而不同。考虑以下跨境收购时可能会存在潜在的限制。

- **土地**。例如，这类限制在澳大利亚是很重要的（尽管该国土地面积很大）。也可能因为国防原因或其他敏感活动而存在当地的限制规定。

- **石油和燃气储备**。在大多数石油燃气生产国，有针对外商投资的限制。政策已得到执行，以从国家级别提高对这类资源的控制（国有化、合资公司的责任、外国所有权的限制）并确保这些资源的长期利用。在欧洲（法国和英国），与美国相反，环境压力限制了外国投资者勘探和利用潜在的页岩油储量。

- **矿产**。用来生产工业基础产品（煤、钢、铜、铝矾土、锌、磷酸盐），也被包括在对外商投资的限制列表中。中国和印度的崛起对钢和铝的生产压力增大，在全球范围产生了对钢和铝矾土矿的竞争。这样限制的目的不仅是为了保护准入，也会限制出现不利的价格政策。

- **稀贵金属**（钻石、黄金）。这样的矿山也受到大多数国家的限制，因为它们可能仍然代表着巨大的国民财富，并且有着很受欢迎的象征意义。

- **铀**。铀是核工业的原料。全球核能的发展已经对获得铀的重要性施加了特别大的压力。铀矿投资因此经常受到外交和国家关系的影响。这类矿山投资也受到核军事能力不扩散的国际协定的监督，以限制禁止出口或欺诈活动。

- **稀土矿**。在大多数经济领域，高科技产品的大量使用也大大增加了全球对这些资源的竞争。因此，它们已被列入国家审查的关键资源范围。

国防与航天

- **弹药**。虽然它作为一种传统的核心防御能力受到严密的国家监控，但在该行业也有一些跨境交易。例如，2015 年法国的 Nexter 和德国的 KMW 公司宣布的交易，将形成一个有着 6000 名员工和 17 亿欧元的销售额的集团公司。在导弹行业，MBDA 集团（该行业第三大集团）的成立是通过几笔跨越法国、英国、意大利、德国和美国的跨境交易组建而成。
- **装备制造业**。大量的供应商向军队提供设备或零部件。这可能涵盖了广泛的解决方案和服务相关的运输（如陆运、海运和空运）、战场上军人的装备（如保护和移动设备，培训解决方案）或任何形式的支援部队的装备。由于他们的技术优势和创新特点，这些设备可能只限于军事目的。因此，对外商投资的限制政策可能会限制此类企业控制权的转移。
- **国防相关的军民两用技术**。相当多的技术同时适用于国防和民用（如雷达、计算器、成像系统、造船、航天发射装置、卫星设计和生产、通信设备和网络、虚拟现实系统）。企业可以基于这类技术为军事和民用客户提供解决方案。很多集团公司在电信、电子和 IT 设备、飞机制造、核能、培训和模拟等领域均是如此，或在较低的汽车和卡车建造部门、医疗保健、化工、能源等领域也是一样。这些公司可能会受到国家安全审查，以确保民用和军事资产与治理的分离。
- **军事基地和土地**。特定的地区仅限于军事使用（如机场、训练场和港口）。

信息与通信

- **电子器件**。某些电子器件可能具有特定的国家安全重要性，因为它们可能具有双重民事和军事 / 情报目的或用途。根据所开发的技术，可能会存在对外国所有权的限制。
- **通信**。电信的历史集中于军事领域，从电报到卫星，再到互联网。各国都支持在这一领域创造国家的领军企业则不难理解。因此，在更成熟的市场中，该行业中的外国所有权是非常复杂的，并且受到很强的抵制。该行业的去管制化趋势已经为并购带来了一些选择，有线电视公司的集中趋势也促进了一些标的公司的合并。但由于基础设施成本和规模效应，这种集中过程尚未结束。在全球范围内，新兴国家电信 RMS 的迅猛发展可能是跨境并购活动的重要组成部分。

- **传媒**。自从孟德斯鸠和"权力制衡"理论之后，媒体及其所报道的内容的生产、分配成为国家政治体系中重要的组成部分。在大多数民主国家，法规的存在可以确保媒体的独立程度，特别是针对过度所有权集中所引发的后果。在政府管控下的国家里，政府和媒体的密切联系限制了媒体提供内容的类型和对政治的影响。总的来说，媒体是一个敏感和可见的行业，具有高度的政治干预和多层次的行动（如技术扩散的授权、公共基础设施的使用、与媒体的合规性、针对本地生产内容的投资等）。

其他敏感行业

本章的目标不是列出所有敏感行业的详细信息，然而，重要的是对一个广泛分类要有一个概览。

- **基础设施**。大多数国家认为基础设施是重要的战略资产。这包括铁路运输网络和设备制造、机场运营和土地、航空运输服务和设备制造、民用或国防海军港口业务和土地、邮政服务。
- **研发和技术**。如前所述，大多数创新技术可能具有国家战略利益。这可能是由于它们在军事上的直接用途，或在民用市场上获得的竞争优势。根据国家产业优先考虑，不同国家之间潜在技术的名单可能会有所不同。
- **能源与供水公用设施**。整个能源和水利部门，由于明显值得国家关注的原因而具有重要的战略意义。在很多新兴国家，石油和天然气能源生产（如储备、生产设施）保持独立的第一个特征是由国家所有。能量的分散性和运输分销也具有战略上的重要性，以确保能源在任何条件下都能安全交付。特别需要注意的是，能源的运输是一个重要的地缘政治资产（如苏伊士运河、俄罗斯天然气在乌克兰的运输、天然气在俄罗斯和土耳其之间的运输等）。

- **核能**。核能是高度敏感的，而且仅有数量有限的国家拥有民用核能力，并在民用和军事核能力之间存在明确的划分。核能生产存在着合资企业和外国投资（比如在英国）两种模式，但是有着严格的限制。水坝和河流设备常常是关键的基础设施，因为它们可能是灾难性事件的来源，并对大量的人口和领土有着影响。从国家角度来看，另外一种能源也被认为非常重要：水的消费，因为它可能对人口产生巨大的影响。外商投资净水厂或供水管网也可能受到外商直接投资的审查。

- **其他行业**。正如我们可以看到的，潜在关键部门的列表非常依赖于具体情境。例如，投资者必须考虑农业和食品工业的某些因素，化学工业、医药工业和汽车工业也可能被视为关键行业，由于它们的技术和产品、所涉及的人口或其政治重要性。

其他限制

外商直接投资限制并不是影响跨境交易的唯一规定。其他监管限制可能影响进行这些交易的利益。这本书的目的并不是提供这些因素的详细介绍。然而，对于一位高管来说，在内部或外部法律顾问的支持下，考虑交易并对所有潜在的义务和约束有全面的看法是很重要的。我们这里列出了一些。

行业监管规定。国家拥有大量潜在的方式来监控外国控制实体在国家层面的发展。收购方必须预见到所有这些法规，因为这可能会改变它们的运营情况。

- 进口限制（如配额和关税）、国产化率要求和本国所有权的角色（如韩国的汽车行业）。
- 公开招标支持国家优先条款。
- 合规规定（产品／服务的特征、生产的制约、行政声明义务、就业条件、投资需求）对于外国公司来说尤其昂贵。
- 消费者信息对消费者行为的潜在影响（民族品牌偏好）。

国防法律法规。外资收购方需要理解每个国家自己定义的核心防御范围。在一些国家（如阿尔及利亚、俄罗斯、土耳其）中军队有着传统的重要性，大部分经济行业可能取决于其预算和程序。在这样的环境中，与防卫相关领域的定义可能很广泛，会包括民事活动。但一般来说，军事范围的概念在很大程度上取决于国家的情况和它必须要控制的风险的性质。在水资源稀缺的情况下，水资源的管理可以依靠国防规则。在领土问题存在不稳定的情况下，一切民事活动都有可能受到军事监督。但必须指出，在大多数先进和稳定的国家，重要的法律法规可能也与军事管制有关。在法国，无线电波频率的管理受制于国防规则，同样还有核或其他敏感场所上空空间的使用。在美国，一笔小型交易会因涉及军事部队地形资产的附近而受阻。这个军事范围可能随着时间的推移而改变。在一些发达国家，国防预算的减少导致了更大范围的供应商之间的竞争，因此放松了外国公司的潜在进入限制。在欠发达国家里，资源的缺乏限制了军事自主权在支撑人员工资方面的核心能力，也促进了外国公司的进入。

国际贸易协定。 前面我们已经看到中国加入 WTO 对汽车业的影响。双边或多边自由贸易的发展（如欧盟、南美共同市场、北美自由贸易协定、跨大西洋自由贸易协定）已经对外商直接投资的限制产生了影响。一般来说，资本自由流通区的发展倾向于以更具体的国家安全问题减少对外商直接投资的限制，因为这些区域的目的是发展外商投资。欧盟是这种趋势的一个很好的例子，表明大多数经济领域已经能够开展跨境并购交易，甚至是在核心防御部门。

国际政治协定。 每个国家都身在一系列的外交和经济关系中，从消极到共生的关系，并随时可能发生变化。这种关系对涉外投资评估会产生一定的影响。举例来说，美国关于电子监视的“五只眼”协议本质上就是一个生动的证据，它证明了发达国家之间的高度联系（加拿大、澳大利亚、新西兰、英国和美国）可能会支持跨境交易。美国和以色列之间存在的战略协议也可能缓解敏感企业间的跨境交易。更一般地说，国防相关的合作协议以及其他国家间的合作努力在促进公司进行跨境交易能力方面扮演着重要的角色。另一方面，当正在批准外商直接投资的决定时，外交冲突可能威胁到一些跨境交易。

反垄断法规。 如前所述，大多数外商直接投资法规的目标是针对那些对国家安全和经济稳定可能产生的潜在负面影响。反垄断规则特别关注改变市场份额、市场供应的后果、价格演变或其他一些收购方可能会对客户产生的影响。在尽职调查阶段，反垄断程序必须仔细计划和执行，以致所有需要的内容都准备好，递交有关行政机构、部门、地方当局或专门的国家或国际（欧盟）机构。专门的律师或咨询公司会为这一过程提供帮助，可能会导致剥离和抛售的决定，甚至会阻止一些交易。值得注意的是，根据该项工作的进展，整个交易的时间框架连同战略结果都可能会有所不同。一般来看，整合准备应该和反垄断备案以及谈判过程紧密联系，以使得实际的整合执行与谈判选择和权衡能够一致。

国家差异和相似点

正如之前所观察到的，从国家的角度，一系列参数决定其对于战略资产和风险的决定，因此也决定了对于外商直接投资的限制。我们在表 8-1 中列出了这些参数。但是收购方在准备这些问题时必须了解各个国家间的相同之处。

表 8-1　外商投资限制的国家间的不同与全球性的相似点

国家间的不同	全球性的相似点
国家潜在的社会经济和历史	多层行政与管制方法
战略产业的定义	对外国投资的并购审查
和国家产业政策的关系	军事的核心目标和战略独立
中央与地方角色	吸引外国直接投资和限制风险的需要
民主制度的作用（协会、国会、总统）	国际组织在促进外国直接投资中的作用（经济合作与发展组织，世界贸易组织）
工会和其他利益相关者的影响	舆论和劳动法的作用日益增强
非正式谈判过程在外商直接投资的审查过程中的作用	

如何处理敏感的跨境交易

在敏感行业的投资是可能的，但需要仔细地计划和执行。我们将在以下提供一些经验教训，针对如何在这样的交易中成功以及重点是如何顺利执行整合阶段。更多细节在本书第 2 ～ 3 章和第 9 章中讨论。

交易策略

公司在处理军民两用技术和生产关键资产的标的公司时，必须对潜在的外商直接投资限制和程序高度敏感。

一旦进入战略分析阶段，他们就必须识别他们在当地层面进行非正式接触的跨境交易能力。这样的接触，若对方是当地的顾问、政府、有关部长或机构应当由收购方集中监控，以确保他们不会由于违反保密协议而破坏潜在交易。

总的来说，这个评估应该假设在这个阶段涉及更多人、产生负面反应的更大风险、与公众的交流或由当地竞争对手组织的反对交易行为。因为收购方和顾问们（如银行、战略顾问、律师、行业专家）应该尽早分析这些风险，在早期评估过程中列出的联系人必须经过仔细审查和及时更新。

利益相关方管理

为了监测这个过程，也正如我们所描述的，在早期列出不同的利益相关者至关重要，这样就可以有一个更广泛的对潜在反应的了解过程和缓解风险的讨论。

潜在利益相关者的名单是很长的，因为对交易的反应可能来会自整个价值链：客户、雇员和工会、供应商、地区和中央政府或政治代表、部门、专业协会等。

获得利益相关者名单的目的不是组织和他们所有人的直接接触，而要确保对交易过程中的逻辑有良好的理解，并有能力构建一个一致的愿景和整合战略来解决潜在的问题。利益相关者关系图、答问和风险减缓计划是简单且有效的工具。

在许多情况下，风险是和能力不足联系在一起的，即使是一个微小的、不相关的理由也可能会阻止交易。投资者必须意识到，一旦情形出现不利，则很难重建必要的、能快速支持达成协议的信任。大众对交易越反对，官方决策就越难倾向于外国投资者。结果导致，在官方的外商直接投资审核程序结束之前，交易被迫终止，这个数量也是巨大的。这表明了在某种程度上审核程序本身不应该被看作一种方法来证明一项交易被所有利益相关者接受，但可以作为一种方法来验证一个平稳和谨慎的过程，来仔细管理不同利益相关者的立场。

尽职调查过程

在这种情况下的尽职调查过程不仅要处理标的本身，而且还可以检查和审查交易的可行性。这意味着应在尽职调查过程中计划和管理一些非正式的接触，使得审查过程和正常谈判路径与标的方之间有一个清晰的路径，展开对财务、税务、法律、人力资源或其他标准业务问题的调查。

理想的情形下，如果不能确保交易不会随后被一个其他平行的流程打断，那么交易就没有完成。

这可能会对前期封闭阶段的整体规划产生强烈的影响，取决于和公共利益相关者讨论的性质。确保这些平行决策的协调能力取决于并购团队和顾问，在一定程度上这个努力与已经完成工作本身相一致，并且有一个适应总体规划的调整恰当法律、操作协议和行动计划。

交易结构

当地对外商并购的敏感性可能会对整体交易架构带来特殊的限制，比如当地控股股东的设定、国有股份的设定、股份表决权具体规则的实施。

必须考虑到一些其他方面，例如，国外产生的利润使用、在当地投资一部分现金流的需求、缴税或为当地机构注资、满足当地采购需要、承诺为当地带来一定的本地工作等。

对于投资海外的公司来说，尽早了解所有这些交易结构的限制是非常重要的，这样才有可能建立正确的商业案例，并仔细分析潜在的财务、法律和运营结构设计所有的利弊。

反垄断合规

最常影响跨境并购的是反垄断政策的应用。基于为客户保有从不同的供应商处选择可能性的意愿，以及由供应商之间足够竞争程度带来的合理价格，这往往是整个投资过程的一个主要因素。

对于国家或地区（例如欧盟）反垄断法可能带来的风险应该尽早分析，因此必须与标准并购的其余流程同步进行这些工作。

反垄断合规可能对交易的复杂性和合并后要执行的工作产生重大影响，可能必须组织特定资产的出售，并可能需要组织首次公开募股。

由于这些对潜在并购整合项目可能产生的影响，应在反垄断法律团队、运营团队和整合经理组织和计划并购后工作流时，存在一个永久的合作协调机制，并组织它们实现对话。

国家安全审查与其他合规

事实上，在国家安全审查和其他国家敏感问题的工作与针对反垄断的一般做法非常类似。

具体的分析和工作应该由一组人进行，使得信息的流通有限。非正式的接触应及早计划和组织，以详细列出风险和建立潜在的选项，并决定首选的解决方案。

同时，因为这项工作有一系列非常重要的战略和战术方面的业务后果，所以要确保在收购方层面有并购团队和并购整合团队的合作。我们的目标是影响整合战略和过程的经营条款应该在交易完成时被预期到，并无缝执行。

治理与法律设计

跨境并购中最敏感的问题将是关于新 CEO、行政团队的选择以及管理新组织主要机构的任命。

在敏感的外国交易中，这一方面必须极其谨慎地处理。保持和当地的联系、与当地生态环境组织建立信任，确保当地业务的可持续发展。

然而，对于收购方来说，确保对集团内部做法和预期之间保持一定程度的控制和协调也是非常重要的。关键角色（如首席财务官、税务或法律人员）是国际上公认对于控制风险非常重要的岗位。操作、研发、人力资源等岗位可能较为敏感，因为涉及的外国人员较多。

对于非常敏感的交易，最常见的方法之一是确保只有被授权的当地国民可以在某个职位来管理当地的实体。在这种情况下，需要尽早和所在国相关机构开展非正式的讨论来了解"代理"实体的经营方式，从国家层面管理敏感信息和资产。实体的范围是很重要的。

从整合的角度来看，需要对代理实体的运作设置一些限制，例如，由于国家层面的考虑，一些协同效应可能无法实现。另一方面，一些服务产品之间的内部竞争可能需要维护。因此，这种治理和法律分离的后果，必须从经济模型的角度出发并尽早予以考虑。

整合战略设计

构建战略清晰的整合设计对实施跨境交易有着巨大的积极影响。它在敏感行业或交易中更为重要，因为最重要的话题是哪些会被吸收、哪些将被合并、哪些将留在本地保持不变。

这种整合策略设计可以建立在如 Haspeslagh 矩阵这样的工具上（本书后面的章节里还会有详细的讨论），从并购组织的功能或过程角度来应用该工具。它可以详细地从经营角度提供所有组织组成部分的整合进程，并和信息技术系统（如应用和基础设施）的角度匹配，加上法律和金融的结构，共同用于设计目标组织。

为什么涉及敏感交易时这样一个完整的设计如此有用？因为在这样的交易中什么依然是当地决定的，什么是在国际层面上的概念是至关重要的，而这依赖于远距离的决策。

在一般交易中，会有对变化的抵制以及维护品牌、销售网络或研发团队的意愿，以避免价值被破坏。在敏感交易中，这种意愿可能与国家主权有关，并需要在当地进行自治的决策。

值得补充的是，在大多数情况下，真正的国家安全往往局限于全球价值链中一组有形或无形的资产。用结构的方式来构建整合策略，可以将需要维护的特定因素组合在一起，并为接下来的实施和协同效应做准备。

雇员

在敏感交易中，保留并争取当地员工的支持是至关重要的，因为这将有助于外资收购方说服当地利益相关者交易具有积极意义。

最近的一个例子是通用电气购买前 Alstom 集团的一些资产。通常来看，这项交易包含了提供高科技设备产品，如面向全世界提供核工业中涡轮机、火车和电车，该交易一开始被认为没有泛欧解决方案有趣。然而，通用电气和 Alstom 集团建立了几十年的商业联系，并承诺将法国作为其生产涡轮机的国际中心，这些举措在与法国建立长期投资关系的过程中为通用电气树立了良好的形象，通过强大精妙的人力资源管理，化解了法国的国内公众舆论。该交易没有带来重大员工反应，这个案例与 Titan 集团和法国之间交易时员工的激烈反应形成了对比。

通常，敏感行业或其交易的主要问题之一是想保持一组国家技能，并尽可能地提高该技能。在此类交易中，有关职位发展或在当地去掉哪些类型的工作会被经常提起并讨论。

至关重要的是要抓住这样一个事实，即媒体会在全球范围内传递一种负面形象：投资者出于降低成本和提高利润的考虑而裁员。在老牌的发达国家，公众非常了解贪婪的投资者所做出的财务权衡。受过良好教育的公众会有防御性反应，他们对裁员的预期往往和外商投资有关。

基于这个简单的事实，外国投资者为了避免由于缺乏长期承诺所造成的外部性负面影响，对不同市场进行整合策略的调整就显得尤为重要。重复进行破坏性收购，总是从短期交易的财务方面做出考量，追逐地方补贴和工资差距，这些行为增加了对外商直接投资的限制和公众们要求更多的监管以及劳动保护的呼声。

作为一个专业人士，我只能说在大部分案例中，像在法国这样的国家里，整合成功的第一个障碍是员工将并购看作一个问题而不是机会。

沟通交流

在一个敏感的交易中，将正确地沟通信息和交易过程进行匹配是至关重要的。必须从列出交易潜在问题开始，进行非正式沟通或特定的当地调查。

雇用一家优秀公关公司可能是有用的，可以针对地方当局、政治首脑甚至一般公众来促进与交易知名人士的关系，这至少在交易形成阶段非常有效（例如，Pinault 对米塔尔收购阿赛洛提供支持，随后当米塔尔决定关闭在比利时和法国的分支时带来了政治对抗）。

有时，沟通会陷于不够精确、不够诚实或不够可靠。而在敏感交易或存在大量潜在利益相关者的交易中，这会带来严重后果。在这种情况下，确保所有支持行动的消息都表现出高度的一致性和可靠性，是非常重要的。

在员工方面，高管们会预期面临来自员工的压力，并准备着直面问题。在一个敏感交易中，确保没有曲解事实，并向不同利益相关者真正传达特定的消息是非常重要的。

敏感交易还有另外一面。在某种程度上，这些交易的知名度和媒体报道对企业决策和企业形象会产生持久的影响。这种影响可能会长于正常整合过程的存在，也会和交易沟通信息及允诺联系在一起。例如，若诺基亚集团在 2019 年或之后宣布它的裁员会多于它在阿尔卡特 – 朗讯交易沟通过程中宣布的数量，这在公众眼中不可避免地将被认为是一种不诚实的沟通。

这带来了在敏感交易中另外一种特别的沟通困难，即在沟通和解释之间的艰难权衡。传递简短消息而不是解释并购和整合的不确定性和困难，通常会造成期望差距，这可能会导致负面冲击。因此，必须尽可能多地通过学习和训练，做好与关键利益相关者的交流。这种努力不会被视为企图利用信息偏见的尝试，尤其是在全球经济蓬勃发展的时期。

结论

大部分国家面对跨境并购投资，已经发展出了一套一致并且相当复杂的流程和规定来限制外商投资，控制其与国家安全稳定之间的潜在冲突。这些法规随着时间在演变，并由多层管理机构执行。它们弥补了其他形式的适用于本国企业在反垄断或合规方面的法规和限制。因为这些规则是复杂的，并随着时间的推移而演变，对于高管来说，不低估这项工作分析和计划的重要性是非常重要的，所以在这个过程的初期，所有缓解行动和方案应该在交易前期与相关部门进行非正式的讨论。

相关部门的缩写

AML	反垄断法（美国）	MNC	多国公司
APE	国有资质监管部门（法国）	NAFTA	北美自由贸易协定
CFIUS	美国外资投资委员会	NDRC	国家发展和改革委员会（中国）
DHS	美国国土安全部	OECD	经济合作与发展组织
FDI	外国直接投资	OPEC	石油输出国组织
ICT	信息和通信技术	SASAC	国务院国有资产监督管理委员会（中国）
KORUS FTA	美韩自由贸易协定	SOE	国有企业
MOFCOM	商务部（中国）	TMAFT	技术贸易市场准入（中国）
EU	欧盟	TRIPS	与贸易有关的知识产权协定（WTO）
FINSA	外商投资与国家安全法案（美国）	UNCTAD	联合国贸易和发展会议
JV	合资公司	WTO	世界贸易组织

本章小结

- **公司在全球市场中也在不断演变。**不要低估国家在员工、客户、供应商的力量以及法规方面的重要性。如果跨境交易得益于两国的不同之处，那么这主要是因为这些不同的存在，且有一定程度的存在逻辑和基础。你应该在建立自己的世界观前注意到这些。

- **评估你能带来什么，你将从何处受益**。发展你对限制条件和潜在策略的多维理解。从当地行业领军者那里学习来丰富你对你自己公司已有的理解。如果你的战略是一项长期战略，你必须成为当地和全球的领先者。这种方式将帮助你优化所有的本地联系人，并创建可持续增长需要的信任水平。

- **国家的反应会随着情境改变**。任何经济放缓和就业情况的改变，都会带来更多的审查和公众针对掠夺性外商投资的法规需求。准备好参与辩论，来证明你的决策过程不会给当地的工作和地方发展带来危害。

- **公司的国籍对于收购方（低估当地资产）和标的方（不合作、对改变的抵抗）来说都是一个敏感的问题**。组织是流程、结构、文化和系统之间的微妙平衡。在一个不同的环境下，你的组织可能缺乏效率甚至处于风险之中。注意你组织中各个部分之间的匹配是合理的。

- **对外国投资的抵制是一个多因素和人类普遍的行为模式**。外商直接投资的法规表明，所有合理的定义都不能描述现实的复杂性。重要的是，外国投资者有一个不同的决策过程，这可能不会优化当地的利益。为了限制这种情况的出现，法规会随着实际案例和国际惯例而调整。所有国家目前都有针对外商直接投资的规定。

- **外商直接投资的限制可能涵盖几乎所有的行业或情况，这取决于当地的具体情况和优先事项**。国家敏感性和外商直接投资的限制是一个政治的，也有部分情绪因素的话题。它基于当地的风险感知和国家主权的情况及需要。过去的历史和社会政治的发展趋势是关键。你必须注意到没有一个国家的独立与主权是完全一样的。我们这里不仅关注原材料技术或产品的采购问题。国家的敏感性也可能由生活方式、社会礼仪、对事物的看法引起。准备好处理这些可能的潜在反应。

- **你越能预期到这些潜在反应，就越对你有利**。尽早评估潜在的外商直接投资或监管风险，和尽职调查一起考虑此流程，这会给整合管理者带来所有需要的信息以最优化执行路径。寻求当地的专业知识来识别和挑战风险。尽早联系当地的机构和部门，进行非正式的讨论和谈判。预见潜在的延误、列出行动、确保目标和交付的一致性。

- **与当地利益相关者建立信任。**在一个新国家的任何投资，从长远都应看作使未来战略举措更容易推进的活动。为了最优化这项选择的成本，建立信任并拥有忠诚和透明度的形象是至关重要的。追逐本地补贴，拆除生产资产并带来大规模裁员的国际投资者，其国际投资的形象都不会太好。

注释

1. Wan-Wen Chu, "How the Chinese Government Promoted a Global Automobile Industry," *Industrial and Corporate Change* (2011): 1235–76.

2. C. Zhao, "Redefi ning Critical Industry: A Comparative Study of Inward FDI Restrictions in China and the United States." Master of Arts Thesis, Department of Political Sciences, University of Victoria, 2015.

3. Kenneth Y. Hui, "National Security Review of Foreign Mergers and Acquisitions of Domestic Companies in China and the United States," Cornell Law School Inter-University Graduate Student Conference Papers, 2009.

4. Ministry of Foreign Trade and Economic Cooperation, the State Administration of Taxation, the State Administration for Industry and Commerce, and the State Administration of Foreign Exchange, "Provisions on Mergers and Acquisitions of Domestic Enterprises by Foreign Investors," 2006, Article 2.

第三部分

跨境整合、规划和执行

Cross-Border Mergers
and Acquisitions

第9章 在并购整合前进行尽职调查

◎艾坦·格罗斯巴德

□ **学会思考**

如何描述完整的尽职调查阶段以及在整个并购过程中的目的

如何描述哪些利益相关方、职能部门和岗位应该包含在尽职调查活动中

尽职调查中好的治理框架的重要性，如何描述其意义

如何描述从尽职调查阶段到谈判和整合规划阶段之间的过渡

尽职调查流程中的关键要素以及跨境尽职调查的复杂性

对于并购整合阶段来说，如何定义这个阶段的重要任务；这些以并购整合（PMI）为目标的行动在尽职调查中必须留意（关键员工挽留计划、首日计划等）

□ **本章概要**

本章讨论了完整的尽职调查流程，包括尽职调查类型、每类尽职调查的质询范围以及对尽职调查流程的管理，如日常工作、结构、工具使用等。

本章从介绍尽职调查入手，之后是回顾尽职调查及其主要元素，包括法律尽职调查（包括商务、知识产权、劳动、反垄断）、财务尽职调查（包括税收）以及商务尽职调查。

本章接着还会讨论完整的尽职调查，即全面尽职调查，聚焦于一些额外领域，作为后续进行并购整合计划的基础。然后对尽职调查流程、内容和使用的工具，从实用性角度做出评估，以改善整个流程的效果。

引论

并购生命周期包含不同阶段。在每个阶段，收购方需要采用不同的技能。尽职调查是这个生命周期的一个关键阶段，因为这是进行 PMI 规划活动的引导和调查的关键步骤。

这个阶段包含了项目管理要素和协同数据分析，以及一些应该特别注意的方面，比如风险管理和应对风险计划（对未来至关重要），以及做出并购与否的决策过程。最后但同样重要的是，在这个阶段，整合团队将开始把重点放在 PMI 准备工作上，分析和定义潜在问题，并制订出弥补这些问题的高水平整合计划。

描述尽职调查过程的方式有几种，可能会让人觉得无所适从，不知道哪种方式是正确的。

"尽职调查是系统地搜寻和验证声明准确性的过程。"

"尽职调查指的是在交易发生之前，对一项交易的完整调查。"

"尽职调查是法律对受托人谨慎义务的要求，以确定一项交易的合法性。"

这些说法都是正确的。

从并购角度看，尽职调查指的是在交易合同签订和交易发生之前，对一项潜在并购彻底完整的调查。这个过程要确定所有细节都是正确的，重要信息没有被遗漏。买家有责任进行充分调查，确保这项交易是值得的。公司的主管应在职责范围内做好自己的工作，确保所做的工作能够最大化现有股东的价值。

此外，尽职调查也是防止出现对交易中的双方产生不必要损害或风险的一种方法。不充分的尽职调查会影响公司的合法地位，如果日后发现这项交易出现问题的话，很可能就是因为尽职调查出了纰漏。

并购的尽职调查有可能决定并购的成败。

尽职调查的核心是识别未知的风险和未披露的重要事宜，辨别事情真相，减少不确定性以及验证初步发现。几年前，传统尽职调查还需要检查财务报表，目的是确保与一项财务交易有关的所有利益相关方得到准确评估风险所需的信息。除了财务报表，传统尽职调查还包括法务方面的事宜，有时还需要调查税务事宜。

如此，被称作全面尽职调查或整合尽职调查的新做法包括的不仅仅是财务和法务方面的检查。收购方围绕被收购企业所有与交易相关的能力，调查其中一些方面，比如商业和战略逻辑、财务和税务、经营和技术、协同效应、文化、监管、反垄断、法律、人力资源等。

有效的尽职调查是艺术与科学的结合[1]。艺术性在于提出问题的方式，以及什么问题和何时提出问题。创造一个出售方完全配合和提供充分披露的环境是尽职调查的能力要求。尽职调查的科学之处是为出售方准备一张适合客户要求的完整清单，按照系统方法组织和分析出售方提供的文档和数据以及对尽职调查中发现的问题进行风险量化评估。

尽职调查也包括出售方对买方所做的调查，但是这类尽职调查并不常见。

这一章的目标是介绍尽职调查过程和各部分工作，并讨论其中的要点。这些要点和它们对并购过程各步骤的影响，应该在 PMI 过程中加以重点关注。

在尽职调查阶段发现的细节可用于确定如何将被收购企业与收购方整合起来。如果尽职调查是信息收集的话，整合就是对发现的信息采取行动。这个过程的两个部分是相连的。

传统的尽职调查

传统尽职调查在验证财务报表、法务和税务方面已经形成了悠久的标准做法。许多公司继续将传统的尽职调查作为一个决策工具，而忽视其他尽职调查领域。采用这种方法的问题是过窄关注财务表现，预测和法律上无瑕疵，会忽视 PMI 过程中的许多细节。有些滑稽和自相矛盾的是，50% ～ 80% 的并购最终没有达成目标，其中部分原因是尽职调查不充分，但是企业仍在继续并购，每年并购案的数量和规模还在继续增长（见图 9-1）。调查时间过短和关注范围太窄通常是问题所在。这一点我们还将在全面尽职调查，即整合尽职调查一节讨论。

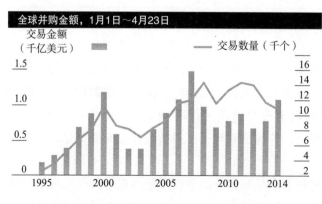

图 9-1　截至 2014 年过往 5 年的并购交易

全球并购排名
2014年（截至当前）

	2013年排名	财务顾问	金额（10亿美元）
1	1	高盛	776.7
2	4	摩根士丹利	688.7
3	9	花旗	629.8
4	2	JP摩根	534.0
5	3	美银–美林	529.9
6	5	巴克莱	490.3
7	10	拉扎德	407.4
8	7	德意志银行	371.5
9	8	瑞信	345.9
10	13	森特尔维尤	208.3

全球并购金额（千亿美元）

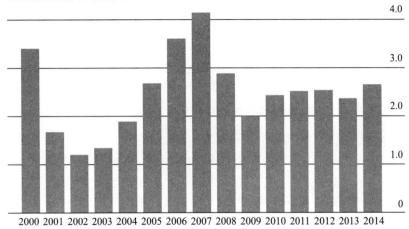

图 9-1 （续）

资料来源：*Financial Times*. www.ft.com/cms/s/0/e0c9cbae-45be-11e4-9b71-00144feabdc0.html#axzz3x10E3g7v.

传统尽职调查主要聚焦于标的公司的过去。法务是唯一与未来相关的调查项目。这意味着这个过程通常分析过去的表现，而不看重未来的机会和趋势。这种尽职调查不能预测企业的未来，但的确评估了可能出现的法律风险。这种尽职调查的动机是评估交易是否可以执行，而不是公司在并购后将会变成什么样以及整合会否成功。这个方法的目的只是为了完成交易。

传统尽职调查的关注点是财务、法务、商务以及通常出现的"令人不快的意外"。为了执行交易，参与者通常是经济学家、会计师或律师。参与方通常是由内部人员、外协机构和服务机构组成的。信息来源主要是过去和现在的合同、协议、财务报告、管理层的背景以及对关键管理人员和员工的访谈（见表9-1）。

表 9-1 不同方式：传统尽职调查和整合尽职调查的部分差异

	传统尽职调查	整合尽职调查
重点	标的公司的过去	合并后公司的未来
关键问题	交易能做成吗	合并会成功吗
调查范围	财务、法务、意外事件	除了传统关注问题，还确认运作和战略假设条件
参与者	会计师、律师	传统参与者以及营运、信息技术、人力资源和其他相关人员
信息来源	有限的，大部分是文件，另外查询管理人员的背景	大量信息，包括客户、竞争对手、供应商以前和现在的员工

资料来源：Michael May, Patricia Anslinger, and Justin Jenk, "Avoiding the Perils of Traditional Due Diligence," Accenture, *Outlook 2002*, no. 2.

这类尽职调查工作最少会包括以下几项。

- 财务报表审核（确认资产负债表上的资产、负债和权益，根据利润表和现金流量表确定公司财务是否健康）。
- 法律合规审核（检查标的公司未来潜在的法律问题）。
- 管理和经营审核（根据内部控制评估报告，检查财务报告的质量和可信度，并了解财务报告之外的意外开支情况）。
- 文档和交易评审（确保交易文件有序和交易结构合理）

尽职调查过程经常以各方都参与的启动会议开始（收购方：主管和关键经理、会计师、律师、税务专家等）。启动会议的目的是确定尽职调查的范围、延续时间和时间表、职能部门和范围的界限。

法律尽职调查

法律尽职调查[2]包括检查标的公司的全部或某部分法律事务，以便发现任何潜在法律风险，并为买方提供一个对标的公司法律方面的深入评估结果。法律尽职调查要检查的范围很广，比如工商法、劳动法、反托拉斯、资本市场、知识产权、环境、诉讼等。

调查涉及的专业法律领域有：交易前后的法律结构、合同、贷款、财产、就业、未结案诉讼等。

并购尽职调查的法务检查通常由负责交易的商务部分的法务部门执行。其他参与尽职调查工作（如知识产权、劳动法等）的法律专业人士来自外部，他们向内部法务部门负责人提交司法意见书和其他的发现或信息。

一旦并购过程启动，而且收购方即将开始尽职调查，负责法务的商业"负责人"将密切与收购方协作，确认在尽职调查中应该涵盖哪些法律领域。覆盖的法律领域是一个因素，另一个因素是尽职调查报告的深度。提交给客户的报告介于两个极端之间。一端是覆盖所有相关法律领域的深度报告，其中蕴含着风险以及风险应对计划，和在整个过程中以及交易完成后（PMI 阶段）采取的行动。另一端是列出"危险信号"的风险评估报告。这类报告用于收购方缺少时间或者非常了解行业和业务以致无须涉及全部细节的时候。

法务"负责人"通常是一名外部律师——顶级律师事务所的一名有经验的合伙人。这个人应该首先确定哪类情况或问题是他最关注的。这些问题要素，比如行业、尽职调查的深度、时间限制和人手等。一方面，还有一些法律"技术"方面应该审查，比如与客户或供应商的协议、第三方协议、合伙等。另一方面，还要查询大量资料，比如地域范围、知识产权、知识、分发配送、商标以及结构（包括员工和部门）。

有一些信息来源将会用于这类过程。第一类是年度报告或报表，其中可能包含了大量对法律团队来说很有价值的信息。现在的趋势是将法律方面的影响"隐藏在字里行间"，比如长期租赁承诺造成的长期债务，欠供应商款项可能表明和供应商存在争议，诸如此类。第二类是与主要利益相关者之间的会议纪要，如客户、供应商、员工等。这些会议纪要可能是完整的记录，但有些是支离破碎的，有些可能还掩盖了"背后的故事"——没有写明发生的幕后交易。第三类是对全部法律文件的完整总结。

跨境流程会更复杂。本地法律"负责人"可能对本地法律很熟悉，有时也熟悉国际法，但对于其他国家的当地法律一般不了解。在这种情况下，最好的做法是雇用一家当地法律事务所参与尽职调查的所有法律事务、文化事务以及一些出现语言障碍的事务。在使用本地法律机构时，法务"负责人"负责整合他们提供的信息。

法律尽职调查的中心原则是：

- 聚焦核心业务和影响，而不是外围小问题；
- 理解业务和交易，不只是盲目遵从调查清单；
- 灵活性：根据所分析的情况能够改变尽职调查范围；
- 将法律尽职调查工作与财务尽职调查的发现紧密联系起来；
- 了解非法律因素，比如文化、全球化与人力资源。

法律尽职调查包括一些实践领域，下面我们讨论大部分法律尽职调查工作以及它们对整个过程的重要性。

反垄断尽职调查　反垄断尽职调查是在交易之前进行的。如果潜在交易是介于两个竞争对手之间，这个尽职调查过程则包含两个相互冲突的利益：一方面，收购方应该得到被收购方的大量商业资料，以便做出正确决策；另一方面，这个交易可能因为某些原因而无法完成（其中一个原因是未获得反垄断审核机构的批准）。如果一项交易未能完成，那么两个竞争对手将在收购方可能已经接触到了被收购方公司敏感资料的情况下，继续在市场上竞争。

尽职调查是一个规范并购交易过程的合法和重要的工具，而且为出售标的提供了一个完整清晰的图像。同时，尽职调查包含了机密和商业敏感信息的传递。因此，在谈到互为对手的各方时，尽职调查也带来了降低竞争的风险，以及形成了一种限制性安排。对于降低竞争的恐惧同时存在于中期（公布信息和交割之间）和远期。

反垄断法规为并购交易各方提供了识别涉及竞争敏感信息的指引，这类指引也提供了如何向竞争对手披露信息以及将损害竞争的风险降到最低，让各方了解限制性安排的做法。

这些规定并非巨细无遗：涉及竞争和披露信息的敏感度越高，或者交易本身引起对降低竞争的关注越高（反过来也会降低被批准的机会），各方的顾虑越多。有关其他注意事项，各方应确保：

- 信息披露是尽职调查的基础；
- 信息传递量应该尽可能低，在披露信息时，需要采取必要措施将对降低竞争的顾虑降到最低。

跨境交易中的挑战更大，具体体现在以下两点。

- 收购方需要检查交易所涉及各司法管辖地的反垄断影响。这种复杂性通常发生在跨境收购国际"蓝筹"公司之时，因为这个过程可能涵盖了很多需要备案申请批准的企业。为了得到批准，收购方负责反垄断事宜的法律代表应该寻求每个国家或司法管辖地反垄断律师的帮助，以确保得到批准。
- 这个过程必须统一管理和执行。
- 反垄断尽职调查的成本比较高，每个参与国家的律师都要收费。

知识产权尽职调查　如今企业越来越了解到知识产权资产的重要性了。在讨论知识产权事务时，以下方面将会触及。

（1）**专利资产**。知识产权尽职调查最重要的部分是评估现有专利资产。这应该包含已获得专利，也要评估申请报告、实验数据、现有技术评估报告、归属证明以及延续性资料。

关于发明的披露政策和做法：评估现行发明披露政策和程序，了解企业是否充分掌握知识产权。通过评估现有披露信息，可以了解当前发明过程以及是否创意想法已经有效纳入专利申请。

（2）**商标**。商标对于企业价值贡献很大。在这个无数竞争对手有各种资源和手段复制成功模式的时代，企业通过打造品牌来奠定市场地位的方法，变得和提供产品同等重要。无法得到品牌商标保护可能导致企业因为其他相似名称而丧失市场份额。

（3）**保密协议**。商业机密只有在保密状态下才有价值。如果一家企业在没有签订保密协议的情况下，与其他人分享重要信息，那么这些信息不仅得不到商业机密法律的保护，之后还可能影响该技术获得专利保护。所以确认签署了必要的保密协议至关重要。

（4）**授权与合资企业文档**。合作开发可以加快研发速度。然而，如果在协议上没有做出合适的安排，有关知识产权可能会大幅贬值。所以，评估合资与合作协议是了解知识产权保护风险的一个重要步骤。

资本市场尽职调查 主要适用于并购交易涉及并购中至少一方是上市公司[3]的情况。监管规定中有很多限制和要求，这就是需要关注这方面的一个原因。同时，这一类交易涉及承销商和承销，其中所需的知识也并非商业律师的专业范畴。

（1）**监管规定**。与一般商业事务一样，资本市场活动也必须依照公司法和证券法检查企业的过往历史。收购方可能发现被收购企业过去有一笔罚款还未缴付，这可能会引发一场诉讼或者对财务状况产生很大影响。

（2）**专业调查**。从要调查的范围来看，资本市场尽职调查将聚焦税务、监管规定、员工、法务程序以及市场结构评估。资本市场律师将评估过去几年的年度报告、税务情况和裁定情况。这项工作是在公司的法务和财务部门配合下进行的。

（3）**全球资本市场影响**。需要认真调查的是一些重要影响。对过往时间表的评估是严格的。监管机构检查上市公司是否符合了应该遵守的有关前提条件，比如每年提交几次财务报告，或者检查是否遵守了某些年度时间表。

税务通常是资本市场尽职调查中的一个关键项目。所有相关的税务流程都要检查，以确认达到合规要求。

劳动法尽职调查 不管一项交易的类型和结构是怎样的，实际上都要涉及员工的接收。即便是最简单的股份买卖，收购方也需要关注员工保留问题，制订福利计划以及确保实施到位，承担在交易之后进行结构性裁员的风险，并且分析由补偿、福利、养老金等带来的财务影响。在更复杂的交易中，对劳工的尽职调查，特别是养老金问题，可能要花费很多时间，并且需要精算师和福利顾问的专业协助。

这项调查的基本出发点并不是一个雇主向另一个雇主移交雇员那样简单，而是有规范的方法用于移交雇员。但是移交员工并不是这个尽职调查中的唯一重点。对补偿和福利的条款的评估也是核心工作。评估劳动合同条款和了解员工工作环境是非常重要的。不同国家有不同的劳动法。一些国家的劳动法很严格，而且有利于雇员（法国、荷兰等国家），而另一些则有利于企业而不是雇员（比如美国）。

在劳动法尽职调查中，需要考虑以下方面。

（1）**劳动关系**。劳动关系应该从理解交易的本质入手。常见的出售情况分为两种：资产出售和股份出售。应该采用哪种交易方式呢：资产出售还是股份出售？对雇员各有什么样的影响呢？雇员是否参加了工会组织？是否有承包商？

（2）**雇用标准**。雇员当前的雇用条款是怎样的？是否与市场标准一致？是否全部雇员都签订了清晰合法的劳动合同？这方面包含一系列话题，如工资、通知期、基本工资、奖金、期权、最低工资等。

另一个与雇员标准相关的问题是员工的特殊需求和特殊状况，比如孕期雇员、残疾人士、生育的员工等。

（3）**隐私**。隐私是涉及雇员个人信息以及相关信息是否得到现有法规保护的一个法律范畴。一些国家有隐私立法，另一些国家则没有。这一点应该从全球角度进行检查，尽管收购方的国家可能没有严格的隐私法律，但是被收购公司所在国家可能有这类法律。

（4）**关键员工**。在定义了关键雇员有哪些之后，这些关键员工要签订一份个人协议。这份协议用于锁定这些人未来在被收购的公司工作一段时间。

其他要评估的雇员合同协议（劳动合同之外的）包括假期、疾病、脱离工作岗位、数码通信工具使用等。

劳动尽职调查的结果包括：

- 员工现状和交割之后的影响；
- 风险应对计划，要清晰了解潜在的法律风险；

- 对被收购企业全部员工按照对收购方的贡献和未来潜力加以分类。

环境尽职调查　环境尽职调查指的是发现企业是否有可能违反环境法规的法律和技术方面的做法。环境尽职调查也用于了解当地环境情况和当地监管合规方面的要求。

环境尽职调查包括系统性地检查空气排放、水处理、垃圾废物处理、化学危险物质运输和许可。这些要素分为两个层面。

- 物理测试：收购方将检查业务许可证、空气质量和毒臭气体危害、危险物质、毒废物质许可证、废水污水、土壤保护等。
- 法律诉讼与环境保险：评估现有程序（如起诉书、民事案件）、之前的行政或法律诉讼（如听证、警告信、供水公司要求）、罚款以及保险费收取。

近年由于公共舆论已经越来越关注环境问题，以及环境监管领域取得了明显进展，越来越多的公司在做这类尽职调查。

尽职调查中的关键环境问题具体如下。

- 现场条件和排放情况。
- 合规性。
- 许可证。
- 非现场的潜在责任。
- 记录。
- 与监管机构的沟通。
- 环境管理系统。
- 以前的所有者和经营者历史。
- 保险条款覆盖的范围。

财务尽职调查

财务尽职调查的重点在于为收购方提供财务信息，分析标的公司的账簿、会计记录以及其他财务和业务内部报告、文档，包括的范围有收入、资产、负债、现金流、债务等。财务尽职调查探讨以前的财务表现，得出一个"继续/停止"的结论，决定是否可以合理地继续进行并购、签订购买协议还是终止交易。

重要补充：财务尽职调查不仅与并购有关，也适用于合资企业、融资或其他交易。与财务检查同时进行的是，财务尽职调查要评估被收购方的业务表现。这类尽职调查提供了典型谈判可能无法达到的了解程度，提供了数字无法揭示的业务状况，并识别了可能影响并购的潜在问题。

由于不同行业的财务尽职调查有不同特点，收购方对某个行业的知识和了解可能也不同。所以，财务尽职调查过程应该进行修改或调整，以满足收购方特定的需求和期望。

财务尽职调查的最重要用途如下。第一，揭示财务和税务风险，例如，检查是否有未纳税的异常情况，或年报中存在异常需要补税。第二，分析被收购公司过往的盈利情况和现金流，并且根据这些情况，预测企业未来的表现。第三，理解标的资产和负债，以便更好地进行谈判，做出战略投资和并购决定，以及制订并购后的商业计划和整合计划。第四点也非常重要，就是确定待并购标的是否符合收购方的战略和并购标准。这要和其他尽职调查结果，比如法律和税务等放在一起考量。

财务尽职调查的分析主要聚焦以下方面。

- **财务报表的注释**：应仔细分析财务报表注释，因为它们为读者提供了在报表上难以看到的信息。可能会发现业务依赖性，也就是说，业务主要依靠某个大客户。失去这个客户显然会对业务价值产生影响。

- **利润表**：此处指的是了解销售趋势或业务的收入情况。业务的毛利润率是否合理？读者可能发现由于某些原因，一些支出比较低。

- **资产负债表**：这个文件与公司的资产和负债有关。资产负债表上某些资产价值可能不反映实际价值。也许在资产负债表上无法看出资产升值的迹象。交易涉及的相关方都应密切关注。

- **交易融资**：大多数情况下，收购能力取决于从银行或其他机构融资的能力。特别重要的是，商业模式要显示整合两项业务的益处，所以潜在的"协同效应"应该有助于改善财务结果。

- **估值**：估值是指定义被收购公司价值的过程。这个过程独立于财务尽职调查，但是通常与财务尽职调查密切相关。估值过程也揭示了影响财务尽职调查的问题，比如报告的质量、一次性成本和收入与重复发生的成本和收入、预算与结算等。

这个分析还包括其他方面。

- 了解后来的财务和会计状况。
- 定义将来的报告方法（国际会计报告标准、美国 GAAP、其他国家的 GAAP 等）。
- 所提供信息的可靠性和准确性。

税务尽职调查

税务尽职调查是指调查一家公司当前和未来的税负情况。税务尽职调查通常和法律尽职调查以及财务尽职调查联系在一起，构成了传统尽职调查的一部分。

在并购交易中，当一家公司计划收购另一家公司时，这个过程要求仔细评估所涉及司法管辖地的税务文件。[4]

多年来，税务人士直到交易最后阶段都不会介入和税收有关的事项。近几年，这种情况发生了轻微变化，现在税收专家会分析并购文件并为下一步的工作和交易结构提供建议。全球、各州、联邦和本地税法越来越复杂，跨国公司的税种越来越多，对于跨境并购来说，风险越来越大，有必要尽量减少这方面的风险。本书第一部分讨论了税务倒置和跨境整合的其他税收方面的影响。

由于税务主要是由交易的买方承担，税务尽职调查的目的是发现重要的潜在税收风险。税务尽职调查较少关注较小的遗漏事项或计算错误（相对于年度报告）。重要的税负会影响买家谈判和是否继续交易的决定。

税务尽职调查包括所得税，也包括销售和使用税、薪资和就业税、财产税、无人认领的财产以及独立承包商和雇员分类。当标的公司的子公司或母公司在国外时，税务尽职调查可能包括评审内部价格和外国税收抵免。这个过程包括阅读税务回单（所有税种）和非税收文件，询问管理层和标的公司的税收顾问。

阅读非税务文件，比如公司董事会的会议记录、财务报表和注释或者股票激励计划和雇用合同，可能会发现各种潜在的税务问题，包括之前的公司所有权会变更而影响公司利用净运营亏损调整未来收入、激进或不确定的税收立场以及递延补偿金降落伞问题。

商务尽职调查

商务尽职调查会分析与被收购公司相关的所有业务的商务事宜。较宽泛的方法要考量业务所在市场、业务发展空间以及对竞争形势的评估。一个更全面的分析还会涉及隐藏在商业计划后的假设，包括：被收购公司的整体评估、市场环境、客户优先顺序、竞争局面、业务设计分析、商业计划评估（最重要）以及商业风险。

所有这些都是为了了解商业计划是否符合市场实际情况。

商业尽职调查的深度取决于收购方是否了解被收购方的业务。收购方进入一个没有经验的新行业,应该做一个详细涵盖被收购公司的战略和业务以及对收购方影响的尽职调查。应该考虑潜在的收入协同效应和影响交易的行业趋势。

收购方并购本行业的业务时,商业尽职调查会有所不同。收购方可能需要做尽可能少的尽职调查,而且把重点放在其他方面,比如法律和财务尽职调查(有时还包括税务调查)以及部分商业尽职调查。

在从商业角度进行尽职调查时,收购方通常会碰到一系列的法律和财务问题,在分析标的企业时,会涉及一些风险领域,包括:低估存货价值、积欠的税款、有缺陷的管理信息系统、过度依赖少数关键客户或供应商、应收款拖期、隐性负债(如保修单、假期工资、索赔、销售返还、补贴)或者马上需要支付的大笔开支(如人员、存货、IT 系统)。这些问题让收购方承担了各种风险和成本,而且必须把这些风险与交易中的收获加以比较。

战略商业尽职调查为收购方提供了一个有关要处理的战略—业务—商业相关事项的事实分析。这个分析的结果是一份有关以下方面的报告。

- 市场结构、规模和驱动因素。
- 主要竞争对手、市场份额、竞争基础和进入壁垒。
- 客户和供应商反馈。
- 商业计划的可达成性、关键风险、改善领域。

整合尽职调查(全面尽职调查)

正如前面所说,收购方进行尽职调查,但是大多数只是传统的尽职调查。在那些进行这种调查的企业里,很多只是做为时很短、范围很窄的尽职调查。收购方主要把重点放在了解过往的财务报告,发现可能的法律责任以及查找令人不悦的意外问题上。换言之,大多数收购关注的是被收购企业的过去而不是未来。

在过去几年里,出现了新的尽职调查动向。有人称之为“全面尽职调查”,也有人称其为“整合尽职调查”。这种调查不仅反映过去的情况,也要考量未来,并且考量可能的协同效应和实现的可能性。

这种新方法声称执行一项财务和法律尽职调查是不足够的,PMI 阶段出现的主要问题是在其他领域。因此得出的主要结论是,尽职调查阶段应该覆盖更宽一些,面向未来,并成为 PMI 阶段的基础。

这就是对传统尽职调查的拓展！

整合尽职调查具有以下特征。

- 调查范围超过财务和法务尽职调查，所有其他职能领域都需要调查到，范围包括运营、销售和市场营销、人力资源、产品研发（R&D）等。
- 这种尽职调查不只是检查不同的职能部门，也要分析比较被收购公司并购后的表现。这表明在尽职调查之后，应该完成一个初步 PMI 计划。
- 收购方认为这种尽职调查流程具有战略性。因此，在这一时点上，收购方设定战略愿景和整合方法。
- 只有规范的尽职调查流程是不够的。企业应该思考的问题包括"行业影响""客户反应""竞争反馈"等。这将提高收购方从并购过程中取得的成果。

这种尽职调查通常包括大量的工作，远比传统调查的内容多。但是这种流程对并购成功很有贡献。为了提高并购成功率，而不是仅仅是使用这种方法，收购方应该开始定义交易的逻辑和 PMI 的意义。一旦逻辑清晰了，收购方可以判断是否所有尽职调查范围都与这一逻辑相符。例如，判断被收购方的人力资本是否与收购方的质量水平相符以及分发、制造、销售、IT 等是否与收购方兼容。

为了在这一过程中取得成功，需要重点关注以下几个方面。

- **从一些来源收集信息**：信息既要从内部收集，即与管理层、关键雇员、中层主管和老员工面谈，也要从外部收集，比如与供应商、客户、之前的管理团队成员等进行面谈。
- **涵盖关键专业人士**：这些专业人士可以是内部人员，比如副总裁、中层经理，也可以是外部专业人员，比如与即将进行交易相关的顾问。这些专业人士（不管他们来自内部还是外部）应该有能力分析其专业范围内的问题，并且总结从分析中得到的关键结果和影响。如果可能的话，任命一部分专业人士继续参与 PMI 工作。
- **训练尽职调查团队**：为了最有效地利用这些专业资源，尽职调查项目经理应该培训尽职调查团队、统一预期目标、设定明确时间表、展示愿景与目标以及启动尽职调查流程。
- **将尽职调查结果（特别是从中发现的风险和问题）纳入 PMI 初步计划**。如果可能，由尽职调查专业人士起草 PMI 初步计划，并让他们在 PMI 阶段提供协助。

不同职能的整合尽职调查

如前所说，整合尽职调查包括了一系列领域，具体如下。

人力资源尽职调查 收购方在尽职调查阶段首先应判断人力资源的风险。"人力资源"（HR）指的是标的公司的管理团队和现有的员工人才，以及让公司能够吸引、挽留和激励这些人才的项目和制度。负责人力资源尽职调查的人应该确保了解人力资源风险。

收购方的人力资源尽职调查工作包含以下方面。

（1）**员工情况与雇佣合同关键条款**。收购方最低限度应了解以下事项：标的公司有多少雇员和位于何处？是否有雇员受到集体谈判协议保护？收购方也将根据这些信息，评估是否可能减少员工数量，估算以此节省的成本和一次性支出，并将这个结果反映在他们的财务模型中。

其他评估要点：了解公司员工工作或居住地可以帮助收购方预防可能发生的劳资纠纷。收购方想知道标的公司的员工流失率处于行业何种水平以及是否某些员工或部门存在高比例流失率。应该仔细评估雇佣合同，确保财务影响和任何管理变化造成的支付能够得到充分理解。

（2）**补偿和福利项目**。员工福利占了员工成本的一个很大比例，在美国，这个比例通常介于总薪酬的 15% ～ 30%。在美国以外，福利方面会有更多法规要求——福利通常只是全部成本的一小部分，但是与其对应的社会成本却很高。

退休计划一般分为两类：①固定支付计划，根据一个固定公式确保支付一定数额的退休金（通常和员工的薪资及服务年限挂钩）；②固定缴费计划，退休金的数额取决于员工和公司缴付的金额。保健成本仍是员工成本中增长速度最快的一项。

（3）**管理人才评估**。管理评估方法非常依赖于交易的实质。并购是现有企业进行的收购，为了让收购方有机会从标的公司管理团队中选择合适的管理者来提升收购方的管理，有必要制定一个选择流程。一个全能管理团队的重要性无论如何无法被低估，因为管理团队缺乏密切联动而导致的行动迟缓，会导致严重的财务后果。

（4）**人力资源转移挑战**。一个需要考虑的关键问题：并购会导致标的公司的人力资源成本发生怎样的改变？在个别情况下，通过人力资源效果指标基准比较（benchmarking），有可能获得运营协同效应以及确定改善的机会。

人力资源尽职调查的关键点是：①识别人力资源管理风险；②确定是否已准备合适的应对措施，能用于减少已识别的人力资源管理风险；③确定未来的人员雇用成本；④评估组织领导模式；⑤评估交易的人力资源管理流程。

文化尽职调查　文化尽职调查是分析一种文化以识别各方文化优劣势的过程，将收购方和标的公司的文化加以对比、识别两家企业的文化差异，并制订相应的文化计划。

目前，文化尽职调查关注以下方面。

- 描述、评估和比较组织内部人员行为的分析框架。
- 在组织内部识别和评估文化风险。
- 可以推动组织改善的一个领导力工具。
- 在变化过程中优化任务的一个有价值工具。

有关文化方面的更深入讨论见第 7 章。

运营和供应链尽职调查　这种尽职调查的目的不仅仅是检查运营和供应链，也要考虑改善运营为标的公司带来的潜在附加值。这种尽职调查聚焦于运营和内部信息，而不是战略和商务方面，目的是找到改善经营的“快赢（短期内取得效果）机会”。

同时，运营尽职调查寻找的是可能影响到交易价值的机会，其中包括存货价值、机械的使用（或欠缺）等方面。运营尽职调查主要是在细分行业层面进行，评估标的公司的主要运作，并尝试确认商业计划和现有运营设施是否兼容以及商业计划中的资本支出是否可行。

运营尽职调查是进行抽样现场审核，并进行外部对比，以寻找在整个制造流程中进行重新配置和整合的机会。还要检查所有运营流程，比如制造、采购、交付（后勤）、回报（从客户到供应商）、计划等。其中的重点是那些没有被很好利用的资产，通过提高资产效用，改善效率和自动化，达成节约目标。

运营尽职调查聚焦于以下领域（不限于此）。

- **存货分析**：移转中的存货、国外购买、企业内部购买以及客户销售。
- **外购**：供应方表现如何。
- **周转时间**：从发出采购订单到从客户处收到付款所用的时间。这是一个度量盈利性和现金流的重要指标。供应链管理是决定周转时间的核心。
- **客户服务**：有多少比例的客户订单准时完成发运；每个客户订单的运输损失情况。

- **供应商表现**：供应商的表现如何——交货是否及时、准确、足量以及是否达到质量要求。

- **预测准确度**：更新存货 / 增加存货 / 重新进货所需时间、产品生命周期、存货水平。

- **风险**：确定的所有相关风险和采取的应对风险措施。

- **其他**：评估供应链管理、精益生产和六西格玛、关键运作流程、工厂评估、生产力分析、行业基准对比、运营团队评估。

信息技术尽职调查　信息技术是指使用计算机、存储器、网络和其他物理设备、基础设施和流程去创造、加工、存储、保护以及交换各种形式的电子数据。通常 IT 指的是企业经营中应用的信息技术。

IT 架构已经进化到包括虚拟现实和云计算，将物理资源加以分解并用不同条件存储，以满足应用需求。云可以向不同地点发送和与其他 IT 用户共享，或者存储在一个企业数据中心，或是两者的结合。

IT 尽职调查通常包括检查并购双方企业的 IT 生态系统，分析有哪类系统、寿命期、执行水平以及母公司 / 下属公司和跨公司的业务及运营整合程度。这个检验完成之后，要对当前流程和实际需要的流程（如采购流程等）、系统和基础架构进行差异分析。

IT 尽职调查包括了以下方面。

- 物理设备层（硬件）。

- 虚拟化和管理或自动化工具。

- 用于执行基本功能的操作系统和应用（软件）。商业应用软件包括数据库、交易系统、电邮服务器、网络服务器、客户关系管理以及企业资源规划系统。

- 用户设备，比如笔记本电脑、智能手机等。

- 数据使用和存储的基础架构、方法和管理规定。

- 运行商业应用软件的计算机服务器。

- 用数据保存信息的存储技术。

- 要检查的其他方面包括现有技术、稳定性、支持方法、IT 组织、合同、软件所有权和许可证、成本、维护费用、主要投资和资本支出、计划的目标、风险、内部客户满意度以及对技术的需求等。

执行尽职调查

至此，本章已经讨论尽职调查流程的各个方面，下面的内容主要聚焦更好实施尽职调查的建议和方法。

尽职调查的步骤

每个项目的有效尽职调查所需时间不等，聪明的做法是给每个交易一个条理清楚的方法。我们在国际并购整合联盟采用的并购整合框架™（AIF）的典型步骤如下。

（1）理解潜在交易的重点，包括投资主体和潜在投资者的主要价值驱动因素。

（2）了解要求关注的特定风险领域以及要执行的特定程序。

（3）管理对信息的所有要求，与管理层共同制订一个合适的工作计划。

（4）实施详细的流程，包括财务分析、与管理层的详细讨论，如果需要，进行现场走访。

（5）提供实时更新，及时提供初步发现和报告，确保收购方了解所有情况，并有信心最终的报告能够满足利益相关方的需求。

尽职调查方法

在调查过程中，尽职调查团队通常会采用以下基本方法。

（1）**评审**。通过评审尽职调查资料，识别可能影响业务的关键和重要因素。

（2）**分析流程**。这指的是诸如业绩分析、趋势分析、结构分析、材料分析等流程，它们来自各个渠道，通过搜集这些分析结果，发现异常和重要事项。

（3）**面谈**。与内部各级人员、各岗位员工和中介机构进行充分沟通。

（4）**内部沟通和例行工作**。由于调查组成员有着不同的背景和专业，双向沟通和及时分享工作结果，是完成调查目标的一个有效方法（会进一步在"管理尽职调查流程"中讨论）。

（5）**全球工作**。为了管理一项全球尽职调查，通常会有一段时间用于在标的公司工作。所以尽职调查团队必须经常长途旅行。在一段时间的"现场工作"之后，其他工作就可以通过虚拟方式进行，采用一些支持虚拟数据室的工具（稍后介绍）。

管理尽职调查流程

定义尽职调查的范围是非常重要的，因为这等于定义了这项工作该如何执行。一个人不能一头扎入尽职调查过程并开始工作。一个成功的尽职调查和一个中等水平的尽职调查过程的主要区别是和下面这段指南有关的：定义交易逻辑、设定管理（结构和路径）并管理一个项目（时间表、成果、关键绩效指标等）。

（1）**设定交易逻辑和尽职调查初始参数**。交易逻辑应该明确，并且让参与尽职调查的人了解这是尽职调查的基础。战略并购之间存在很大差异，之后会有大规模的整合，这对于未来的前景是非常重要的，而财务投资中的收购方通常关注过去的业绩以及避免法律障碍。

（2）**尽职调查结构化管理和团队选择**。尽职调查组织架构图与其他项目管理类似，通常包括三个层次：①尽职调查指导委员会；②尽职调查管理团队；③不同职能的工作小组。

（3）**启动尽职调查流程、规定日常工作、设定时间表**。为了很好地启动尽职调查工作，应该召开一个启动会议。这个会议的目的是协调各参加者、提出所需的工作指引以及定义流程的步骤和范围。

对于一个快速尽职调查过程（7～14天），日常工作以晨会开始，以便让尽职调查团队明确方向和重点。然后团队分头开始调查工作，每天结束时召开圆桌会议，让每个代表介绍当天的主要发现和对其他工作的影响。

对于一个较长时间的尽职调查来说，基本规则是一样的，但是强度会有所下降，每天会议改为每周一次碰头会。

（4）**设立虚拟数据室**。虚拟数据室是一个在线信息仓库，用于存放和分发文档。虚拟数据室在并购交易期间可以为尽职调查提供帮助。尽职调查流程传统上采用实体档案室，用于文档披露。由于成本、效率和安全方面的原因，虚拟数据室已经基本取代了传统的实体档案室。

（5）**执行详尽的尽职调查、完成整个流程并形成一个初步PMI计划**。尽职调查团队按照工作顺序收集数据，分析并从中得出以下结果：①交割之后将出现的风险；②可利用的机会或协同效应以及可以快速见效的工作；③在交割之后必须注意的行动项目。除此之外，最重要的是，需要给出一个"继续/终止"的建议。

如果建议是"继续"，所有尽职调查发现应该直接转化成一个初步PMI计划。

（6）**移交给PMI团队**。可能出现两种情况。第一种情况是，尽职调查团队也是执行PMI的团队。在这种情况下，PMI团队将进一步评估和分析，这要比PMI团队在没有参考和需要从头开始评估所有资料（或其中大部分）的情况下制订计划好得多。

第二种情况是有两个团队，一个负责尽职调查，而另一个负责PMI。在这种情况下，需要进行稳妥的移交。两个团队（尽职调查和PMI）必须协作。尽职调查团队应该介绍调查结果，提出对后续工作的建议，并移交收集的全部资料和完成的分析。

尽职调查中的常见错误

在评估了所有需要确保尽职调查出色完成的因素之后,最后我们认为要了解这个过程中的常见错误。尽早关注这些问题,有助于提高尽职调查的执行质量,主要问题如下。

- 尽职调查的准备工作欠缺计划和重点。重点应该是定义合适的范围、提出合适的问题以及获得所需的决策信息。
- 糟糕的沟通会导致不必要的误会。尽职调查职能团队以及收购方和标的公司的沟通必须是开放和持续的。这个过程必须是有管理的,包括路径、结构和决策。
- 在尽职调查的执行中没有管控好技能上的不兼容或缺乏的情况。
- 把精力放在了传统尽职调查而忽略其他可能影响到 PMI 阶段的领域,把有限的时间放在法务、税务和财务方面。
- 缺乏合适的工作环境,对收购方尽职团队采取不友好的态度。这不仅对人员造成影响,也会从时间和质量方面影响尽职调查结果。
- 错误解读收购方尽职调查的结果。

本章小结

- 了解并购流程中的尽职调查阶段。
- 了解近年尽职调查的演变(传统尽职调查,整合尽职调查)和其中包含的不同流程。
- 适用的尽职调查种类(法律、财务、税务、人力资源等)。
- 尽职调查过程中的利益相关方以及尽职调查活动涉及的职能部门和角色。
- 如何建立尽职调查管理架构以及进行管理。
- 如何将尽职调查发现用于谈判和整合规划。
- 尽职调查过程的关键要素和执行跨境并购尽职调查的复杂性。

注释

1. Andrew J. Sherman and Milledge A. Hart, *Mergers & Acquisitions from A to Z*, 2nd ed. (New York: AMACOM), 2010.
2. 感谢以色列法律事务所 SHIBOLET 协助撰写"法律尽职调查"一节，尤其要感谢合伙人 Gadi Graus 和助理 Omri Sarid。
3. 与私营企业正相反。
4. 取决于交易本身和所涉及的国家或地区。

第10章　启动整合管理办公室和跨境并购首日

◎斯蒂芬·霍夫迈耶

□ **学会思考**

︙ 完整了解整合管理办公室（IMO）的设置和启动

︙ 整合管理办公室文件和计划的核心概念

︙ 在全球范围寻找合适的团队

︙ 有效运用整合管理办公室工具和方法

︙ 整合管理办公室团队行为的文化考量

︙ 理解首日的活动

□ **本章概要**

　　整合管理办公室是一种适用于成功进行复杂跨境并购整合的有效工具。本章提供了对整合管理办公室的综合介绍，并描述了如何设立整合管理办公室和成功完成首日的工作。

跨境整合中整合管理办公室的影响

　　整合管理办公室在复杂跨境整合中承担着一个有价值的角色，但也会被追求执行速度的管理人员视为过于官僚化。这是什么原因呢？经理人有时会非常严格地执行标准的整合管理办公室流程——过于严格，而没有根据需求加以调整。在这一章里，我们强调了如何建立整合管理办公室，将效率和结构同时结合起来，成功达成目标。

　　根据收购方的规模和并购的频次，整合管理办公室可以决定是否负责整合计划和其他整合目标。对于经常做并购的大型企业来说，经常要进行跨国整合，整合管理办公室可以充当计划的评估者，由独立的项目团队制订，并向整合管理办公室提交计划报告。对于小公司和不常进行并购的公司来说，我们经常碰到的是这种情况：整合管理办公室直接制订计划，并要求各组负责人直接向整合管理办公室报告。我们在这里，把重点放在讨论整合管理办公室直接推动整合活动的情形。如果在读者的公司，整合管理办公室负责监督多个项目团队执行整合工作的话，则本章讨论的做法适用于整合管理团队，由它们向整合管理办公室汇报。

整合管理办公室的目的

整合管理办公室在复杂整合中有一个重要的目标。根据国际并购整合联盟对 143 名并购经理人所做的调研，[1] 67% 的调研对象有在整合管理办公室工作的经历，而且他们中至少有一半并购经理人的工作领域是跨境整合。整合管理办公室负责管理复杂的整合工作。在较小的并购交易中，比如人员并购（主要为了获得员工的技能和专业而做的小型收购），整合管理办公室的重要性较小或可能是不需要的。

2013 年一项对 50 名有并购整合经验经理人的调查表明，[2] 参与者的反馈被分成不同话题。其结果反映了典型的并购整合中的问题。在跨境并购中，整合管理办公室在解决这些问题方面的作用非常重要。

调研反馈：计划

- "大多数交易的范围、时间表和预算是由企业发展团队在交易完成之前不恰当地制订的。"
- "我在印度的工作时间表很少能匹配得上，而且几乎没有可能完全参照执行。我们需要一个不墨守成规的方法。"
- "早做规划，在交割和快速执行之前，买卖双方先共同认可规划。"
- "为假设条件设定责任，在被并购企业价值流失之前，尽快完成整合工作。"
- "整合就是跨职能合作和有效的项目管理。如果你的企业各职能部门不能很好地合作的话，那么整合就会受到影响。"
- "计划不能半生不熟。"
- "整合项目通常有 3 个特点：复杂化、情绪化、政治化。这些无法避免，但是必须做好准备、充分认识和主动管理。"
- "整合的重要性再怎么强调都不过分。如果支付的代价太高，未来就会没有什么可指望的，但是如果收购价格不错而没有好的整合计划，未来也将付出代价。"

调研反馈：速度

- "执行速度是关键。"
- "注意不要把整合当作纸上谈兵。"
- "快点做，就像撕创可贴那样。要快速、毫不犹豫，不要让反对者拖后腿，不要因为顾虑现有的政治和社会结构而耽误必要的整合项目。"

调研反馈：沟通和聚焦

- "经常沟通和降低被收购企业的焦虑不安。"
- "对核心业务缺乏管理削减了企业盈利，影响员工士气。"
- "沟通对于保障整合非常重要，无论对标的公司还是买方都是如此。"
- "开放和经常沟通是成功的关键。"
- "并购可能成为一个纯粹的创造力汇聚之地，让所有参与者发挥出最佳状态，也可能变成办公室政治的地狱，导致员工的创造力和激情荡然无存。要设定预期目标，不要随波逐流。并购不是容易的事，但也不一定很难，有很多细节，沟通和一个现实的时间表至关重要。并购可能很有趣，因为可以创造出比参与者原本更好的东西。"

除了建立整合管理办公室流程，整合参与者应该阅读上面这些调研反馈，确保整合管理办公室能够有效解决计划、速度和沟通中出现的各种问题。

了解整合管理办公室

整合管理办公室是复杂整合工作成功的关键，特别是对跨境整合尤其重要。

整合管理办公室是什么？与项目管理办公室有何不同

整合管理办公室和项目管理办公室（PMO）有哪些不同之处？根据项目管理协会的《项目管理知识体系》第 5 版，"项目管理办公室是一个管理架构，它标准化了项目相关的管理流程，并用于分享资源、方法、工具和技术。项目管理办公室的职责可以从提供项目管理支持功能到负责一个或多个项目的直接管理"。[3]

项目管理办公室一般持续管理多个全周期项目。整合管理办公室是项目管理办公室的一个特殊形式，主要用于并购整合之中。整合管理办公室可以为不断进行收购的公司提供持续支持。与典型的项目管理办公室不同的是，整合管理办公室作为整合过程的一部分，既可以加快也可以放慢进度，并负责整合工作的**执行**——这是这一章的重点。

整合管理办公室的职能

整合管理办公室管理整合工作的核心职能部门，并提供有效整合架构。

典型的整合管理办公室组织架构　我们设计了整合管理办公室组织架构来应对每个特定的整合。图 10-1 是一个一般的架构。

图 10-1　典型的整合管理办公室组织架构

整合管理办公室通常向一个整合监督委员会报告，并管理并购的每个职能团队；这些职能团队可以被视为工作小组。重要的是注意到，在各工作小组之间，存在着整合的业务流程。整合管理办公室必须以一种整体方式进行监管。表 10-1 识别了整合管理办公室的一般职能。

表 10-1　整合管理办公室的一般职能

管理	规划	执行和控制	最佳实践
整合工作组章程制定	计划制订	资源管理	方法管理
协同效应管理	操作手册制定	工作流管理与沟通	技术与流程支援
		并购过渡期服务协议管理	事后分析总结
			卓越中心

工作组（或工作流）的范围和工作层级根据并购所需的整合程度而变化。然而，即便是在单独看待并购的情况下（没有整合），在收购方和被收购公司之间，仍然存在重要的交集。

制定章程　正如《并购整合手册》所说，章程是"一份简单的文档，用于清晰定义整合要素以及提前获得资源负责人的承诺"[4]。章程是一份初级文件，由领导层批准，规定了整合管理办公室的目标和权责，并且对整合提出了基本期望。

在跨境并购交易中，重要的是在整合管理办公室的领导下，制定一份适合管理人员的整合章程。这份章程规定了开始整合规划和设立整合管理办公室的权责。

制定章程必须快速有效地完成，因为会存在跳过章程直接着手制订计划的压力。章程清晰地规定了整合目的。如果整合非常复杂，每个工作小组可能各自有自己的项目，而且各自需要制定一个章程。用"章程"这个词，有时会出现动作缓慢的官僚主义作风。如果有必要，可以不用这个词，但是要把章程的内容包括进去。

管理协同效应　正如并购从交易负责团队转交给整合团队，在整合团队成员把重点放在执行上时，有可能出现初始预期，包括预计的协同效应无法实现的风险。在这个转交过程中，整合管理办公室扮演着一个关键角色——全面理解期望以及管理与协同效应和企业整体战略有关的活动。为了严格执行整合项目活动，每个主要整合活动都应该从成本和对协同效应目标所做贡献的角度进行评估，评估范围应该包括整合项目周期前后。这一评估可以转交给新整合机构的运营团队继续跟踪。

计划制订　整合管理办公室的一个关键职责是根据整合工作的要求制订整合计划。计划要具备综合性，而且要满足项目管理协会项目管理知识体系[5]的规定。要考虑的整合管理办公室计划范围包括：整合管理（有关管理活动如何结合）、范围、时间、成本、质量、人力资源、沟通交流、风险管理、采购管理以及利益相关者的管理。每个方面不一定要制订自己单独的计划，但是每个计划的内容都应达到合适的水平，并反映在操作手册中。作为一个例子，采购计划可能应该很慎重，或者纳入其他文档，而人力资源、通信和风险管理计划通常很详尽，在跨境并购中，它们是独立制订的计划。

（1）**设计操作手册**。计划为操作手册提供了输入：整合团队用于执行其整合工作的一系列活动和工具。根据《并购整合手册》的说法，[6]操作手册的内容包括以下几点。

目的和范围。操作手册的这些部分会帮助读者建立操作手册的正式角色，以支持组织的整合活动，并说明了操作手册的要素是如何相互衔接的。这些内容可以当作"操作手册101"综述（标题：操作手册范围及各要素之间的关系）。

整合管理计划。详细说明如何设立整合管理办公室以及一些整合管理的建议（标题：组织、管理）。

整合计划过程。详细介绍基本整合阶段（如前期计划、执行）、尽职调查检查清单以及初步整合计划的格式库（标题：整合阶段综述；收集计划数据，如尽职调查检查清单、初步整合计划）。

执行和监督流程。包括所有工作小组的执行活动以及如何监督执行情况（标题：整合计划管理；整合管理流程）。

（2）**资源管理**。整合管理办公室的大部分时间必须依靠业务部门和外部顾问提供的资源。在跨国交易中，复杂性、资源需求、责任混在了一起。作为计划的一部分，资源必须从财务预算和更重要的承诺角度进行规划。在大部分情况下，内部资源还要承担日常运营的工作。规划和平衡资源承诺是跨境整合管理办公室主要的挑战和职责。

（3）**工作小组管理和沟通**。在计划到位后，整合管理办公室和每个工作小组必须接受管理，这是项目的监督和控制职责。在跨境整合中，特别要强调的是风险应对和规避、沟通和整合管理。在和各工作小组负责人召开的整合管理办公室会议中，对项目的近期进展、活动，即将开始的工作、突出的问题、需要的帮助、出现的风险和解决方案、当前和计划的预算以及资源状况进行跟进和管理。

整合管理办公室有责任协调、管理以及根据跟踪工具提供的信息采取有效行动。这些工具包括微软 Excel、谷歌电子表格以及更专业的管理工具，比如 eknow 和 Midaxo，这些都是为并购整合管理开发的专用软件。

（4）**并购过渡期服务协议管理**。当并购是对一个公司进行剥离时，整合管理办公室的一个关键职能是指派一个团队成员负责并购过渡期服务协议（TSA）的管理。这个重要职能是让收购方能确保标的公司执行交易条款，计划和管理好买卖双方的相互关系，达成双方确定的目标。对于出售方来说，在预签约阶段准备一份清晰的 TSA 清单，可以让他们清楚地了解潜在买方，消除交割之后的不确定性，并最终达成一个较高的出售价。此外，两家公司之间的信息移交要接受 TSA 管理，符合收购协议的法律条款。

（5）**方法管理**。整合管理办公室的另一个关键职能是确保整合团队采用的方法是一致的，并不断加以改进。确保工作小组遵循操作手册预订的方法和不断加以改进是首要目标。这可能会很困难，因为整合团队里有一些资深成员，他们经常按照自己的方式做事。在分散的跨国团队里，他们可以私下里那样做。一些人不按照确定的流程做事，可能造成很大影响。应该鼓励领导人在组织内部设立执行的样板，并且给出让全体团队成员采用标准化的做法。

（6）**技术与流程支持**。在整合过程中，整合管理办公室将持续监控结果是否达标和需要提供支持的任务。其中包括提供技术专家，让整合团队和买卖双方的其他专家取得联系以及确保通过流程和价值流，使跨职能部门能有效合作。一般来说，整合管理办公室要负责覆盖和整合所有需要整合的部分。

（7）**事后分析总结**。在一个整合项目完成时，整合管理办公室要和团队成员以一种平和的方式，讨论哪些工作做得好，哪些工作不理想以及哪些工作需要改善。如果掌握了足够多的信息，这个工作就会顺利进行。事后分析的挑战和经常被忘记的工作，是赶紧对教训采取纠正措施，并在下一个整合工作开始前，评估过往的经验教训。

（8）**作为卓越中心的整合管理办公室**。当整合管理办公室管理着多个项目或者正在准备即将进行的并购时，整合管理办公室可以承担卓越中心的角色。这包括使用计划、操作手册、工具和已吸取的经验教训：①为未来的整合提供指引，为交易团队尽早完成任务提供建议，在交易过程中考虑整合的要求；②完成对行业和内部开发的最佳实践研究；③确保整合团队成员在做计划和首日活动之前，做好对整合的培训和支持。

设立和运作整合管理办公室

在前一节，我们讨论了整合管理办公室在复杂整合项目中的典型职能。现在我们讨论如何执行这些功能，在跨境并购整合中达到最佳效果和获取长期价值。图 10-2 是一个标准并购整合生命周期——并购整合框架™，开发者是国际并购整合联盟。[7]

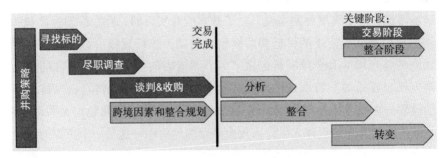

图 10-2　国际并购整合联盟并购整合框架™

相关阶段（交割前）

这个阶段提供了一些相关跨境并购的步骤。

建立章程　这个阶段的最优先工作是建立章程，并在项目执行过程中与管理团队、交易负责人和整合团队成员一起落实。除了向相关团队成员提供清晰的指引外，章程还要定出整合管理办公室和整体整合工作的最低目标。另外，章程还确立了整合管理办公室和整合团队在激励团队、购买和管理方面的权威。

整合管理办公室章程也为整合管理办公室奠定了基础和模板（见表 10-2）。要强调的是，章程和计划可能会过于详尽，以致变得太复杂和难以管理。重要的是聚焦跨境并购中需要特定整合和快速推进的方面。

表 10-2 整合章程

整合名称	描述	整合名称	描述
职责范围	描述适用范围	目标	整合的业务目标
责任人	负责的管理人员	关键成功因素	描述重要的成功因素
领导	整合负责人	相互关系	工作流之间及与外部因素之间的依存关系
团队成员	相关团队成员和角色	主要里程碑	列出各工作流里程碑和完成标准
外部支持	参与的第三方		

下面是一个简单的章程例子。注意，更敏感的内容可以纳入章程中，比如预算和量化的协同效应。但是，这需要考虑与参与并购的其他人沟通的需要。为了解决这个问题，可以为管理团队制定一份完整的章程，而"公开的"章程则删掉敏感内容。

章程和其他文件（特别是对于跨境并购），不应该只是当作一份书面文件或被埋在电子文件档中。章程应该通过各种途径进行沟通，包括：在沟通演讲中引用，作为并购整合工具，制成供团队成员参考的卡片，放在企业内部网上以及打印和贴在整合管理办公室（"作战室"）墙上。一个例子是将内容放在公司内部网上，应该考虑让全球的团队成员可以看到。在对外的章程中要限制地加入保密内容，以确保这个文件可以尽可能广泛地用于沟通和散播。

跨境考量：对于跨境并购来说，对于并购的真实目的，存在许多解读和一种怀疑说法。章程定义了清晰的目标和后续整合活动。执行过程应该依据该章程，它为新成立的整合团队和全球雇员提供了信心和清晰的指引。整合团队的角色定义和权限安排也很重要。特别是在跨境并购中，管理人员寻求将自己安排在尽可能有利的位置，在整合中企图有权控制自己的命运。章程中的角色定义明确了权限，有助于减少受到影响的管理人员介入权力争夺的风险——这是一个重要的考量。

设定整合管理办公室和启动第一项工作　以章程作为指引，整合管理办公室资源要早做安排，并且最好是在交割前的 120 天开始启动。如果内部资源已经到位，现有部分经营活动也应包括进去，那么整合管理办公室就可以正式运作，并由参与的交易团队成员确认交易逻辑和工作方法。同时管理和汇报架构也要在这个阶段确定下来。

一旦制定了章程，则应该尽早着手计划召开启动会议，在全体成员之中建立一个共同愿景。会议可以采取网络在线研讨的方式，以适应跨国企业——全球整合的实时参与者越多越好。所有关键的利益关联方都应该参加相应的整合团队。来自交易团队的代表也应该参加。这个收购方启动会议只是介绍与章程有关的资料，以及回答与计划工作有关的问题。这也可以让交易团队和整合团队就业务驱动因素的问题进行深入交流。

在启动会议之后，整合管理办公室负责人与交易团队密切协作，为整合工作收集尽可能多的信息。由于交易负责人的首要工作是完成尽职调查、谈判以及采取收购行动，因此这个工作是非常困难的，参与整合工作经常会被排在后面。跨境并购的另一个挑战是交易负责人通常处在不同时区，很难同时进行对话。整合管理办公室负责人必须想办法收集信息。另外，由于标的公司的大部分信息在交割完成之前是不公开的，如果在交割完成之前需要交换信息，一个值得考虑的做法是建立一个隔离团队和隔离办公室。这样就可以取得有利于整合的一些敏感信息，但是必须明确的是，如果交易失败，这个隔离团队的成员可能会受到限制，在一段时间内不能回到标的公司或收购方去做原来的工作。

在收集信息的同时，需要采取的行动还包括分析关键员工、讨论留置员工的补偿、安排工作岗位以及公布领导层人员。公司安全、沟通、品牌活动、设施、人力资源以及产品准备都应涉及。除了建立必需的常规档案，还应召集关键客户和供应商开会。

跨境考量：整合管理办公室的设立是一个混乱阶段，因为要在计划还没有完全做好、信息收集途径没有确定的情况下着手设立。这其中又间杂着文化差异、全球分布的工作地点以及个人想在新环境中留下自己的印记。为了战胜这些挑战，则需要出差到各地召集会议，应该尽量使用协同工具和视频会议解决沟通问题。收购方启动会议很重要，而且应该包括所有重要的整合管理办公室参加者和从交易团队转移过来的资源——这是根据整合章程建立整合标准看法的一个难得机会。

制订计划　很多经理人把计划和微软 PROJECT 里的计划图（甘特图）混淆了，这只是一份完整计划中的一部分，我们所说的计划是指沟通计划、风险应对计划、资源管理计划等。在大型交易里，计划应该非常详细。但是，对于较小的交易来说，计划可以非常精炼，甚至可以只是表格或整合管理软件上的几行字，关键是计划内容和需求得到有效表达，实质重于形式。造成整合管理办公室效率降低的一个成本高昂的误区是沉溺于基本无用的烦琐复杂的文档之中，整合团队将看轻整合管理办公室的价值，而团队中的个人则以满足自己目标的方式发展，反而无法达成最佳整合效果。应该尽可能简单有效地制订不断完善的计划。

四个影响跨境并购计划的更重要的方面是：人力资源、沟通、风险和整合。这些计划领域的进一步说明如下。

（1）**人力资源计划和配置合适的团队。**人力资源工作计划对于每一个整合来说，都有相当高的难度。下面是一些需要考量的方面。

项目与运营专家。高级人力资源，特别是总监级别，应该被筛选出来领导整合工作。但一个挑战是，这些人的技能可能更聚焦于操作而不是项目，可能没有充分准备好来满足整合计划的紧凑时间表和任务要求，此时就会出现问题。要认识到这个问题，就要确保在整合管理办公室运行前，对项目管理的基本要求得到评估和理解。如果项目管理的基本要求没有得到充分的沟通和认可，特别是在国际化环境里，这些要求有很大机会无法得到满足。如果出现了项目管理能力的缺陷，则应考虑用从事项目支持的其他人员协助这些专家。

内部资源与外部顾问。一切都是平等的。熟练的内部整合人员会比外部顾问更受欢迎，因为他们对内部情况非常了解，而且直接受益于成功的整合。然而，外部顾问可能在引入并购整合的最佳实践和推动整合完成方面仍是必需的。顾问更习惯于短期项目、加班和跨国项目所需的差旅。

时间承诺。在考虑内部人力资源时，也要懂得他们很有可能在矩阵式组织工作，同时向现在的业务主管和整合团队报告。由于他们的激励主要来自自身的岗位，当出现预料之外的运营事件或预计工作量改变时，这些人将首先完成自己的工作。在项目资源计划阶段，要确保有足够的时间。如果可以将整合团队财务上的收益与整合成功联系起来的话，则应该这样做，以降低运作执行中的偏执。

总部人员和本地人员。进行跨境并购时，必须考虑到地点问题。当地整合人员对于获得整合活动的一手信息和利用本地经验及文化是非常重要的。两个要考量的方面包括：①面对面的协调和计划会议；②定期检查以确保当地人员按照时间表进行整合。可以考虑采用可以传达表情和手势的意思的视频会议而不是电话会议，以提高沟通效果。

派用收购方人员和标的公司人员。在交割结束前，标的公司的人员通常因为保密原因而不能被使用，但是，人力资源计划应该考虑在交割完成之后，标的公司人员如何参与进来，这些人员有助于设定协作和国际文化整合。这些人员也可以提供对标的公司文化整合的见解。

（2）**沟通计划**。如果没有做出系统的计划，沟通很可能出现漏洞。员工会假定出现了最糟糕的情况，停止正常工作，而且离职的风险更大。沟通计划至少要用到沟通矩阵，确定受众和沟通何时以及如何开展、要沟通的内容以及谁负责沟通。计划工作必须考虑对内外部听众有一致的谈话要点。在跨境并购时，合规问题也必须考虑到，比如公布时间要考虑股市信息披露（如果是上市公司）的时间以及和不同时区的主管沟通时间。要留意临时雇佣员工，他们因为时区关系可能无法联系上，要为这类员工分别制订计划。

整合管理办公室应该计划好首日活动和交易公告的主要沟通要点。对于这项沟通活动来说，管理层的现场参与是非常重要的。当并购活动涉及全球多个地点时，视频直播会议也是一个不错的选择，在场的代表可以提出问题，并对回应做出反馈。计划应该包括活动和与文化有关的议题。表10-3给出了一个简单的支持和沟通矩阵。

表 10-3　简单沟通矩阵：示例

沟通	目的	工具	听众	负责人	批准人	频次
沟通类别	为何需要沟通	通函	供应商	负责发展和完成相关工作的人	在发布之前需要先评估的人	每周
		电邮	客户			每季度
		网络会议等	内部团队等			临时按需

（3）**风险和风险应对计划**。风险应对计划要考虑并购中来自不同地区和职能部门的主要负责人的意见。要掌握的内容包括风险、发生的概率、影响、如何监控以及采取什么措施预防或规避风险发生。风险矩阵中的信息在风险计划中的表现形式包括风险如何追踪和报告以及谁负责风险预防和应对（见表 10-4）。

表 10-4　简单的风险矩阵：示例

风险	影响	可能性	优先顺序	应对方法	矩阵	负责人
风险类别	哪些会受到影响，影响严重性程度	风险发生的机会	重要性：相对于影响 X 的概率	如何避免风险以及在发生时如何解决	如何监控风险发生的潜在因素	负责监督风险的人

在风险计划中，风险矩阵和相应的跟踪活动可以在整合管理办公室的会议上落实。目标是跟踪风险并在问题发生之前解决，关键结果是一个可测量和执行的计划。

（4）**综合计划**。综合计划是整合管理办公室的一个关键目标，而且从工具和模板的角度来看，计划也是最不可见的活动。一个启动综合计划的简单方法是举办一个启动研讨会，在白板上确认特定整合范围内的所有核心职能以及确定这些功能之间的相互关系和时间节点。作为计划的第二步工作，把这些整合工作看作一个整体，确定企业外部职能、人员和系统与这个整体互动和合作的要求。一旦完成这些工作，就可将结果编入整合操作手册、甘特图、关联矩阵以及内外部团队的会议讨论中。不太重要的是建立独立的综合计划文档，更重要的是把讨论的综合整合计划结果纳入所有其他计划、整合管理办公室会议和行动中。综合计划要顾及各方面，确保计划覆盖到所有整合领域。

跨境考量：在规划一项跨境整合项目时，沟通是非常重要的，因为国内团队可能在做计划时用"黑匣子"方式保护自己的自治，防止被监督，从而导致协调变差。重要的是授权当地的国内团队参与整体规划。在与总部的团队协作时要鼓励透明和持续沟通。文化方面也是很重要的。在一些文化里，对计划说"是"而不执行，而在另一些文化里，会拒绝第一次提议，拖慢计划和执行过程。对于这些情况，建立整合管理办公室管理和流程是第一步。这个流程不要太烦琐。应该采取"边做边完善"的方式。这是什么意思呢？我们介绍两个例子。

（1）一些文化可能会对计划说"是"。在这种情况下，计划进展顺利，但是关键反馈无法获得。在执行计划时，进展并不顺利，出现了很多未曾预料的状况。最糟糕的情况是，回复是"我们在执行"却没有结果。要及早发现这种情况，让参与者在计划中查找问题。鼓励参与者对计划提出意见，甚至是反对意见。质疑和问责那些在计划阶段没有提供重要反馈的情况。在执行计划时，采用量化的标准进行跟进。不接受"我们正在执行"，深入追究哪些计划已经完成，哪些在执行中，哪些在计划中。不接受那些对整合没有帮助的含糊其辞的回答。

（2）对于那些退缩是第一反应的文化，需要进行清晰的沟通。一个关键方法是挑战那些退缩的参与者去解决他们认为疑难的问题。这是一个导向协作的简单方法。既然我们要求快速行动，那么就有可能需要召开专题会议，系统性地确定所有关心的问题。重要的是不要拖延对解决方案的讨论，因为这样会导致整合管理办公室无法发挥作用——时间是很重要的。

确保计划的一致性　在跨境并购中，要对应对突发事件的准备和计划的激进程度进行深入评估。一些地区从未把达成计划作为一项标准，其他地区则过度激进，有些则过度保守，所以要考虑各个不同地区和读者所在公司的文化。要建议计划的基本标准，并不断加以调整。整合必须快速推进，而在推进之前，团队并没有得到全部答案。基于这个原因，对于偶发事件要加强风险管理。在做计划的时候，如果可以在简单方法和复杂方法之间进行选择，在同等情况下，应选择简单的解决方法，制订计划和应急方案，并经过调整，达成最终目标。

制定操作手册　操作手册是一份不断更新的文件，是整合活动的框架性文件。操作手册可以让整合团队更容易理解整合的组织和活动。整合管理办公室的职责是确保整合团队成员遵循操作手册规定的标准流程，在流程被改善之后，及时更新操作手册。在更新手册时，国际团队成员的参与是确定其认可、实施和不断成功的关键。这个持续不断的改善过程不仅对现有整合项目有帮助，而且奠定了未来并购整合成功的基础。

表 10-5 列出了操作手册的典型内容，加入了有关跨境整合的内容。

表 10-5　操作手册内容

操作手册章节	典型章节内容	跨境方面的考量
目的与范围	整合战略与目标 操作手册范围 / 用法 指导原则 交易完成前法律指引 整合管理办公室与团队规章 整合管理办公室启动会议议程 战略框架	由于存在地区和文化差异，每个整合参与者对于整合目标和范围有不同观点。关键是评估每个地点的不同观点，用清晰明确的说法澄清如何理解整合

（续）

操作手册章节	典型章节内容	跨境方面的考量
整合管理计划	治理模型与流程 整合管理办公室角色与职责 整合管理办公室架构 职能组织模型 观念导入 整合领导人标准 整合资源模型 职能工作计划 首日框架规划 沟通计划 / 矩阵 跨职能关系图 来自其他计划的要求信息	在地区层级而不仅是总部整合办公室层面清晰定义管理计划。任何地区层级上管理计划的疏漏都会导致各行其是，导致行动不受整合管理办公室控制。应该在地区层面建立完整的总部统一的计划，而不是任由地区采取冒险行动
整合计划流程	整合需求的收集流程和清单 整合流程尽职调查 数据收集流程 / 模板 人才评估工作表 文化与变革管理 头 30/90 天计划模板 挽留人员计划表 交易情境矩阵 培训与定岗 工具评估标准 工具使用指南 向上汇报的流程和规定 员工沟通计划 剥离计划模板 优先工作任务表	规划工作要持续进行。经过整合的国际团队应该了解如何持续一致地更新计划。最佳做法是用简单流程和执行清单沟通计划细节。这个工作应与培训结合起来，培训要及时，运用合适和容易获取的资料（文档、视频等）。要注意的是，尽可能简单
执行和监督流程	整合管理办公室周会结构 / 议程 整合现状"仪表盘" 职能状况报告模板 整合管理办公室行事历 协同效应识别与追踪 整合管理办公室预算 计分卡与测量 最终目标跟踪 事项 / 风险日志 首日 / 周计划 首日任务清单 事后评估（经验总结） 员工调研 计划或项目内容变更申请 风险评估	要把各个整合工作流进展情况收集起来再整理好是极为艰巨的，要简化监督工作，用统一的汇报模板和格式，不要重复，要自动化，尽可能采用闭环控制。未完成的原因需要注明，特别是在跨国情况下，要确保这个流程容易执行。对于执行也是如此，如果团队需要做附加工作才能解读执行活动，就会增加摩擦和误会，应尽可能采用任务清单

在创立和计划阶段使用技术工具　技术工具既可以成为助力，也可能成为

绊脚石。市面上有一些很棒的工具可以支持完整的并购周期和并购整合，诸如 Midaxo、eknow、Deven 和 IBM 等公司都有现成的并购整合工具。这些工具有助于建立一致的流程，尤其是在进行系列并购计划时，应该采用这些工具。然而，不建议在整合管理办公室设立和计划阶段评估这些工具，而是应该在之前就考虑好，以便不会对整合团队造成在额外变化管理和学习适应方面的额外负担。

手工操作的独立工具，比如微软 Word 文档、Excel 电子表格、谷歌文档等，是经常用到的工具。这些工具通常有些缺陷，而且不利于文件共享。在跨境并购项目中，风险会被放大。当使用更多手动工具时，要考虑结合其他系统的使用，比如 SharePoint、Office 365、Google Drive、Team-Work 等工具。如果读者所在的公司愿意把文档存储在云环境中，应该对访问权限和保密性进行评估。只把这些文档存放在一个在线系统上，还不足够好。仪表盘可以在一页纸上展示整合状态和与重要文件之间的链接。在很多情况下，一个简单的 HTML 格式仪表盘就足以胜任。这里最重要的是，所有成员都应知悉，能够方便地登录这个系统中并提供有关整合项目的信息。

最后要考量的是使用读者所在公司现有的流程和项目管理工具。尽管整合具有战略性高度，它仍是一个项目。如果能够用好工具，则可以实现从整合到运营活动的无缝转变和过渡。

首日：启动整合与分析阶段

祝贺你！你现在开始管理一个全新的国际化组织。此时要开始两个阶段的工作，一个是执行之前为整合所做的计划——整合阶段。另外，由于可以接触到人员、流程、技术和新组织等全套数据，因此可以进行进一步尽职调查分析——我们称之为分析阶段。在分析阶段，我们在新信息的基础上又可以进一步完善整合计划和操作手册。整合和分析阶段是同时进行的。

首日的整合阶段

首要任务是启动整合阶段；这包括了沟通计划中涉及内部员工和外部受众的所有沟通工作，比如客户、供应商和合作者。要召集全体整合团队成员开会，整合团队成员要扩大到整个组织（收购方和被收购公司）。通常整合启动会议可能因为需要获得额外信息而被推迟。不要掉入这个陷阱，因为团队成员在这种情况下，特别是在一个分散的国际化商业文化环境下，会开始采取未经指导的行动。要尽可能地让世界各地的团队成员参加网络会议，设定尽可能一致的预期目标。

首日整合阶段应关注以下方面。

- 关键"不可中断的"任务。
  - ◆ 财务、税务、法务、知识产权、跨国资产移交、税务和法务记录、资金、银行联系人、信用卡支付资料、薪资发放记录以及保险。
  - ◆ 全球员工名单和高风险人员。
  - ◆ 首日需要接手的销售、服务和客户支持变更。
  - ◆ 技术任务，如电邮、电话号码、电话树（分机）、在线服务号。
  - ◆ 财产安全和信息安全。

首日沟通（提前规划）。

- 品牌宣传。
- 新印的宣传册。
- 供应商、客户、投资者信函。
- 内部团队沟通资料。
- 谈话要点——发放给员工。
- 整合启动会议讲演稿（稍后讨论）。
- 语言翻译（如需要）。

整合启动会议讲演稿。

- 章程上的内容。
- 全球角色、参与和承诺。
- 管理模式。
- 信息沟通矩阵。
- 概括性的整合计划（或计划大纲）和关键里程碑。
- 风险、相互关系和待完结事项。
- 首日及之后即将采取的行动。
- 全球考量，隐私考量。
- 对需要团队成员更新的工具的评估（项目内部协同工作网站、管理工具等）。
- 有关整合的其他信息。

其他行动：上述事项之外，首日应重点关注的活动。

- 协同工作及目标。
- 组织规划。
- 支持价值驱动因素的项目（销售、运营、员工留用等）。
- 有助于维持业务连续性的目标。

首日分析阶段

跨境整合中，需要考虑一大批来自世界各地的新信息。你现在可以接触到更多信息以及被收购公司的许多员工，他们会影响你们的讨论，进一步加深对整合软技能的理解，比如每个国家的态度和领导风格。对于以下影响你活动的任务要采取行动。

- 审阅所有新文件和信息，确定对整合（包括财务和商务）的影响。
- 考虑启动会议中得到的反馈。
- 评估被收购公司正在进行的项目。
- 与标的公司每个员工会面，了解他们的看法。提出开放式问题，听他们表达自己的看法。最好是获得以下信息：
  - 他们是愉快、担心，还是没有得到足够信息？
  - 他们认为整合计划是否现实可行？如果否，原因是什么？
  - 他们是否预见到了挑战或风险？
  - 是否有内部政治或本地问题需要解决？
  - 他们是否了解整合团队需要知悉的其他事宜？
  - 他们对自己在新组织的角色变化是否满意？

要为大量出差做好心理准备。在这个阶段，重要的是面对面和一对一的会议，尽可能全面评估整合活动的影响。

对于计划、优先级、马上可以完成的工作、风险、谈判等事项应该在分析阶段进行更新。激进的当地团队将开始做出决定并向前推进，不同国家的文化将开始显现差异，而沟通上的分歧可能大量出现——首日是一段混乱时间。要随时准备对你的初步计划做出合理修改，但是不要忽视你在交割日前的规划阶段的管理。这是一个关键时期。如果需要改变管理或整合流程，要做出合理改变并做好沟通工作。整合管理办公室必须表现出（应该是）全面的控制力。

本章小结

根据本章所述内容，读者应该了解：

- 整合管理办公室的目的和重要性；
- 跨境整合管理办公室计划和操作手册的内容；
- 交割日前和整合首日；
- 整合管理办公室的主流实践；
- 首日的主要活动。

注释

1. Global PMI Partners, Cross-Border M&A Integration Survey, November 2015.
2. Stefan Hofmeyer and ModalMinds, 2013 M&A Integration Survey, published by Stefan Hofmeyer, San Francisco, CA.
3. Project Management Institute, *Project Management Body of Knowledge* , 5th ed. (Newtown Square, PA: Project Management Institute, 2012).
4. Scott Whitaker, *Mergers and Acquisitions Integration Handbook* (Hoboken, NJ: John Wiley & Sons, 2012).
5. Project Management Institute, *Project Management Body of Knowledge*.
6. Whitaker, *Mergers and Acquisitions Integration Handbook*.
7. Global PMI Partners, *Acquisition Integration Framework* ™ (AIF), 2015.

第 11 章　跨境并购中整合决策的制定与流程策略

◎斯蒂芬·霍夫迈耶

□ **学会思考**

　　┊ 跨境决策的领导风格

　　┊ 决策所用的工具

　　┊ 流程设计的有效循环

　　┊ 流程设立和改变的最佳做法

　　┊ 正式终止一个流程的标志

　　┊ 支撑整个流程的时点把握和整合技术

□ **本章概要**

　　本章首先讨论导致跨境并购成功的重要因素。然后讨论领导力风格和相应的决策方法，通过介绍决策工具，强调了流程设计和变更，并最终做出评估总结。

决策的准备和本地化

　　在整合流程中，与整合有关的决策是在一个组织的各个层级做出来的。即便小的决策也会带来很大的影响。雇员对影响到他们长期工作的最小的决策都很敏感，如果他们没有被安排承担责任，如果他们没有得到想要的控制权，或者感受到领导人的决策能力很弱，那么他们更容易采取与公司战略不相适应的行动，而且一旦被挑战，可能就会感到沮丧并离开公司。

　　决策的方式很重要，有时会比决策本身更重要。当我们想要适应跨境并购的新文化时，有时候会感到很难适应超出我们舒适区的决策或流程策略。最近一个例子是一个美国经理人被派到德国领导一个整合团队，这个决策应该慎重。人们的印象是美国经理人的行动很迅速，有些强势，对于当地人的反馈不敏感。如果从这样的刻板印象出发，这位美国经理人所做的决定会带来消极抵抗。采取适应当地的决策做法，比如更包容、民主和透明，是非常重要的。

为了解决跨国环境下的决策问题，重要的是评估当地的决策方式，根据需要调整决策风格，并沟通决定和流程为何改变以及如何改变。从区域角度理解公司环境也非常重要。表 11-1 提供了一个决策评估框架，可用于评估公司环境。

表 11-1　决策评估框架

收购方的决策流程	标的公司的决策流程	决策流程脱节和误区	决策流程的形式	领导风格
特征	特征	行动	行动	行动
通常作为决策流程	与收购方流程有联系	弥补脱节和误区	权衡形式与速度	考量个人、企业和国家的影响因素
要求与标的公司决策流程进行协调	充分理解以避免地方自作主张	确保透明度符合 RACI 图	评估形式的成本和收益	考虑领导/团队是否不匹配

建立一个决策制定方法需要完成以下各方面的评估。

收购方的决策流程

对于收购方现有决策流程的深入了解有助于提高整合效率。整合的决策流程将最可能遵循收购方的流程，而且是最有效的，除非并购被当作改变收购方的一个事件，或者是仍保留标的公司独立经营。

如何评估。 了解现有的决策流程，也要了解这个流程有多正规或不正规以及特定管理者在决策中的作用。与团队成员个别讨论，了解他们对决策流程的看法——在很多情况下，读者会发现他们有不同的理解。这可能是由于组织内部不同的子文化，差异分散而不集中，或者只是因为缺乏了解。在确定整合的决策结构时，要考虑到这些情况。

采取的额外行动。 第三方和新雇员通常没有充分了解决策是如何制定的。作为整合团队启动会议要讨论的部分内容，应该清晰地说明决策流程，并让所有人理解这个流程。必要的时候，要记录这个决策流程，并使用诸如 RACI 图（本章表 11-4）这类工具，对决策流程进行简单明晰地沟通。

标的公司的决策流程

标的公司的决策流程也应该充分了解，以确保所有整合参与者明了标的公司的决策如何对接或与收购方的决策结合起来。这对于确保新并购后的机构有更大的透明度起到了重要作用。当标的公司被充分吸收时，这个评估决定了变革管理应关注的领域。

如何评估。和收购方一起，个别会见筛选后的标的公司团队成员，了解他们对决策流程的理解以及对并购的期望值——读者可能发现需要协调参与者之间的不同理解。如果是独立整合，要特别注意如何改变决策流程，以适应收购方部分或全部流程。对那些因为地区或公司差异而很难改变的问题要记录下来。

采取额外行动。来自标的公司的整合团队成员的投入是非常重要的，因为他们需要做出最大调整，而且也必须为他们的团队成员树立学习的榜样。要确保他们充分了解收购方的决策流程，了解对反馈和进一步完善的要求，在可能的情况下，要把他们视为这个流程的牵头者。

决策流程脱节和误区

跨境交易情况下的一个常见挑战是整合团队，特别是来自标的公司的团队。如果不了解决策如何制定以及为何做出某个决定，将会降低大家对新组织的信心，而这种状况会蔓延整个公司，造成士气低落、消极对抗以及员工离职。在这些情况下，当地的团队成员可能用不准确的，甚至会对决策产生负面影响的知识填补这个空隙。

如何评估。为了评估这些问题，要让买卖双方的团队成员一起评估决策流程。这些会议有助于确保大家从决策发起到决策执行，有一个全面的了解，并识别和解决其中的衔接问题。

采取额外行动。透明度和对决策衔接及误解问题的认知为整合决策的制定和改善奠定了基础。应特别留意可以改进沟通的领域。可用于评估的方法是 RACI 图（或 RAM 责任分配矩阵图），本章稍后介绍（见表 11-4），这可以让团队成员了解哪些人负责、承担责任、可以咨询和需要告知。

决策流程的形式

决策流程的正规形式可以澄清混乱，但也可能降低整合速度和被收购企业的效率。大部分小型初创企业或新兴国家的企业管理不太正规。如果强制要求这些企业执行更严格的流程，可能导致低效率和降低竞争优势，或者规避管理，造成流程脱节，应该让流程正规化与速度之间的最佳平衡充分讨论、理解和建立。

如何评估。如果收购方进行了一系列并购，可能已经形成了正式的决策流程，要么可能已经形成了文件，要么至少得到了默认。正规化可以通过与有经验的整合参与者测试这个流程并进行评估。对于并购新手公司来说，决策流程的正规方式可以参考其他类型的业务整合活动。

采取额外行动。决策流程的正规方式应该建立在对合并企业适合的层面。一个不错的经验法则是从一个比较正式的决策流程入手，逐渐根据工作需要加以正规化。在整合开始时的非正式决策，如果不知道相应结果，会明显损害一个组织。注意，网络协作工具、检查清单以及其他形式的效率工具，应该在合适的地方使用。一旦大家了解了决策流程的正规方式，应该评估它被合并的组织接受的程度。通过面谈和开会，可以识别风险领域，确定风险应对方法，特别是与消极对抗相关的风险。如果正规方式没有带来附加值，或者被视为官僚化或增加了负担，应该做出改动。

领导风格

除了本书第 7 章提到的文化角色，重要的是考虑跨境整合中的常见领导风格，确定如何管理整合以及新的组织如何运作。下面是一些领导风格的简要介绍，可以为读者的评估提供一些指引。

民主型领导。领导在决策时让所有人参与决策流程，决定做什么以及应该如何去做。小组领导有权做出最终决定。⊖

独断型领导。这种类型的领导是由一位领导全权负责，具有全部权力，不允许其他人做决定。⊜

放任型领导。一种非独断型领导风格。放任型领导尝试对下属给予尽可能少的指导，并尝试通过不明显的方式达到管理目的。他们相信人们在以自己的方式承担责任和义务时，会表现得更加出色。⊜

交易型领导。一种建立在对下属提出清晰目标基础上的领导方式，通过使用惩罚和奖励，促使下属达成目标。⊜

变革型领导。这种类型的领导是由领导确定需要做出的改变，设定愿景指导变革，并通过激励，在下属的支持下执行变革的一种领导风格。⊜

父爱型领导。一种包办式管理风格，通常被强势男性领导人采用，他们的权力被用于控制和要求下属忠诚顺服。具有父爱型领导风格的经理人可能适合具有

⊖ 有关民主型领导的一个定义，参见 www.businessdictionary.com/definition/democratic-leadership.
html。

⊖ 有关独断型领导的一个定义，参见 http：//dictionary.cambridge.org/dictionary/english/autocratic?
a=business-english。

⊜ 放任型领导定义见 www.businessdictionary.com/definition/laissez-faire-leadership.html。

⊜ 交易型领导定义见 www.businessdictionary.com/definition/transactional-leadership.html。

⊜ 变革型领导定义见 www.businessdictionary.com/definition/transformational-leadership.html。

更正式和层级结构的组织，在那里往往不要求员工有创造性思维。[⊖]

混合的领导风格通常存在于各个组织和国家中。对于并购的快速发展来说，应该尊重这些风格，了解这些风格如何影响决策及决策的接受性。要警惕这些领导风格在新环境里对团队产生的影响。下面讨论一些跨境并购中常见的领导风格产生的影响示例。

民主环境中的放任型领导风格。 考虑一家北欧式的、放任型领导风格的公司收购一家德国民主型领导风格的公司。放任型领导需要提供更多指导，或者民主型团队需要更积极主动地参与决策。

独断环境中的民主型领导风格。 考虑一家比较传统的中国企业被一家欧洲企业收购的情形。民主型领导需要做出更多独断决策，同时要加强开放式沟通。

变革环境中的交易型领导风格。 考虑一家印度公司派遣一名交易型领导去收购具有变革风格的一家以色列初创企业。被收购的团队可能觉得缺少当地的决策和授权。要考虑让被收购企业单独做决策，同时以正式的对接方式与收购方汇报，以保持母子公司结构。

父爱环境下的交易型领导风格。 考虑一家美国制造型企业收购一家拉美具有父爱管理特点的企业。在这种情况下，被收购公司的领导者可能需要采取特殊管理，因为团队的激励和决策将转向更多由交易标准驱动，而取代了原来的服从行为。

这些只是跨境并购情况下几个领导风格冲突的示例。注意一家企业的领导风格不一定反映了该国领导风格的潮流。对于每家企业，都应该根据其独特的风格进行评估和管理，确保决策尽可能地发挥效力。

主要决策工具、方法以及最佳实践

获取信息、过滤信息以及有条理地讨论并做出合理决策的行动，有助于加强在个人、公司和国家差异方面的沟通。下面是用于将决策效率最大化的常见的决策工具。这些工具被广泛用于管理，比如整合管理办公室（见第 10 章）。这些工具不一定很复杂，实际上，越简单越好。

复杂决策的网格分析

跨境决策的制定非常困难，这是因为沟通和管理风格多变，而且可能出现缺乏共同理解的情况。

尽管决策可能对你来说过于正式或太简单，网格分析表仍是一个最佳工具（见

⊖　父爱主义领导定义参见 www.businessdictionary.com/definition/paternalistic-leadership.html。

表 11-2 ），可以用于决策制定。更具体地说，用于总结优先要达到的目标，统一多样化的团队的思想。网格分析的好处是能够清晰了解以下方面：

- 要完成的工作；
- 工作优先顺序；
- 对先后顺序标准的理解。

表 11-2　网格分析表

工作	提高收入	降低成本	扩大市场	其他[1]	评分总和
工作权重	5	3	5	2	
工作 1	4	6	2	4	56
工作 2	10	5	7	3	106
工作 3	2	9	3	10	72
……					

①所需的其他标准。

确定工作内容讨论会　确定工作内容，团队成员聚在一起，对要完成的工作达成共识。一个例子，假设我们内部认为应该实现并购协同效应。在召集主要整合团队成员和利益相关方的会议上，我们先列出所有要做的工作。在大多数情况下，资源是有限的，而且只能在整合初期完成一部分工作，所以需要排出优先顺序。

在我们这个例子里，列出所有要做的工作，这是规划的基础，有助于确保不会出现团队成员隐藏或私下做的项目。

标准和标准的权重　下一步是共同确定优先标准。本例中，标准应该考虑业务驱动因素和协同效应，比如"提高收入""降低成本""扩大市场份额"等。为了让快赢项目脱颖而出，可以加入一些额外标准，比如"易于执行"或"执行时间"。最佳的做法是有 3 ~ 8 个优先标准来对应公司目标，这些标准应该是独特的，或者尽可能不相互重叠。例如，同时采用"易于执行"和"执行时间"，会出现明显的重叠，则会将重要性加倍，从而影响到排序结果。

在确定了标准之后，将每个标准分为 1 ~ 5 分或（1 ~ 10 分），确定每个标准相对于其他标准的重要性，5 分为最重要。在本例中，我们认为并购的业务驱动因素主要是与扩大市场份额和降低成本有关。在这种情况下，"扩大市场份额"可以是 5，"降低成本"可能是 3。

在这个流程中，确定标准和设定权重并不是非常精确的。这样做是可以的。建立共识对于确定标准和权重具有重要价值。这样可以在整合决策者和内部团队之间建立清晰一致的理解。在完成这些工作之后，就可以为每项工作打分了。

工作评分　工作评分就是根据相关标准为各项工作打分，比如："在 1～5 分，以 5 为最佳，这项工作对扩大市场份额有多大帮助？"打分最好由一组高层决策者当场完成。开始时，这个做法可能会看上去有过大杀伤力，各项工作的评分者会根据自己的偏好和标准打 1～5 分或 1～10 分。但是，通过实时交流，每位决策者的优先顺序和观点都要经过集体讨论。这个过程不只是有助于把事实搞清楚，更重要的是让大家深入了解了每位决策者的思考过程。

在评分结束之后，每项工作将有一个总分数，这为后续工作提供了清晰的路线图。可以对评分结果进行排序，确定哪些工作需要先做，哪些可以放在以后去做。

重复以上步骤直至达成共识　在给工作排序之后，结果大多数时间会让参与决策的人感到惊讶。很多情况下被认为最重要的工作，反而没有排在第一位。此时，参与者既不能落入只按分数排序的陷阱，也不能放弃网格分析方法。这时候应该回到标准和标准的权重，看看为什么会得出这样的结果，可以根据共识继续调整数字。这个练习的目的不仅仅是用一个工具得出排序，它的目的是让团队通过一个有组织的达成共识过程，确定优先顺序和做出决定。

帕累托分析、二八原则、鱼骨图和 5W 法

帕累托分析、二八原则、鱼骨图和 5W 法都是很好的工具，可以用于评估根本原因和决策风险分析。

帕累托分析 / 帕累托图。正如图 11-1 所示，帕累托图通过计算发生的频次，可以识别当前决策中的主要原因或风险。画出柱形图，按照频次排序，画出累计频次曲线。可以从中看出，哪些方面最重要。

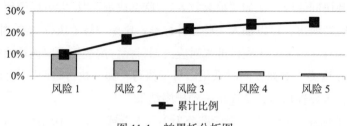

图 11-1　帕累托分析图

二八法则。此法则来自帕累托分析，人们认为二八法则是正确的，即 80% 的问题源于 20% 的主要原因。

这个经验法则有助于让决策聚焦在影响最大的方面。采用帕累托分析，或者只用其中的二八原则，就能准确发现问题。

鱼骨图（又名石川图）。如图 11-2 所示，鱼骨图（Ishikawa diagram）分析了事件发生和发展的原因。这个图不仅有助于识别风险，而且还由于它解释了因果关系，这对决策颇有帮助。

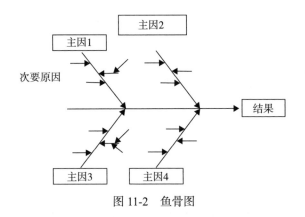

图 11-2　鱼骨图

5W 法。如果一个团队成员提出他需要一个决策来执行一项行动，你只要像你的孩子刨根问底地问你问题那样问 5 次"为什么"，就能找到需要关注或决定的重要原因了。

这些工具各有用处。决策可以根据观察现象和实证数据做出。这些结果对于做出决策很有帮助。另外，只是知道这些工具，就可以让你用一种新的有条理的方式，考虑决策和问题。

决策时点

在跨境整合中，有很多微妙的方面有助于提高决策成功机会。下面是从实践中获得的一些经验教训。

时机很重要。过早决策通常缺乏足够多的信息，取得成功的把握不大，进展缓慢，决策之后，有很大可能需要做出改变，这会影响到决策者的可信度。过晚启动变革通常会导致返工，造成整合团队的挫折，形成"忽快忽慢"的情况，影响整合的时间、成本和质量。

与其他整合活动一样，决策时机应该做好计划。由于事情和问题很多，必须和项目计划中的其他活动一样，评估其时机。当信息和条件具备时，应该在正确时点做出决定。

跨境决策的政治考量

在跨境情况下，即便是最小的决策，也会有政治方面的影响。在这种条件下，不同之处在于理解每个整合参与者如何评估、批准决定以及决策会对他们产生怎样的影响。

- 参与者个人是否会受到决策影响？
- 他的团队会受到这个决策的影响吗？
- 这个人是个凡事赞同的人，还是一个凡事推托的人？
- 个人是否是消极的，即在行动之前不会反驳决定，之后却什么也不做，或者反其道而行？
- 小组决定是否由说话最大声的那个成员做出？消极的决策者不表态的真实意思是否是"不"？
- 决策者是否说"是"但不执行决定？

对于这些情况必须巧妙地加以评估和处理，否则会严重影响到整合的后续工作。

闭环决策

闭环决策是指对决定的执行情况进行跟进，评估其产生的影响。在大型跨国整合流程中，决策很容易在推诿中被搁置。重要的是将闭环决策用一个标准流程纳入管理，比如工作小组会、整合管理办公室日常例会以及整合监督委员会会议。

闭环决策步骤

（1）**制订一份决策清单**。制订一份待决定的清单，包括提出决策请求的人、需要做出决策的人、到期日、优先级以及与决策相关的注释（见表11-3）。

表 11-3　决策清单

决策	提出人	决策人	到期日	状况①	优先级②	注释
决策 1	名字	名字	日期	<O, C, H>	<H, M, L>	注释
决策 2	名字	名字	日期	<O, C, H>	<H, M, L>	注释
决策 3	名字	名字	日期	<O, C, H>	<H, M, L>	注释
……						

①＜进行中，已完成，暂停＞。
②＜高，中，低＞。

（2）**整理**。在很多情况下，决定一旦被视为是重要的和战略性的，很快就会从雷达上消失。重要的是说明这类情况，并正式了解这个需求。这样有助于确保那些话题不再被提出。

（3）**跟进待定的决策**。在某些情况下，重要决定因为以下原因而未做出：①涉及面广；②需要其他人帮助；③时机原因。重要的是用一种系统的方式，跟进这些活动，以确保项目不脱节。

（4）**制止错误决定**。尤其是在跨国情况下，经理人可能很激进，自行做出决定，事后再寻求谅解。一旦出现这种情况，应该及时制止。这样可以保证整体透明以及整合处于受控状态。如果决定是与整体整合或交易驱动因素相反的，则应该停止执行。

（5）**总结**。这是闭环决策的最后一步。好的决策应该跟进，以确保它们在整合流程中可以复制。一般或糟糕的决策也需要跟进，做出补救或吸取经验教训。在大部分情况下，这些决策被草草对待。尽早设定预期，以便及早跟进，有助于形成一种从决策中吸取经验的文化。要尽可能总结可以量化并有助于获得协同效应的结果。

协同效应对应

把每项整合活动画成一幅视野明确的协同效应图（a line-of-sight synergy map，见图 11-3）可以突出重点。由于交易驱动因素极度依赖协同效应，将协同效应与活动对应起来，可以识别协同效应与相关活动不一致的情况。可以通过发现不能带来协同效应或对业务驱动因素无益的活动，帮助团队做出决策。

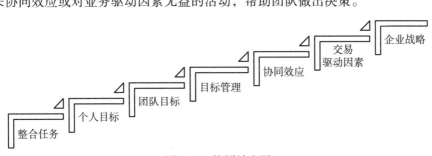

图 11-3　协同效应图

在整合接近完成时，要跟进与协同效应相关的指标。通常在团队把重点放在经营和紧急事项上时，交易团队会偏离目标，导致预期的协同效应无法达成。通过协同效应图跟踪协同效应，可以让整合工作与战略并购要求保持一致。

全球整合流程变革的最佳做法

流程变革是一个非常大的话题。在这一节，我们筛选出已经被证明了是跨境整合中的最佳实践，用来支持战略变革。

利用现有领导风格

跨境整合中的战略流程变革必须关注到各种领导管理风格的个人，这些管理风格从独断专行到放任自流，不一而足。除非并购的规模很小，否则在整合团队和运营团队中，会存在几种管理风格。我们必须准备好员工团队的适应问题，比如，很难把一个习惯听从指令行事的团队变成一个随时准备改善^Θ和自我管理型的团队。这里的经验是不要把你的管理风格强加给整个组织，并因此改变流程。从变革如何在原来的地区和公司的推进中，学习其中的经验，改进你当下的流程变革方法。在当地现有方法的基础上加以完善，满足新整合公司的需求。

识别战略性变革而不是战术或琐事

战略性工作是指支持企业长期目标的活动，而战术性的工作和琐事指的是解决日常需求的活动。在执行变革的过程中，要清晰地定义战略性，把重点放在这上面，并确保时间不会全部用在战术性工作和琐事上。识别和消除冲突——可以采用沟通方式，即为何我们今天做这个活动，明天该做什么以及应该做出怎样的改变。

识别积极领导者、先行者、责任人和内部客户

识别变革参与者是战略流程转型的核心。为了做好这项工作，让我们定义重要的角色以及如何将其用于战略流程转型。

积极领导者。通常担任这个角色的管理人员只是名义上的。成功的战略流程变革要求领导者积极参与并作为行动的榜样。其中一个重要方面是让领导者多主导启动会议，参加整合监督委员会会议，参与电邮和其他沟通。这有助于整合团队和经营团队建立清晰的目标，同时也突出整合工作的重要性。在开始整合之前，要和领导者一起设定预期值。

先行者。当人们跟从榜样去做时，就会出现流程变革。团队成员在看到他们的同事在变化时，他们也会发生改变。必要的流程变革有时在开始阶段会碰到困难。与先行者紧密协作，他们是最先做出改变的人。要确保他们被包括进来，树立榜样让其他人学习。可以在流程执行中这样做，也可以在会议上传递这样的信息。先行者可以在会议上口头表示支持变革。不要犹豫把职责授予先行者，要向先行者解释为何需要做某件事，以及他的行动会对其他人产生怎样的影响。例如，告诉先行者"我需要你在会议上表示支持，以便让团队成员知道你对变革的支持态度"，或者"如果你起个带头作用，其他犹豫不决的团队成员就会跟随你"。清晰

Θ 有关改善（kaizen）的定义，参见 www.businessdictionary.com/definition/kaizen.html。

地说明先行者的职责，有助于他的个人发展。

　　流程责任人。一个业务流程可能从始至终都难以理解，特别是在识别和追踪协同效应的时候，通常团队成员只负责整个经营流程中的几项任务。安排一个人负责整个流程和了解该流程是在不同团队之间如何运作的，至少对这一个团队成员是有益的。这有助于把握住当下发生的流程问题，为流程责任人设定职责，是在新整合公司中取得职业进步的一个好的起步。

　　内部客户。考虑内部客户的存在很重要。一个流程的每个输出过程都应该有一个客户，不管是内部客户，还是外部客户。如果一个客户不需要或不想要一个流程的输出结果，那么这个流程就是不必要的。这看上去很简单，但是如果用这个方法每天考量流程，就会惊奇地发现，有很多报告和会议，很多琐事都可以避免，能够把时间用在需要的地方。通过识别客户和得到他们的反馈，就可以让流程更加聚焦、更有价值、更成功。在建立一个新流程和产品时，要识别客户，验证他们的真实需求。

用 RACI 图确保沟通和协作

　　一个非常简单但有效的工具是 RACI 图——确定每个整合参加者是责任人、负责人、接受咨询还是被知会。整合团队，尤其是当团队成员散布在世界各地的时候，如果没有对这些角色达成共识和沟通，就会丧失效率和效力。表 11-4 是一个典型的RACI 图。

表 11-4　RACI 图

任务	人 1	人 2	人 3	人 4	人 5	人 6
任务 1	R	A	I	I	C	
任务 2		C		A	R	I
任务 3		I	A			R
……						

　　注：R= 负责：负责任务的完成；

　　　　A= 承担责任：更高阶领导，对成功完成任务负有责任；

　　　　C= 接受咨询：提供意见的团队成员；

　　　　I= 被知会：应该了解进展状况的团队成员。

　　如果没有 RACI 图，一些人将得不到知会或咨询，一些人不会负责或承担责任，从而导致返工或拖延。在项目开始时，画出 RACI 图，这对于成功很重要。

评估和调整激励目标

　　我们知道团队是怎样领导的，我们已经识别了流程参与者，并且和每个人都沟通了角色定位。然而，如果团队没有建立合适的激励目标，比如事业成长或直接补偿，流程变革将很难推动，甚至寸步难行。这一点在处理跨国整合，以及运营团队成员只是整合团队的一部分，而且他们还有其他工作和激励目标时，就显得尤其关键。当本地领导层没有整合绩效激励目标时，情况会变得更糟——当地团队会认识到这一点，并表现在行动中。要解决这个问题，重要的是有与整合、协同效应和战略进程激励相结合的指标和基准。

基于改善的最佳实践

改善（kaizen）是逐步提高质量标准和减少浪费方法的日本说法。小而持续的改善，适用于任何人——从最低级别的工人到首席执行官。

进行以改善为基础的实践活动是一个组织实施长期战略流程改进和正循环的好办法。但是，改善活动的实施程度取决于员工对这些原理的接受程度。在这一章，我们不讨论完整的改善方法论。相反，我们讨论几个已经被证实对跨境并购整合产生较大影响的改善原则。

核心原理

改善的核心原理包括思维开放性、工作满意感、质疑权威的能力以及分享成功。

启动时机。改善的核心原则是好的，前提是读者的整合团队所在的环境是合作、民主和变革型领导风格。然而，如果现有的领导风格强调管理和控制，或者是父爱型的，那么开放思维、质疑权威的能力将很难施展，甚至会阻碍整合。如果标的公司当前处于管理和控制型领导风格之下，就需要将其改变为协作的环境，这可能需要几年的时间。在整合速度很重要的时候，要谨慎采用改善原则。

全面的业务视角

在整合流程和运营流程有人负责的情况下，全面的业务视角提供了一个优化输出和将流程中的浪费降到最小的方法。全面视角也可以建立协同效应之间的紧密联系，并提供每个流程点应该遵守的标准。

启动时机。当流程直接与交易驱动因素和协同效应存在直接关联时，在全面业务视角和流程记录上花时间是有益的。其他流程也可以受益于一个全面业务视角，但是对于整合速度来说，这可能不是很紧迫的工作。

持续改进、PDCA 和标准

建立持续的流程改进激励目标，可以在长期给一个组织带来明显好处。这个概念与一个改善概念相关，即计划、执行、检查、行动的循环（PDCA）：P 为流程变革做好计划，D 是执行流程变革，C 检查变革是否有益于流程以及根据建议采取行动，并持续执行这个循环流程（A）。

启动时机。如果跨境整合时间很紧张，则很难全面铺开持续改进工作。然而，执行标准（与 PDCA 的"检查"相关）是一个好的开端，它可以与协同效应相联系，而且可以用管理仪表盘来知道进一步的流程变革。持续改进的其他方面可以做出规划，但是可能不一定在短期整合流程中被采用。

标准化

跨境并购整合的标准化是有价值的。流程和工具是标准化的两个重要方面。可以将标准化推广到日常操作基本层面，比如视频会议工具如何使用、如何安排会议以及如何做会议纪要。在整合计划阶段，重要的是设定一个标准，哪怕这个标准还不是最优的，要随后进行有条理地修改，但毕竟需要这样一个起步。当员工的母语不同、存在不确定性时，尽管可能是个小问题，也可以造成很不同的整合效果。

抓住变革浪潮

在本章前面讨论了决策时机，我们还需要讨论推进流程的时机。流程变革并不只是在流程已经被定义或人员已经到位的情况下推出。员工必须准备好接受这个流程变革，领头人和先行者必须已经准备好支持这个流程，而且流程参与者必须有内在需求或其他激励来使用这个流程。我们用冲浪做个比喻，必须有浪来，然后在正确时间点启动流程——抓住这一浪。如果过早启动，流程虽然建立了，但是没人去用，就会失去意义。如果启动过迟，整合团队成员和运营团队成员可能已经形成了自己的非正式流程，就会使得变革更难以推进。计划和识别何时需要变革以及及时地采取变革，是成功的关键。

何时使用技术工具支持全球决策和流程

企业工具可以用来标准化决策的方法和流程。但是，现成的工具可能导致企业流程低效率、降低员工士气以及提高了工具支出和时间上的成本。

在建立整合流程时，应先采用较少的自动化工具满足公司需求，然后进行调研（如有必要），哪些工具可以在下次整合之前进行定制。最糟糕的情况是一个技术工具在整合时首次使用，而这个工具本身还需要设置和了解，导致出现在项目中建立另一个项目的情况：在整合项目内部，还需要额外做一个项目——安装、配置这个技术工具，并为此进行一项流程变革。应该尽可能避免出现这种情况。

工具确实在跨境并购中承担着重要角色。管理工具、流程自动化工具、沟通工具以及运营工具，在建立流程的过程中承担了大部分工作。网络云工具的开发已经成为整合的一个重要演进形态，能帮助团队快速完成整合。然而，正如我们所说，必须考虑挑选工具和使用的时机。

整合管理工具　整合开始之前，是选择和使用整合管理工具（Midaxo、eknow、Deven 软件、IBM 并购加速器、微软 SharePoint、Teamwork、Excel、Word、PowerPoint）的最佳时机。在整合开始之前，应该充分使用和了解这些工具。在选择工具时，要选择满足特定整合要求的工具，或者已被证明成功的工具。市场上有很多管理工具的功能非常复杂，要坚持使用不需要花费很多时间的简单工具，而且要能容易地在不同场所使用。由于整合团队通常混杂了第三方顾问、并购团队成员和标的公司团队成员，这就需要做很多变革工作。要明白采用工具有可能带来比手工作业更多的成本和时间——随时牢记这一点。

运营工具　在使用运营工具时，要考虑它们对流程的影响，如果影响很大，要尽早做出决定。例如，采用企业资源规划（ERP）系统，如 SAP，这个工具本身可以驱动所需的流程。

另一个极端情况是，高配置的网络云流程管理或协作工具可以在完成了流程开发之后，再进行量身定制。此时，可以先改变手工作业流程，然后采用一个可以配置的工具。注意，所有技术工具都是可以配置的——但是要花费多大成本？

何时正式终止流程

如果一个流程没有被使用，它就会逐渐消失，即使整合后的组织支持这个流程。如果整合团队和运营责任人忽略了一个流程，没有采用这个流程，甚至不知道这个流程，这个流程就应该先被审视，确定其用途，看看为了让其发挥效力，应该做出哪些变动。

这个流程变革可以采用改善或其他与组织领导风格相适应的方法。如果确定不采用某个流程，则应该做出正式的确认和终止。最糟糕的情况是人们把精力花费在没有价值的流程上。在这些情况下，应该终止流程。随时留意那些没有用处的流程，特别是在跨境情况下，这类流程经常出现。

本章小结

- 讨论了决策流程和领导风格。评估独特的决策流程，文化和组织领导风格，并用于支持决策和流程变革。

- 讨论了缺乏管理和决策支持的流程。在整合计划阶段，建立一个标准化的管理流程，包括一个正式的决策流程、选择和使用技术支持工具、避免技术工具本身变成项目的情况出现、建立测量指标（包括协同效应指标）、协助做出管理决定。跟进闭环决策流程所做出的决定。

- 讨论了协调一致的业务视角 / 缺乏协同效应认知。指定流程责任人并将协同效应与流程活动挂钩。推动所有流程参与者了解如何对整合后的公司做出贡献。

- 讨论了对变革能力的高估。了解要得到先行者的支持来推动变革。要让技术工具、流程和变革尽可能简单，以满足整合的需要。要警惕和消除消极对抗，终止没有客户或价值的流程。

- 讨论了缺乏责任人的情况。确保有清晰的责任归属以及每个流程都应有至少一位责任人。使用 RACI 图正式规定团队成员的职责、责任、咨询和告知。

- 讨论了竞争性激励目标。了解整合团队成员可能具有相互竞争的激励目标，大部分经营激励目标可能与整合激励目标不一致。确保激励目标符合整合和企业整体战略。

- 讨论了缺少跟进 / 过多变革。确保决策和流程在适当时机推出。识别内部客户，并将变革方法正规化。考量最佳改善实践，用闭环方法监控变革。

- 讨论了缺乏授权的问题。要考量领导风格的改变，以及对不习惯该领导风格的团队成员会产生怎样的影响。

- 讨论了缺乏培训或沟通的情况。沟通经常用在有助于做出决策的工具中，比如网格分析和帕累托分析。使用 RACI 图这类工具确定清晰的职责。树立领头人和先行者，确保他们成为沟通管道的一部分。

第 12 章　并购整合流程、方法和工具

◎托马斯·科斯勒

□ 学会思考

┊ 为确保并购后的顺利整合，企业并购战略选择过程中需要注意一些
关键问题

┊ 如何执行一项整合尽职调查

┊ 准备签约后沟通的重点

┊ 在任何成功的整合中，如何进行以下 3 项重要的事件：

（1）管理层达成一致；

（2）协同工作会议；

（3）组建整合小组。

┊ 如何为"首日"做准备

┊ 如何管好前 100 天

┊ 如何将并购整合项目移交给运营部门

┊ 对并购成果进行评估的重要性

□ 本章概要

　　本章描述了公司是如何在最初的战略选择过程到最后评估并购成果
的过程中，融入整合活动来确保并购成功的，并将讨论整合尽职调查的
步骤，以便为交易决策提供重要的信息。本章还将详细阐述在签约前就
要为签约后的沟通所做的准备，这样可以为整合活动奠定基调。然后讨
论了上述活动的重要性、步骤和特点，以及如何为整合"首日"准备，
交割后 100 天内需要注意些什么。本章还讨论了将并购整合项目移交给
业务部门有效过渡的步骤，并强调评估并购是否成功的重要原因。

并购生命周期

第 4 章中介绍的并购生命周期是一个涵盖所有主要阶段和 4 个主要里程碑的端到端的过程。并购生命周期的图示如图 4-1 所示。它整合了每一个活动，从定义并购战略到选择最合适的目标，最后到业务整合。整合计划和执行在 5 个主要阶段中的每一个都有接触点。

并购生命周期中的整合规划和执行

在战略选择过程中，公司首先确定候选标的公司，并将其与战略联系起来。这样有助于形成一个清晰定义并可传达的并购愿景。

这个愿景揭示了交易的原因、识别了潜在的整合挑战、建立了内部和外部的沟通交流框架、为并购后的新组织的潜在变革建立了基础，并强调了需要挖掘的协同价值，并且它也是整合尽职调查期间开始所有活动的基础，有助于确定标的方与收购方的基本整合方式。

基于并购目标最初的定义，公司应该使用在选择标的公司时搜集到的信息开始尽职调查，使用交易谈判期间得到的信息来设计整合方法。此外，他们还应该重新思考和解决领导团队的问题。

在签约前和交割期间，应启动整合管理办公室并开始深入的规划整合计划。

在这个阶段，公司将拟定一个包含实现协同效应的执行计划的详细整合框架，确定并购"首日"和第 1 个 100 天内最重要的任务，并确定任何需要做出改变的组织和业务流程。明确角色，成立临时组织，并敲定整合绩效目标。除了这些规划活动，应针对主要利益相关者建立沟通计划。如果有部分资产本次收购不会包括在内，则应该建立详尽的计划，将这部分形成一个独立的实体，并从标的公司中剥离。

签约后的主要活动包括执行整合计划、激励员工、沟通和跟踪进度。

在公司将整合项目移交给业务部门之前，需要为进一步交接做计划。这将包括关于所有整合目标的最新进展以及设定目标迄今为止的进展情况。然而更重要的是确保并购的整体目标（"为什么"进行交易）得到有效的沟通并融合进业务部门的目标中，以确保交易在项目组织到经营单元间的移交过程中不会造成价值损失。

战略选择

为何公司需要通过并购来实现增长，如何找到最佳的并购对象呢？

　　增长是至关重要的。尤其在当今世界，信条已经不是"规模大的吃掉规模小的"，而是"速度快的吃掉速度慢的"。鉴于这种改变的商业现实，在通过并购来实现增长时应采取新的方法。

采用兰彻斯特战略或其他策略来建立并购战略愿景

　　兰彻斯特战略由兰彻斯特（F.W. Lanchester）提出，作为一种战争策略来决定在哪里投入武力，以取得最大的领土利益。基于现有的市场和预算，销售和营销策略师们采用了这种战术来定义他们可以达到的最大市场份额收益（见图12-1）。并购策略师们也利用该战略来寻找收购那些使市场份额发生变化的地区和市场，以此改变公司的竞争位置。通过对营销和销售战略的回顾，可以得出以下并购战略。根据公司的相对市场占有率和可获得的资源，可以采取其中一种策略来获得速度和市场效益。

图 12-1　兰彻斯特战略

　　战略1。两个竞争对手中规模更大的一方有更多的资源，因此通常会通过捍卫市场份额来保持其资源。较小的一方可以通过参考市场份额差距来确定一个收购对象，并与规模更大、资源更丰富的一方竞争。

　　战略2。两个竞争对手中规模更大的一方有更少的资源效率和市场效率。较小的竞争者很可能通过自身经营，有机会获得市场份额，因此并购战略将反映资源的不当使用。

　　战略3。较弱的一方应该试图在较窄的战线上竞争，通过在局部作战来提高战斗力。因此能在特定领域中缩小差距的并购会是很好的投资。

战略 4。较强的一方应该注意较弱一方竞争对手的战术，应用这些信息来减少对方的优势，并在市场上增加资源，将较弱一方拉到临界点上。但它们不能多线作战，因此应该专注于为较弱的竞争对手带来最大压力的并购。如果较强一方能够在资源花费之处迷惑较弱的一方，这是最好不过的。

战略 5。如果竞争者间实力相当，例如，彼此接近对方的"射程"，应寻找利用资源来超越对方的机会。这可以通过出其不意的收购来有效地实现。

除了使用兰彻斯特策略，高管们也可以使用我们已经介绍的麦肯锡九宫格矩阵（见第 4 章），并结合现金流可加法来识别合适的战略，寻找在组织范围内可以通过并购实现增长的最佳部分。

确定并购需要的战略资源

明确的战略意图可以为并购章程的形成奠定基础。企业并购部门和操作人员可能会基于并购交易章程，寻找合格的并购目标。公司的内部资源通常是很好的信息来源，因为他们了解自己公司的文化（描述为决策的行为方式），并且已经和竞争者、收购方和顾客建立了良好的关系，而这三者中任何一方都有可能成为良好的潜在标的。

良好的外部资源包括风险投资和私募股权投资公司的投资组合、商会成员、行业协会、政府贸易机构，很明显还包括投资银行和大型审计公司的企业咨询机构。我们甚至发现越来越多如 Axial Market 和 Deal Nexus 的在线公司在为客户提供潜在收购标的。

标的筛选流程

如果公司在感兴趣的收购标的方面有了一些好想法，下一步通过初步筛选来确定标的公司是否合适是非常重要的。能力和商业的稳定性、在市场上的信誉、与公司本身的经营目标互补、公开的财务报表、信息技术能力、创新纪录、销售队伍的有效性、及时配送能力都是需要检查的重要因素。

将筛选结果和公司战略联系起来

第一次接触之前的另一个重要步骤是将并购的战略愿景和针对价值驱动力及协同效应的初步筛选结果联系起来。理解交易如何创造价值在开展任何对话之前都是非常重要的。在任何交易的这个阶段，价值驱动因素和协同效应包括很大程度需要验证的假设。一旦与标的开始直接接触，探索价值创造背后的假设是最重要的任务之一。

和潜在标的公司建立长期关系

在与标的公司的接触过程中现有的关系被证明是非常宝贵的，特别是当标的公司是一个私人企业时，因为私营企业往往出售给他们认识和喜欢的人。因此，公司最好和标的公司的决策者建立最强的联系。

人际关系也是非常重要的。很多时候收购方感兴趣的标的公司当时并不出售，而可能在之后的某个时间点出售。因此对于希望通过并购实现成长的公司来说，建立和培育强大的关系被证明是一项真正重要的资产。

挑选交易团队

一旦与标的公司建立联系，就可以开始考虑尽职调查的合适执行人选。团队应该保持较小规模，以提高团队的有效性。重要的是，团队具备能力进行财务、税务、法律和业务尽职调查，同时较强的谈判技巧也很重要。

潜在的问题和障碍是什么呢

作为初步讨论的一部分，公司会审视存在的问题和障碍，将这些问题列在表上，并根据障碍和真正的风险将它们分类。人们需要确定为了克服这些障碍，应该在财务和人力资源方面做出哪些投资，然而如果面临风险，情况却很不同。此时，收购方的领导团队需要做出他们是否要承担风险或者风险本身是否会危及交易的决定。

将并购愿景和筛选结果联系起来

最后，在开始并购前，战略选择阶段的最后一步是确认并购愿景是否与标的公司初步接触时发现的事实一致。这一步非常重要，因为这可以帮助公司为尽职调查确定目标、为谈判建立框架以及确定关键绩效指标（KPI）框架，以便在下一阶段进行测试和探讨。

整合阶段尽职调查

基于并购愿景和与标的公司的初步讨论，收购方的交易团队可以建立尽职调查的方法。尽职调查至少要包括财务、税收、法律尽职调查，另外还有人力资源的退休金事宜。对于许多公司来说，有关环境、工作、商业、信息和通信技术的尽职调查也是必需的。这在很大程度上取决于公司经营的行业。化学品公司通常进行关于环境的尽职调查，而制造业公司强调运营方面尽职调查的重要性，消费品公司则注重商业方面的尽职调查。

在最近几年，整合尽职调查已成为标准尽职调查过程中更频繁和经常性的组成部分。原因很简单，公司已经明白，特别是在跨境交易中，整合的方式对于从交易中获取价值是很重要的。

整合尽职调查中的关键部分是一个详尽的协同效应审查，对组织、管理层和员工进行文化评估，即文化如何影响行为和制定决策。其他重点应放在业务流程和公司治理上。尽早识别收购方和标的方的不同之处，这对于建立整合计划是很重要的。

协同效应分析

对协同效应的审视应该基于交易的战略目标。按照重要性次序，应该对每一件产品和服务，每个区域或全球市场的服务以及每一个现有的业务流程进行审视。审视的重点应该从收入、经营成本、资本支出、金融方面、流动性以及各种税费缴纳方面识别协同效应。这些协同效应可能来自已有的业务或基于收购带来的新策略。

一旦企业知道他们在寻找什么，就需要识别在实施协同效应的过程中，任何可能存在的障碍和风险。一个粗略的行动和里程碑计划以及相关部门在实施关键路径上的定位也是非常重要的。

这个审视结果应该对针对盈利的预期财务影响以及各类协同效应中产生的现金流有高度的理解。获得协同效应同样需要成本，因此需要考虑整合成本、额外的员工补贴和任何协同效应损失。整合尽职调查团队应该利用数据部门提供的数据开始验证这些问题。这些努力越多，公司越能将协同效应与资产负债表上的利润和损失项目联系起来。这样才可以使用财务模型来评估协同效应为并购带来的价值，而这是交易前谈判至关重要的一步。毕竟任何收购者都需要协同效应来支付交易的成本和其他基于谈判需要支付的溢价。

因此理解一项并购单独的价值和通过协同效应创造的价值，能让我们评估我们应该支付多少溢价和成本。

文化评估

公司应该尽早考虑文化差异和标的公司的决策方式，有时甚至应在尽职调查之前就开始着手。一个组织是团队导向还是个人本位、是等级型还是扁平的管理结构、保守管理信息还是广泛传播信息，这些问题在公司文化中有着巨大的差异。了解企业的相似之处和它们的差异不仅对整合是至关重要的，而且在交易谈判时也是如此。图 4-5 列出了一些可行的备选行动，以便读者们选择适应他们需要的结构。

商业模式、过程和组织差异

协同效应和文化除了作为核心因素之外，也应合理利用数据部门提供的数据来检验公司业务流程中的不同之处，而这可能需要深入理解标的方为什么有不同的组织形式，可以从中吸取什么教训，或仅仅是需要做出什么改变和调整，可能会产生什么变革成本。关键流程的明显差异，如现金、交付、采购到付款、计划（销售和运营规划），使整合两家公司的困难更大。此外，尽职调查小组一般会审查"从雇用到退休"和"从记录到报告"的流程，但是这些往往更容易调整和整合。

公司也应密切关注商业模式的不同。此外，审查公司外包的程度也是理解一项交易整合影响必不可少的部分。内部化与外包价值产生的差异越大，需要调整已有商业流程需要付出的努力就越大。如果收购方公司已经将其价值创造的重要部分外包，但收购方认为应该内部化这些业务流程，此时公司就需要建立内部能力来消化这些业务量。如果是相反情况，则收购方需要合理评估收购组织的规模并增加资源，来管理外包关系。

除了分析业务流程，公司通常分析组织的规模、组织的构成以及领导跨度。因此，利用"提问 & 回答"中的信息尽可能深入地了解资源分配情况是很重要的，但是这项任务只能实现到某种特定程度。

领导团队

建议收购方尽可能地索取详细信息。对于领导团队来说，了解所有的成员是很重要的，并且要努力找出那些真正适合继续合作的人。大多数时候，会见领导团队以下的管理层人员是不太可能的。收购方通常只会在特定机会才能见到管理层级别的员工，如参观工厂或研发中心。

类似的商业流程是公司治理，分析公司开展业务的治理方式是非常重要的，尤其是在收购方和标的方在这方面非常不同时。在管理整合和法律尽职调查工作小组的同时，关注以上问题也是非常重要的，要确保治理的所有方面都得到重视。

签约前

进行尽职调查任务之后，决定继续进行投标是并购生命周期中的下一个重要步骤。通常这发生在当公司在与标的公司进行排他性谈判，并完成了签署销售与购买协议（SPA）前的所有步骤时。此时，并购和领导团队的注意力完全集中在达成交易上。

整合团队可以好好利用这段时间来准备签约后需要发布信息的关键因素，并为整合方式制订更详细的计划。

建立签约后的沟通基础

交易逻辑是需要确定的核心元素。对于收购方来说，要明白为什么要进行这项交易。对于不同利益的相关群体来说，这也是非常重要的一个问题，因此对这个问题有一个清晰的答案是非常重要的，这个答案是交易最初的方向。

如果未来的商业模式正在发生变化，那么整合团队应该声明如何以及为什么会发生变化，还有将会带来什么样的影响。在签约时需要尽可能多地沟通。如果和他人沟通这些变化需要更多的时间，那么在和利益相关者讨论前，这是一个完美的时机，来进一步明晰时间安排。

此外，如果需要临时管理人员来代替那些标的公司被收购后离职领导人员的责任，或者收购方希望用新员工替换原有员工，公司要对类似这样的人员变动做出公告。如果是后一种情形，那么需要在签订合约时说清楚。以下的规则是正确的：收购方越早在领导岗位方面达成共识，并告知对方和其他利益相关者这些决定，对整合的势头就越好。

整合关键绩效指标和激励应该在签约后公布。需要指出的最重要一点是激励被收购项目自筹资金，而不应单纯依靠收购方的现金投资。

在一些情形中，整合的成功是支持收购财务目标的一个重要因素。在这些情形中，明智的做法是向特定的利益相关者介绍商业财务计划的一些核心要素，以获得他们的全力支持。

宣布整合原则和整合治理是非常重要的，因为员工会询问领导团队中谁将会负责和管理整合活动。

建立签约后的整合基础

并购愿景、尽职调查的成果及签约前的谈判，都应该支持交易逻辑。这些步骤之间应该互为基础，这样收购方在进入排他性的交易谈判时，可以通过和以下方面之间的比较来验证交易目标：最初评估的协同效应，关于整合组织和业务流程的最初想法以及构建签约后整合的方法。同时这也是做出在签约后，谁来支持整合工作小组、谁来支持整合项目团队决定的时候。这些资源此时还无须指定，但是需要评估其可行性和适应性。

这样，目前为止关于整合应该搜集到了以下信息：

- 商业模式、产品和服务信息；
- 组织和职能信息、业务流程、地域分布；
- 关键人员；
- 协同效应评估。

下一步使用这些信息是为最初的整合方式建立项目布局。如果获得了更多的数据，签约后要相应填补空白的数据点。定义待解决的问题和关键的行政决策以及最重要的是确定必要的待办事项，并获得可执行的整合方法，这些任务在此阶段都需要得到重视。

签约后

作为整合原则的一部分，或在签约后如果可能会有潜在的反垄断调查，列出允许分享的，特别是不允许分享的信息范围是很重要的。

确定在反垄断调查期间允许的整合行为

在反垄断调查期间应该重点避免的活动包括：

- 交换竞争性的敏感信息，通过定价、折扣、商业条款和销售组织等方式来改变或影响"还未完全拥有"的标的方公司的竞争地位；
- 在整合公司和标的公司间进行任何方向的人员整合或安置；
- 在信息技术系统、基础设施、供应链、公司形象、营销措施等方面开展整合活动。

在反垄断期间一般允许的活动包括：

- 在尽职调查期间仅以评估标的公司为目的而传递竞争敏感数据；
- 收购方和标的方达成正当公平的协议；
- 为信息技术系统、基础设施、供应链整合、潜在的人员冗余、补偿方案、人力资源政策方面的整合计划搜集基本信息，这可能仅仅是单方面的信息，因为不允许双方针对这些信息进行沟通；
- 策划交割后企业身份的变更；
- 取决于所在的司法管辖区，任何违规行为都可能会受到处罚。

如果交易不会涉及反垄断调查，那么签约到交割的这段时间应该被用在整理所有尽职调查和交易谈判的成果上，并完善最初的整合计划，以便在签约后马上开始整合。

一些标的公司在交割前可能不会允许整合活动。在这种情形下，并购谈判团队可能需要确认其中是否有通融的空间，或者可以通过使用外部团队来松动这种限制（见图 12-2）。

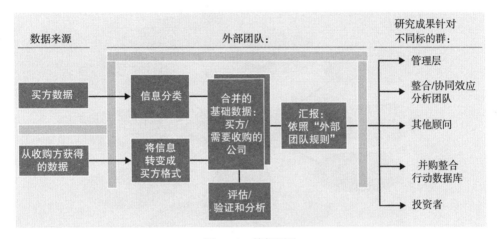

图 12-2　外部团队

外部团队的引入通常是在反垄断期间常用的一个方法。收购方和标的方都同意在反垄断调查进行期间，引进一组外部顾问来开始分析整合活动。这有助于启动详细的整合规划。但是发现的成果直到反垄断调查结束并获得官方允许之后，才能在收购方和标的方之间分享。

举行高管协调会议

签约后最重要的活动是组织高管协调会议。这是一个包括高管、核心管理人员和一些高管领导团队成员（取决于交易的规模和重要性）的高层会议，目的在于确保每个人都达成共识。在问答会议上提出并讨论的主要元素（见图 12-3）包括：

- 交易理据；
- 交易目标和整合 KPI；
- 对商业模式的影响；
- 整合过程规章制度；

- 应向双方传递的关键信息；
- 整合管理；
- 临时管理层、管理层变动以及领导层声明；
- 设想的"首日"企业设计变化；
- 商业财务计划的影响。

图 12-3 高管协调会讨论主题

下一步是积极推动沟通，并进行利益相关者分析。利益相关者分析的目的是倾听客户、分销商、供应商、员工、股东、地方当局、监管机构、新闻界、银行业和评级机构分析师以及行业机构等各个团体的担忧和问题。

从高管协调会议中获得的关键信息，应该再被用于解决这些利益相关者群体的各种关注和问题，并向他们传递战略意图和目标。

建立整合管理办公室

此外，需要建立整合管理办公室，组织启动活动来作为实际项目工作开始的标志。这里的第一步就是组建并购整合项目。这包括设立各类团队、团队联络信息表、主要时间表、文件储存中心（如扩大数据部门或建立分享点门户），并且确定沟通礼仪。此外，整合管理办公室需要开始管理整个整合流程，创建与核心团队和整合监督委员会的会议时间表、制订工作计划、设立目标、沟通关键绩效指标以及管理升级。

在这些初始设置之外，要建立汇报流程，以便监督项目进程和风险。

重新审视协同效应并管理协同工作会议

当签约后和反垄断审批之后，收购方和标的方有更多的数据和人员交流之后，交易和整合团队需要扩大最初的协同效应评估努力。

经验表明，一个稳定的协同效应模板分为两部分：①一份提出了包括时间和财务影响的协同效应简介的摘要；②一份详细的财务评估。

具体而言，摘要包括的描述性部分有：

- 协同效应的描述；
- 针对最重要实施活动的简短清晰的行动目录；
- 关于假设的描述（市场、行业和经营情况）；
- 关于障碍和风险的描述；
- 负责实施的部门列表；
- 关键路径上的先决条件和现状（依赖于其他协同效应）。

摘要中协同效应的时机体现了：

- 协同效应的实施工作何时可以开始；
- 实施时间会花费多长；
- 实现的月数；
- 实现盈亏平衡的月数；
- 在预定时间范围内实现的概率。

其中的财务概要体现了：

- 收入、经营成本、财务成本的作用，这些作用如何影响息税前收入以及息税前利润；
- 与经营和财务成本有关的实施成本，也包括其他资本支出项；
- 现金流量和盈利能力的预期累积效应。

协同效应计算模板分为三部分：

（1）对这些协同效应的详细计算：成本、经营和财务成本方面的协同效应以及节省的资本开支、流动性储蓄效应和税收优惠；

（2）实施成本；

（3）任何需要实施协同效应的资本支出。

损益表和资产负债表效应部分包括：

- 协同效应和损益表中项目的关系；

- 资产负债表中的项目；

- 一个备注部分：记录详细的假设以备随后在获取或优化协同效应时使用。

签署后，根据尽职调查的结果，必须重新审视最初对协同效应的预期。因为现在可以得到更多数据和来自交易双方的人员、经验信息，需要重新审视和计算协同效应。

在我们上文中描述的模板之后，我们应该能够为每项协同效应设立优先次序，并为领导团队准备一份包含所有协同效应的总结，以便他们审查和提供对优先事项的指导。这通常发生在签约和交割之间的中点，而且是收购过程中整合的第二个最重要的事件。

协同效应工作会议通常是在办公地点以外的场地举行，目的是讨论利益相关者分析的结果，为协同效应设定优先次序，并确定过渡团队。在会议中，主要高管和领导团队很有可能是第一次见面，所以组织好会议是很重要的，当双方作为一个联合管理团队和组织迈出第一步时，需要为双方提供达成一致的空间和纽带。

将利益相关者的分析加入到会议讨论中，可以提醒团队他们所面临的整合挑战。利益相关者在分析时审视了公司所有利益相关者的关注点和问题。这通常始于客户、供应商和员工，再到工会、市镇、监管机构和媒体。审查和验证协同效应的细节、设置、时机和财务影响，然后根据公司并购目标为协同效应设定优先次序。这也强化了整合需要从交易中挖掘出积极战略和财务影响的预期，并在内部达成一致。

最后，在这个深入的协同效应讨论之后，领导团队可以更好地为实现协同效应的过渡选择合适的候选人。

这项活动也有机会在领导团队之间建立强烈的共识，而这对于团队来说是至关重要的。有能力把两家公司的高管置于一个中立的环境中开展交流和工作是一个非常好的起点。

在利益相关者分析的基础上进行沟通

"为什么要做利益相关者分析呢？"公司可能会问。答案很简单——事实已证明其重要性。倾听客户必须说的话是我们在商业中学习的第一件事，但对在并购整合中倾听利益相关者显然存在不同看法。

经验表明利益相关者分析经常面临高管们的强烈反对。

有时我们可能看到盲目自大，因为高管们相信他们知道每位利益相关者的诉求；有时我们看到恐惧，因为高管们害怕听到反馈；有时可能是冷漠，因为高管们并不关心，或为了不必回应而不想听到；我们多次看到短视的成本削减，因为高管们会花费大量资金来达成交易，却在使交易成功方面所做甚微。

让我们把那些反对利益相关者分析的注意力放在并购整合的严峻现实上。最初会有比答案更多的问题。从利益相关者角度来看，"照常营业"不再存在，下一步可能是偏离决策权或对模糊性的容忍。在缺乏频繁可信沟通的情况下，利益相关者们可能会误解实际的情况。因此，高管们应该注意利益相关者的想法，尤其是他们所说的话！

如果收购方能预先准备好粗暴无礼的问题并重申有关业务的核心信息，提供有针对性的信息来消除恐惧和焦虑，对并购来说是有益的。用一致的信息解答关键问题，与利益相关者们展开真正的双向对话，这会为整合带来动力，帮助收购者实现整合目标。

因此一项关注各组利益相关者的分析可以提供见解，帮助理解问题、阻力和障碍，为问题的解决提供背景。如果这些信息能够被精炼，并使用适当的渠道、地点和时机传递给各个利益相关者团体，才会发生真正的对话，双方员工才会见证沟通的向上趋势，并激发人们支持该交易的战略目标。这将把每一个人在认识上从"为什么是我"转变为"我能如何帮助"。

文化融合

在整合尽职调查的部分，我们引入了一个非常基本的模板来评估公司的行为差异。它的简单性是因为它是一种易于应用的工具，理解两个组织开始融合时才是真正的文化问题可能发生的时候。

在最近的并购案例中使用这个模板，我们很快发现了两个组织做决策的不同方式。本章作者的工作角色是为客户监督项目的管理，包括工作小组的文化融合。买卖双方经营方式的不同创造了两种截然不同的现实。

收购方采取的是一个 V 形组织风格（倒立的金字塔形），重点是向下属机构提供让他们履行其职责的技术和能力。这种现代行为主义方式符合经典的自上而下的组织，大多数决定只有在商业经营单位的经理批准之后才会得到执行。

从表面上看，这是一种可能导致文化冲突的情况。然而使用一种个人分析工具能够为涉及的每个人，为他们自己在系统中对工作角色和功能的理解提供见解，使管理者清楚地看到需要改变什么，以便在新文化中采取更具凝聚力的工作方式，而不是对抗改变。它也为对变化持有开放和信任的态度提供了见解，并减少了恐惧和焦虑，使组织更加强大，经历多年未见的显著增长，改变文化意味着进行小组研讨会和一对一的培训。然而，在6个月内，组织在收购方的辅助下，能够采取新的行为并管理显著业务增长的机会。

规划"首日"和之后的活动

在签约和交割之间，需要做的事情所花费的时间要超过可用的时间。因此为并购后"首日"活动做规划是一项重要的步骤。"首日"活动包括所有为确保两个公司在合并后，整合和联合业务顺利进行所需要完成的任务。

确认流程包含了项目所需的工作流：

- 简要评估对相关活动的尽职调查报告；

- 从"首日"活动列表中识别出相关的问题；

- 通过增加重要的项目来扩展这个列表；

- 参加研讨会，识别任务和行为之间的相互依赖性。

"首日"的任务需要根据商业重要性、时机和财务影响确定优先次序。使用图12-4中所示规划标准的决策网格，可以帮助整合管理办公室评估和确定任务。

- 整合的优先顺序（业务的关键性、重要性、有用性）；

- 整合阶段：何时开始着手（"首日"、并购后第1个100天、执行阶段）；

- 协同效应相关问题（对实施的抵制、财务影响）；

- 为执行规划日程（职责、执行、日期）。

这一步完成后，就要进行执行、每周定期跟踪以及进程汇报。与普遍的观点相反，这个过程很简单，坚持这种严谨做法，将大大降低整合的难度。

除了以上任务，我们需要计划在沟通、公告、全体员工会议和新闻报道方面规划"首日"的任务。第1天是非常重要的，因为它让公司为未来数周及数月的整合建立了好的势头和动力，奠定了基调、整合原则和治理原则。这项活动让我们把所有没有参与到规划整合的利益相关者们调动起来，因此这项活动非常重要，值得重视。

我们将讨论在签约后整合团队的启用，并解释这第3项活动的重要性（在高管会议和协同效应工作会议之后）。

目前，公司需要专注于组织"首日"的活动。沟通计划通常要参照并购的愿景制定，并要回顾收购的战略意图，还有并购愿景和公司策略之间的关系。

为什么在整合行动数据库中要关注时间和努力？
如何计划和跟踪执行活动的价值增值？

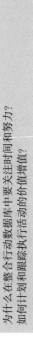
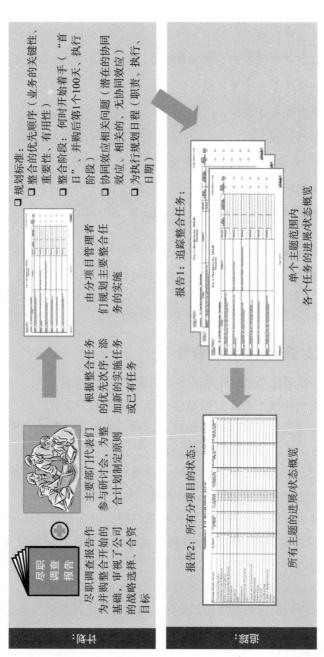

□ 规划标准：
□ 整合的优先顺序（业务的关键性、重要性、有用性）
□ 整合阶段：何时开始着手（"首日"，并购后第 1 个 100 天、执行阶段）
□ 协同效应相关问题（潜在的协同效应、相关的、无协同效应）
□ 为执行规划日程（职责、执行、日期）

尽职调查报告

尽职调查报告作为并购整合开始的基础，审视了公司的战略选择、合资目标

主要部门代表们参与研讨会，为整合合计划制定原则

根据整合任务的优先次序，添加新的实施任务或已有任务

由分项目管理者们规划主要整合任务的实施

报告 1：追踪整合任务：

单个主题范围内
各个任务识别和管理

报告 2：所有分项目的状态：

所有主题的进展状态概览

图 12-4　"首日"的任务识别和管理

因此，任何在"首日"的沟通需要重申并陈述下列主题：

- 并购的原因；

- 交易的经济目标；

- 并购将对商业模式产生何种影响；

- 整合的时间表和主要里程碑；

- 整合原则和整合治理；

- 整合 KPI 和激励；

- "首日"要建立的形象，任何公司设计的改变；

- 介绍任何新的领导团队成员；

- 商业财务计划。

领导层成员需要在这一天介绍自己的职位和角色、准备演讲和宣言、全体员工会议以及与远程员工的视频会议、为问答环节准备、更新网站（互联网和公司内部网）并在"首日"早上就准备就绪，为员工准备指南包，建立与客户、供应商和媒体的沟通渠道并发布消息。

建立整合绩效驱动计划的重要性

为已有的计划建立激励计划通常是在领导层中讨论决定的。

让我们换个角度来看。要是整合计划需要自筹资金呢？换句话说，参与者只有从协同效应中获得了预先计划的收益之后，他们才能获益。根据整合目标和交易目标，这种设置可以激励和推动整合。

接下来我们讨论围绕那些完全致力于整合的人员，和那些被要求将时间在日常工作和整合任务之间分配的"一兼多职"人员。

对于那些有日常工作任务，但同样参与整合的人员，应该分别为花在日常工作任务的时间和花在整合工作的时间设置激励措施。这总是公平的吗？并不是。经济利益和时间分配并非百分之百匹配。然而，将花在两项任务上的小时数均赋予经济利益太过复杂了。对于那些将时间花在整合工作或日常工作的人员，对他们的激励措施应该跟这两项活动相关联。这意味着应该设置与整合相关的激励。

交割工作的重要性

收购价格分摊和账务结算是交割后的一些基本工作议题，大部分是由于法律原因。有些公司会采取不同的方式。他们在尽职调查过程中开始对可能存在的陷阱做一个预评估。这不意味着他们在做购买价格分摊，而意味着他们在寻找价值漏损，以便在随后的谈判中为己所用。

"抢跑"的成本可能很高，我们建议，公司在签约和交割之间开始选取执行收购价格分摊和财务结算的专业机构，但等到交易真正结束时再开始行动。司法部将并购中的"抢跑"行为定义为在并购发生之前的整合或协调活动，如向顾客提供价格和条款，甚至开展和客户谈判。在反垄断调查期间，任何有关产品、分销商和雇员的规划行为在交割之前都是被禁止的。

交割后

交割是一个重要的里程碑，因为它意味着交易的成功完成。接下来就是执行和整合。为交割后的执行与整合的准备工作已经开展了一段时间，现在到了将计划落在实处的时候。

随着交割完成，公司向员工、客户、供应商和新闻界做出公告来说明收购对每个人的影响。此时在利益相关者之间营造一种积极的势头非常重要。毕竟这项交易将为公司带来价值，因此激发每个人的支持和贡献是主要任务之一。

下一步，在"首日"的待执行活动中，我们应该开始启动整合团队。

整合团队开始运作

"启动整合团队"这项任务对于所有的整合团队来说，是一项为期两天、非现场的计划活动。它的目的是为每项协同效应做整合规划、给团队注入团队精神和动力、促进整合快速启动。

当整合团队制订里程碑计划和捕捉协同效应的活动时，"启动整合团队"是一个高度集中的过程。

进行这些计划的目的是为了量化结果、关注高优先级别的活动、为每个团队定义业绩衡量标准、识别团队的关键沟通。具体来看，这些计划会集中在：

- 成果和决定；
- 除了已有信息之外额外的信息；
- 实现协同效应过程中各个团队或人员的主要职责；
- 回顾实现协同效应和整合任务的时间表；
- 需要进行的分析；
- 管理整合团队中任何潜在的互相依赖关系，或需要单独沟通的情况；
- 制定推进进程的建议；

● 为执行团队定义行动内容和时间表；

● 创建记录完整的文件作为整合管理办公室准备整合计划的基础。

　　会议的议程包括由一位高管成员主持开幕和欢迎仪式，接下来在问答环节之前，要对交易逻辑和目标做简单的介绍。随后，为剩下两天的会议设定预期目标，并让团队开始制订实现协同效应的计划。

　　通过这些活动会为实现协同效应搭建坚实的计划。如果要按照传统的方法，将制订实现协同效应的计划留给整合管理办公室，把个体协调的任务留给各个工作小组，那么这个过程则至少需要 3～4 周。考虑用不同方式进行计划工作时可能会产生不同，这会让团队将更多时间专注在协同效应的核心上（见图 12-5）。

| 公司ABC / 公司XYZ
加快规划图 | | | | 页码_____ |

过渡团队：_____

驱动价值的来源：_____

交付项目/行动项目	职责	先决条件	跨团队依存关系	预期完成日期

执行团队的问题：

图 12-5　整合里程碑计划表

成功管理并购后第 1 个 100 天的重要性

　　在并购后的第 1 个 100 天内管理进度，和所有利益相关者交流沟通，并进行文化融合（统一行为习惯和决策过程），这些活动中，高管的出席非常重要。我们通常看到员工、供应商和顾客最初都会静观其变，而一个良好的沟通计划会让利益相关者们参与进来，这往往是成功整合和失败整合的区别之处。

　　利益相关者们需要参与进来。通过向他们展望未来，我们希望说服他们加入到整合过程中来，并成为推动力的一部分。因此，为了让领导团队了解利益相关者们的所思所想、担心和焦虑，并能提出对策消除疑虑，定期进行利益相关者的分析是很重要的。

同样重要的还有文化的协同。我们把文化定义为由组织目标和价值观驱动的行为方式，然而主要来看，公司文化被定义为，领导层用日常行为践行公司价值观的方式。收购方和标的方不同的行为习惯需要被统一。为了促进文化统一，需要切身体验行为方式。书面和口头的沟通可以支持改变过程，但是真正推动进展的是亲身经历文化的转变。

因此我们需要开展一系列研讨会和一对一的沟通来为文化转变做准备。团队会议、全体人员会议和相应公司活动也会提供支持。此外，管理进程、支持冲突解决、向监督委员会汇报问题和风险，这些都显示整合过程得到了有效地管理和监督。

从项目阶段到经营责任阶段的转变

经常会有人问我，在并购整合中，何时才能将项目组织转变成日常业务。我的答案是，依情况而定。可能会是 6 个月、9 个月或 12 个月，具体取决于主要协同效应和整合活动的执行过程。

原则上，一旦大部分协同效应已经被实施，这时就可以将项目组织转变成日常业务。即使这时所有协同效应并未完全实现，这也是完全可以的。因为总会有一个时间点，业务单位需要接手并实施属于他们部门的协同效应。当整合行为跟协同效应价值无关时，上述逻辑也是成立的。在这个转变发生时，大部分优先级别的协同效应已经被实施，因此剩下协同效应的实现则需要被转移给公司的各个业务部门。

为了实现将协同效应转变成为日常经营，项目组织需要准备：

- 清晰记录预计实现的协同效应和活动的文档；
- 已实施活动的历史记录；
- 实施的程度；
- 当前已发生的整合成本和收益、各自的预算目标；
- 所有的项目计划、里程碑、进展和风险报告、日期表；
- 参与的人员以及他们各自完成任务的承诺时间；
- 领导团队的责任。

最重要的是，在业务单位接受协同效应实施之后，确保它们有足够的预算来完成任务。此外，参与了移交过程的人员留在业务部门里也是很重要的。

而最重要的是，主要负责的高管应该确保移交过程尽可能平稳，并且使原有目标不变。

作为移交期的一部分，整合团队应该发起一个学习交流会，以公开和透明的方式讨论转折过程中学到的经验，不管是正面还是负面的。监督委员会和业务部门的领导层都应了解这个学习过程，并在公司内部网络中传阅，以备在未来交易中学习。甚至可以针对组织中特定人群，通过路演让他们了解这个学习过程。

然而最重要的是，记录参与这一过程的人员和他们各自的责任，这样在未来整合需要时，便可以重新启用这些有经验的员工。

董事会评估并购整合

首席财务官通常会在交易结束1年或2年后，对整合是否成功做出审查。对于公司来说，这是一项重要的步骤，因为这会揭示整合的项目阶段实现了哪些成功，并且当项目阶段完毕，责任被转移到公司业务部门时实现了哪些成功。对于后者的审查通常并不容易，因为当由公司业务部门负责时，区分成果可能比较困难。然而，正如之前所说，业务部门保持协同效应和整合目标，并尽可能跟踪执行情况是非常重要的。而这个过程会比较困难，公司由于一系列收购而快速发生改变时，也会催生协同效应的改变。

公司至少需要追踪记录整体的经济增值，比如营业利润的增长和权益回报率。

庆祝成功的重要性

作为最后一个部分，我想要强调在整个并购生命周期中，公司庆祝成功的重要性。不论是签约、交割、第1个100天期间还是在项目结束的时候，庆祝成功是保持前进势头、激励参与人员的一个非常重要的元素。请记住员工在日常的平淡工作中非常需要这种激励。

本章小结

为确保交易后的平稳整合，在选择公司并购目标时需要考虑的主要问题：

- 为最佳地执行尽职调查，公司需要什么？
- 在准备签订后沟通时，公司需要关注什么？
- 在任何成功的整合中，运行主要的三项活动（统一管理层、协同效应工作会议、启动整合团队）时，需要注意哪些元素？
- 如何为并购后"首日"做准备？
- 如何管理第1个100天？
- 如何将并购整合项目移交到公司经营组织手中？
- 为什么在并购后，对成果进行审查是很重要的？

第13章　在全球背景下管理并购整合

◎艾坦·格罗斯巴德

□ 学会思考

┊ 介绍组织和管理后期整合过程的最佳实践（而不是让这个过程反客为主）

┊ 介绍管理跨境并购后期整合过程的各种方法

┊ 介绍和讨论 PMI 治理概念，强调项目管理架构、角色和职责、会议、管理路径、沟通交流和报告路径等

┊ 组建"全明星团队"——我们打造最强团队的力量所在

┊ 提供一份设立 PMI 治理架构的初始检查清单

┊ 在治理架构设立并开始运行后，定义其关键任务和活动

□ 本章概要

　　本章从为并购整合过程设定基础开始，并解释此过程的本质。本章对跨境并购整合流程继续进行深入的解释，包括 3 项重要的组成部分："例行流程"部分——出现在每个并购整合过程中的通用元素；"定制"部分——某一个并购整合过程特有的元素，但并不适用于所有过程；"准备面对每种情形"部分——并购整合管理团队需要准备好处理任何可能出现的情形。

　　本章会以国际并购整合联盟提出的并购整合框架 ™ 结束，描述如何从尽职调查阶段转入并购整合阶段。本章将介绍如何设置整合管理办公室，其中涉及运营项目需要的治理方式，包括项目结构、例行流程、工作领域等。此外，本章将描述如何开展这类项目，包括整合方

式和如何定义它、如何追踪并购整合流程、保持正确的方向，分担风险并降低风险等。

引言

管理并购整合过程本身就已经很具挑战性，但加入跨国和跨文化的元素，使得这个过程似乎更加难以完成。

在现实中情况并非如此。将世界两端的两个公司衔接在一起是可行的，但是需要详细地协调和规划。

然而，光是规划是不够的，有许多其他因素必须加以考虑。应该管理该过程，并建立一个清晰的治理结构以推进整合。同时，应该关注整合的软件方面，比如人员、文化、沟通，也包括其他元素比如策略、业务和组织。这其实是软化、说服并推动流程前进的一系列软技巧的混合，也是用来合理管理流程的工具箱。

为了以有效的方式关注处于不同地域的两个公司，在本章，我们会强调以下元素：并购整合的治理和结构、会议例行流程、全球并购后管理和整合决策制定、流程策略、组建多功能的国际团队来执行计划、工具、活动等。

管理跨境并购整合项目

有人可能认为管理国际并购整合和管理本地的并购整合项目并没有不同。项目经理必须遵照同样的项目管理方法、工具和例行惯例，结果也是一样的。

是这样吗？并不是。

管理一个国际的并购整合项目是包含很多元素的复杂任务。为了实现成功，不能仅仅关注那些直观的项目管理成分，应该对不同领域保持敏感，比如管理本地和远距离员工的策略，关注公司文化和国家文化，在全球层面理解商业的细微差别。

国际范围内的跨境并购整合项目从本质上就是多领域和多维度的。一个或多个项目经理管理着遍布多个地点的专家团队。正如我们在前面章节中所提到的，心理差异、时区差异、语言障碍、对项目管理方式持有不同的观点等，这些都是跨境并购整合复杂性的一部分，但也只是完整图景的一部分。

这就是为什么并购整合领导或经理不仅要胜任工作并符合上述工作描述要求，同时也应该不仅仅关注琐碎细节，而应该有能力应对任何他将可能面临的情况。

所以，管理一项并购整合项目究竟有多复杂呢？

本章将介绍全球范围内跨境并购整合的过程，并讨论好的过程是怎样的。

整合的组成部分

跨公司的组织流程一般可以分解成一个项目的几个典型里程碑，包括：①探讨 / 学习；②高层规划；③详细规划；④执行；⑤监测结果；⑥修改 / 调整。

管理一项跨境并购整合流程会比上述一般的跨公司组织流程涉及更多任务，这主要是由于没有完全相同的并购整合流程，尤其是在一个跨境并购的环境中。比较这两项流程会让我们看到二者有很多相同的元素，包括项目管理的方式、监督机制和结构等。但是具体来看，每项并购整合流程都是唯一的，彼此有不同的特征，包括整合方式、人员、政治环境、文化、业务方式等。这些元素会影响并购整合的进程，带来不同的结果，因此过程和最终结果每次都会不同。

一项典型的并购整合程序由三部分组成，见图 13-1。

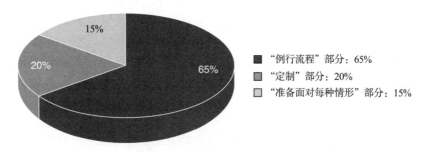

图 13-1　并购整合的组成部分

开展并购整合流程应该始于清醒的认知。当事人应该承认，除了并非所有流程都是相同的这个事实，对这些流程的管理不会自动完成。有 3 个部分伴随着每段并购整合流程，协助整合管理人员分配工作。

第一个组成部分，"例行流程"部分，约占并购整合项目工作量的 65% ～ 70%，包括每个项目都会出现的通用元素，比如设置和管理整合治理、组织结构、汇报流程、会议惯例、减轻风险、设定关键绩效指标等。这些元素通常可以在手册、清单或例行惯例中找到，本质上这些元素是通用的，但是需要融入每项并购整合流程中的任务：无论行业、收购方和标的方的位置或是收购的种类；无论并购双方公司位于美国、法国还是印度；无论双方公司属于互联网、塑料还是制药行业（其他行业也一样）；无论涉及的问题是否包括转移银行账户的签字权、分析员工补偿和福利、确定主要的客户群以及其他活动，都应被照顾到。

为了满足"例行流程"部分的要求，合理执行并购整合流程，公司应该承认以下事项。第一，这种流程，从本质上看，是管理一项复杂且具有挑战性的项目。复杂性和挑战来自这个过程具有多学科、多维度、多文化和跨地域的特征，并且有着商业方面的复杂性。

第二，这种项目会与组织所有部分（不是一些，不是大部分，而是所有）有联系。因此，组织中各个层级的雇员都会参与到这个流程中，主要的挑战来自以下几个方面。

（1）协调各方，获得支持，推进他们职责范围内的任务向前进展。范围可能是核心功能型职责（如人力资源、财务、信息技术、运营等），也可以是基于任务型职能（如策略、品牌重塑、文化整合、沟通团队等）。这通常由项目经理负责，远距离管理或视情况而定。

（2）不要陷入内部政治斗争的陷阱中。

（3）强调这些流程始终是关于人的。

第二个组成部分，"定制"部分，占并购整合项目工作量约20%～25%。这是根据每个并购项目独特的情况特别定制的。这个部分跟例行流程是不同的，因为它从评估收购公司、标的公司和两个公司各方面的不同之处开始，包括商业元素（策略、产品组合、销售方法）、人员相关（包括文化、沟通方法、组织结构和层级），还有其他方面（包括信息技术、运营、销售、营销和财务等）。

评价的结果在我们执行的每一个并购整合流程中都会有不同，因此结果的不同也会影响到每一次并购整合的执行。

评估结果可以帮助回答以下问题："整合的方法是什么呢？整合的步骤该是怎样的？整合的强度（完全整合、部分整合等）呢？该如何解决公司文化的不同？"等等。这会为并购整合参与者们指明行动的方向，从而更专注目标，更有效率。

第三个组成部分，"准备面对每种情形"部分，占了并购整合项目工作剩下的部分（占5%～15%）。这可能是占比最小的部分，但是它的影响却是最大的，因为它帮助执行者面临没有准备好的情况（如计划外员工罢工，可能影响商业决策的外部政治压力，比如关闭工厂、员工的大批辞职等）。因此，应特别注意了解和规划这些潜在的情况，此外还应注意到正确管理和减轻风险的重要性。

通常，这些"意外"出现在经常性的领域，具体如下。

（1）**商业方面的意外**。大客户或重要客户的忽然离开是不寻常的，这种情况会影响合并后公司的预期销售额和协同效应。

（2）**人员方面的意外**。例如，关键人员离开公司早于预期，同时他们的知识无法传授给他人。

（3）**制度方面的意外**。对监管部门的审批时间估计过于乐观，有很多未来的"路障"被低估。

一般无法预见到所有的情形，但是评估风险，并将潜在风险分类并相应降低风险却是有可能的。本章后面还会详细介绍这个组成部分。

并购整合框架™（AIF）

正如我们所讨论的，为所有可能的并购整合情形做准备是很困难的。之前提到 5% ～ 15% 的可能情形是无法预料的，其中一个或几个情形会在某个时间点出现。这些情形是并购整合阶段中可能出现的影响重大的负面情况，但是如果有适当且详细的准备，在规划阶段便有可能预测到大部分的障碍，并为克服障碍做好准备。

为了专业化应对所有的并购整合挑战，包括"例行流程""定制"和"准备面对每种情形"，需要建立一个框架程序来确定在并购整合计划和执行阶段应该采取的行动。

为了管理"例行流程"中的任务，为不同的"定制"任务做好准备，并且尽可能地参与到"准备面对每种情形"部分中，国际并购整合联盟提出了并购整合框架™，见图 13-2。该框架为完全支持上述活动提供了全面的支持。接下来我们会详细介绍这个框架和其组成部分。

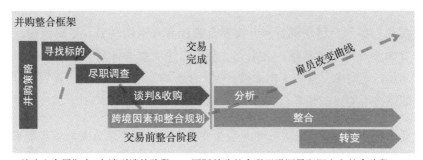

- 并购生命周期中 7 个端到端的阶段——国际并购整合联盟强调尽职调查和整合阶段
- 虚线代表着人员的改变过程，在整个并购周期中很重要，通常在交易结束阶段最低
- 在每个特定的整合中要务实，注重严谨和细节，同时允许灵活性
- 适应客户的内部方法、方式、工具和文化

图 13-2 国际并购整合联盟的并购整合框架™、工具和模板，为整个复杂的国际并购整合项目提供结构

这个框架处理了各种实践领域，包括：

- 整合方式的清晰定义；
- 对流程的清晰理解和定义，支持治理，包括任命高层领导、定义整合、汇报结构、组织并购整合会议和例行活动；
- 建立整体并购整合计划的详细计划（例如，高层计划、关键人员保留计划、关键客户保留计划、沟通计划等）；
- 其他支持的工具和实践领域完善了并购整合计划活动，包括矩阵法和其他工具可用来衡量进程的有效性、风险分布和减轻、协同效应计算、速效方法的分配等。

综合使用所有这些元素可以用来监督、验证和促进并购整合的成功。

整体框架包含了并购生命周期中 7 个端到端的过程。本章只介绍跟并购整合活动相关的阶段。

对整合的规划活动通常在尽职调查评估结束时开始。尽职调查（在第 9 章中介绍）被用作一种探索性的工具或出发点，尽职调查过程中搜集到的信息是并购整合做出规划的基础。

并购整合程序（见图 13-1）涵盖了跨境因素和整合规划、分析和整合阶段。为了将这些阶段放在正确的背景中，让我们回到尽职调查阶段，并对这个阶段做出清晰描述。

尽职调查

之前我们提到，尽职调查和并购整合流程有着密切联系。尽职调查，从本质上看是并购整合规划的基础，必须充分利用以建立整合计划。应该在这个时间点做出活动和行动清单，这些工作成果会极大地影响到随后的并购后规划。

尽职调查中完成的任务会在以下方面影响并购整合。

- 风险分布和减缓计划（在组织层面和由各个工作小组负责的工作小组层面），包括定义风险减轻计划，寻找出可能会影响决策的危险信号。
- 初始的协同效应分析、定义收入的协同效应、成本协同效应和快赢方法。这些随后会在并购整合阶段被检验和挑战。
- 对两个公司初始的匹配评估，包括策略、商业计划、文化评估、组织结构、补贴和福利等，专注于商业元素以及人员因素。
- 核心员工和临时员工分析、建立留用计划、确定知识转移的方式。
- 核心客户分析，包括实际销售、和客户的关系、建立关键客户文档、制订保留客户的计划。

跨境因素和整合规划

收尾尽职调查工作并获取工作结果后，接下来的任务是对我们面临整合流程的种类和方式的理解。

在跨境因素和整合规划阶段，这个理解指的是实际计划。并购整合领导给出执行指示，进展发生在三个平行活动中。

（1）定义合适的整合流程——定义整合方式。

（2）开始为整合流程建立基础，尤其是流程的治理，包括：项目结构、管理路径和汇报条线。建立整合管理办公室对于开展这个流程是很重要的。整合管理办公室的任务包括：确定操作和方式、促进团队启动、设定治理和汇报框架。

（3）制订不同的并购整合计划、机制和监督工具，并活跃地使用它们。第 1个 100 天计划应该包括：人力资源、财务、技术、企业服务、市场营销、运营、整合计划、区域整合计划、沟通计划（内部和外部）以及文化融合计划。同时，应该使用交割完成前的额外整合机制：减轻风险活动、协同效应和速效方法、第 1 个100 天行动计划（D1-100）、动员和沟通。

整合方式

为了启动并购整合活动，有必要了解公司面临的整合类型。领导一向以快速业务为导向、成本削减和敌意的整合与领导一向平衡、和平和以人为本的整合是非常不同的。这两种方式处于两个完全不同的方向。

整合方式（见图 13-3）包括一组元素，为收购者提供了一个定义整合方向和在特定情形下最适合的方式框架。

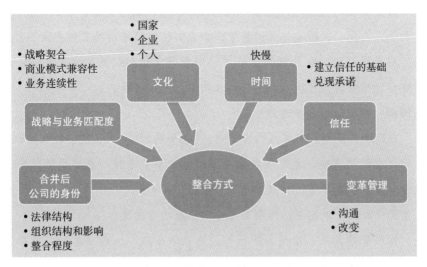

图 13-3　整合方式（关键因素）

在跨境背景下，这些元素应该被赋予不同权重。

整合方式框架包含下面这些元素。

- **战略与业务匹配度**：战略契合、商业模式兼容性、业务连续性。

  收购公司应该从清晰定义战略方向和路线图开始整合进程。战略是整个整合进程的指路灯。任何来自战略路线图的商业模式变化以及利用潜在的交叉销售和增长销售机会来保持业务连续性的计划，都会带来收入协同效应。[⊖]

- **合并后公司的身份**：法律结构、组织结构和影响、整合程度。

  一旦战略清晰之后，应该定义法律结构。哪家公司持有另外一家公司？哪家法律实体正在被清算？应该谨慎沟通法律结构，因为对于员工和利益相关者来说，"谁在主导演出"并不是很清晰。税务是主导法律结构的主要因素。

  此外，应该定义和沟通组织结构图，谁在合并后的公司工作，谁不在，谁向谁汇报，哪些组织单位将被关闭，等等。

  最后一点是整合的程度。从"保持原样"到"完全整合"之间，有一些其他选项。收购方应该从这个角度定义整合目标。

- **文化**[1]：国家文化、企业文化、个人文化。

  文化往往是一个被忽视的领域。管理团队把重点放在商业相关的领域而倾向于忽视文化。在大部分整合结束之后，能学到的一课就是，文化是必须关注的关键因素。

  讨论文化的概念时，经常讨论到三层文化：国家文化、企业（组织）文化和个人文化。在跨境并购交易中，企业文化比其他两层文化占比要重。

  对不同层面文化的评估，从评估中获得文化相似点和文化差距，这会为整合过程中的文化状态和独特做法提供更好的理解。

- **时间**：缓慢进程和快速进程。

  并购和并购整合中常用的方式是："越早越好"；因此整合流程应该在100天之内加快完成，此时应该做完大部分的整合工作。在实际操作中，大部分时候"快就是慢，慢就是快"，在定义整合方式的背景下，有必要决定哪些变化会更快地发生，哪些可能会以较慢的速度发生。

  指派管理团队、定义组织结构、完成财务统一、建立新的电子邮件地址等通常进展很快。新工作地点、工作流程、统一福利补贴、信息技术整合

⊖ 也称为"最高协同"。

等往往会花费更多的时间。

● **信任**：建立信任的基础、兑现承诺。

在整合过程中，员工和管理团队的焦虑是持续的。因此，他们会以自己的方式来理解谣言信息，而这通常会对合并后公司的精神和士气产生负面影响，最终可能会造成关键员工和顾客离开公司。

为了避免这种情况，重要的是要建立各方之间的信任。信任可以通过不同方式建立，但是沟通和一致性是最有效的方法。整合方式框架中定义的计划包括：使用哪些方法，使用频率等。

● **变革管理**：沟通、改变。

为了使这个复杂的过程运行并且成功，必须在整合方式框架中对改变做出管理。

沟通计划是变革管理的核心因素。适当、持续的沟通信息会促进合并公司内外听众对信息保持清晰的理解。沟通策略应该嵌入到整合方式框架中。

整合流程的基础：治理

两项治理机制应该被应用到并购整合流程中：①整合结构和并购整合团队的形成（内部和外部）；②整合管理例行流程和汇报结构。

建立并购整合治理结构　并购整合结构组织通常分为三层：①整合监督委员会；②整合管理办公室；③基于不同职能领域和任务的不同工作小组。为了合理管理这个生态系统，需要明确的指挥链，即从首日开始就要就汇报流程和程序达成一致（见图 13-4）。

整合监督董事会⊖。整合监督委员会通常包括 3 ~ 5 名高级成员（取决于整合过程的复杂性）。收购方和被收购方的平衡取决于交易被执行的类型。在大部分交易中，大部分委员会成员是来自收购公司的代表，被收购公司通常在委员会中获得一个席位。一名成员被任命为主席，同时也是整合项目的"担保人"。

在公司兼并时，有倾向在委员会中从两个公司任命相同数量的人。在跨境交易中，正确的做法是任命来自不同地理位置的人员。在这种情形下，员工的组合会更复杂。在项目过程中委员会的成员也有可能会被互换调离，比如说来自人力资源和销售部门的委员会成员会最先进入委员会，接着是生产、研发部门和信息技术部门代表加入。

⊖　也称为整合监督委员会。

图 13-4　并购整合结构：角色

在整合监督委员会中任命合适的人对于实现整合的成功是非常重要的，因为他们必须来指导组织，确保并购整合迈向正确的方向。为了把组织引向安全地带，整合监督委员会应该执行以下职责。

- 为并购建立目标和策略，并提供方向。
- 做出决策——支持整合管理办公室、并购整合领导和部门团队领导，在出现纠纷时做出最终决策。问题上报的终端在整合监督委员会，为纠纷提出决议。
- 在和整合相关的方面讨论领导层的作用，根据相应官方沟通计划和利益相关者们沟通，以确保获得他们的理解和支持。
- 监督过程，在必要时加快进度。

整合管理办公室。整合管理办公室是负责管理日常整合活动的团队。整合管理办公室的一名成员应该被委任为并购整合领导，是负责项目端到端责任的经理，其工作职责主要包括以下几项。

- 训练和提供工具、见解、支持和方向。
- 项目领导——在领导、任务、截止日期和优先次序方面达成统一；搜集并购整合功能团队的状态报告。
- 协调工作小组之间的互相依赖性。

- 整合行动计划和执行，包括为"首日"准备、第 1 个 100 天计划、为功能性小组和垂直小组规划。
- 协调所有利益相关者的项目沟通。
- 监督和确保整体的项目合规和风险管理。
- 捕捉协同效应：计划、追踪和报告。
- 监督机制改进：项目进度向监督委员会汇报、周会和报告等。

工作小组（功能性的、地域性的和基于任务的）。这层通常包括多个团队，每个团队代表以下某一板块。

- 功能性领域，如人力资源、财务、信息技术等团队、承担所有功能性领域内与整合相关的任务。
- 地理区域（依赖于公司地理分布的复杂性），人们被分配到特定的区域或地区。在跨境过程中，会有特定的地理位置，由于不同的原因（比如当地业务量、员工总数等）获得比其他地方更多的关注。在这种情况下，除了功能性小组外，应该也有基于地理区域的工作组。
- 特定任务分配，通常针对特定收购而制定。最后这一类工作小组通常由跨公司的员工组成，并解决会影响到整个公司的任务，如订单现金流程、供应链流程、创新方法或研发过程。在某些情形中，还有基于任务的工作小组管理战略、业务相关的任务，比如量化协同效应和评估新业务模型。

工作小组中的成员通常兼职整合工作，选取一人作为小组领导，这通常是一个能够管理变革的高级决策经理。

不同的工作小组负责以下任务。

- 实现流程整合。
- 执行活动日志中的步骤。
- 最小化商业干扰。
- 上至与整合管理办公室的人员沟通，下至与小组成员沟通。
- 管理不同功能的工作小组活动，比如目标、策略和战术；特定任务的子团队；确定团队的关键绩效指标、风险和速效策略。
- 为并购整合功能性团队职责建立详细的计划，包括：优先次序、时间表、所有权和截止日期。

- 汇报工作小组的项目进度。

建立并购整合例行流程　并购后管理项目的汇报程序通常有两种方式：自上而下和自下而上（见图 13-5）。前面提到的三个层次上的不同结构单元必须相互作用。没有适当的定义和规则，这种结构和项目的结果就注定要失败。

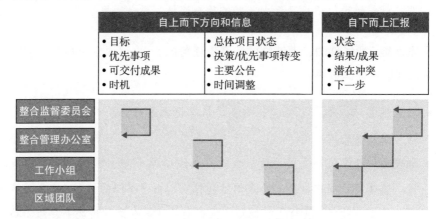

图 13-5　并购整合结构：沟通和汇报

自上而下的方法是用来指导下游或层级结构中较低级别层次的。它通常从整合监督委员会定义的政策开始，或为整合管理办公室和工作小组指导方向。通常以目标、优先事项、可交付成果、时机等形式向并购整合项目提供指导。对自上而下方法的另外一种使用是为整合并购状态提供时间更新：项目状态、决策 / 优先事项转变、主要公告等。

自下而上的方法主要被用作两个目的：第一，作为一项报告机制表示当前状态，包括结果、成果、空白、潜在和现实的冲突以及接下来的步骤；第二，作为层级汇报的机制，当情况需要时，尤其是当现实跟计划不符时（没有像预期一样进展）或当出现分歧和冲突，需要在高层得到处理时（见图 13-6）。

整合监督委员会。由于项目已经启动，整合监督委员会每周举行一次会议，随后每两周一次或如需要仍然保持每周一次。通常审查的主题如下。

- 状态汇报和进展监督。
- 异常报告。
- 基于预算 / 成本与协同效应的实际报告。
- 联合工作小组和整合管理办公室编写的工作问题解决方案。
- 预算 / 成本与协同效应的实际报告。

自下而上汇报频率

汇报主体	汇报频率	会议议程
收购担保人	临时安排	• 状态，进程更新
整合监督委员会	每周或临时安排	• 状态汇报和进程追踪 • 异常汇报 • 基于联合工作小组和并购管理办公室编写的工作问题解决方案 • 预算/成本与协同效应的实际报告
整合管理办公室	每周	• 每个工作小组的工作报告 • 独立话题的讨论 • 准备解决问题 • 持续沟通
工作小组	每周	• 行动点进展日期 • 讨论未来一周的行动点 • 基于监督委员会的指导解决障碍 • 识别与其他工作小组的相互依存关系 • 整合信息和目标的持续沟通

图 13-6　并购整合结构：自下而上汇报频率

在跨境并购交易中，整合管理委员会也应按照上述内容举行会议，但需要额外注意两点：①调整会议时间以适应"全球时间"，这些会议一般通过视频会议的形式进行；②这些会议有时是面对面形式，每次会根据整合内容的不同而选择不同地点。

整合管理办公室。整合管理办公室是领导为并购整合进程提供日常监督的工作机构，并确保所有的工作小组保持预定进度。在最初，整合管理办公室成员每日会面，基于战术方面进行协调，并每周会面以全面更新项目进度。随着进程的推进，会面频率下降到大约每周 2 ~ 3 次，但是总体会议保持每周一次，随后可以考虑每隔一周一次。在这类会议上包括的议题包括以下几个方面。

- 每个工作小组的工作汇报。

- 工作蓝图更新。

- 对相互依存话题的讨论。

- 为问题准备解决方案。

- 持续的沟通。

工作小组。工作小组计划和执行所有的整合任务。这些工作小组可能是功能性的或基于任务的；在任意一种情形下，这些小组负责将并购整合计划转变成事实行动。不像整合监督委员会和整合管理办公室，工作小组的工作是很紧迫的，并穿插在小组领导的日常非整合任务中。在整合项目的生命周期中每个小组应该定期以周为单位见面，并审查以下话题。

- 任务执行的进展现状。
- 讨论未来一周的行动点。
- 基于整合监督委员会的指导来解决障碍。
- 基于分析得出结果和决策。
- 识别与其他工作小组的相互依存关系。
- 整合信息和目标的持续沟通。

驱动这些例行事项看起来并不特别复杂，通常是可实现管理的，但是在全球范围内领导这些活动却是不同的。全球并购整合过程需要跨越不同的大陆、地区或国家。时区、文化（国际和公司）和语言都会增加挑战性。

此时，促进整合开始的初始工作和各类整合任务已经完成，包括：分析主要员工、留任谈判、提供工作、领导公告、安全、通信、品牌、设施、人力资源、产品准备、关键客户和关键供应商会议、监管文件上报等。

这就是为什么要组建"全明星"团队来执行所有这些并购整合任务。这个团队中包含的员工和管理者应该：

- 具备商业策略、商业计划和客户方面的知识；
- 对自己所在的职能领域有深刻的理解，可以帮助自己的团队或工作小组，也可以为其他团队提供咨询；
- 良好的人际关系能力和团队合作精神；
- 懂得自我管理，有项目管理经验；
- 对其他语言和文化敏感；
- 有促进他们的工作小组的驱动力和渴望；
- 在日常工作中有高级管理任务。

并购整合计划、机制和监督工具

正如之前讨论的，在这个阶段，已经投入了初始工作来建立并购整合计划、机制、监督工具，并已经投入使用。

"首日"和并购后第 1 个 100 天计划包含了所有如关键员工保留计划、关键客户计划、沟通计划、协同效应的量化计划、文化计划等补充计划以外的功能领域活动，此时公司应该已经准备好进行更高层面的活动。

工作小组领导应该对两个公司的情况、交易逻辑有了初始的理解，并根据这些理解来定义他们初始并购整合计划的内容。

与此同时，交割完成前另外的整合机制应该被应用：风险和减轻行动、协同效应和速效方法。这些元素会在"分析"部分详细介绍。

分析

分析这一步骤是"跨境因素和整合规划"步的自然延续。在这一步骤，整合团队从"低调"参与和深层次计划，转变到管理执行一个大规模的项目，该项目中还涉及各种参与者和需要被关注的领域。

这个阶段有以下特征。首先，并购整合过程从计划转变到执行。随着项目的进展，参与者进入未被规划的更深层的细节中，细节中的一些特定的元素超出了计划的范围；在此时开展留任计划，哪些关键员工会被留任、公司会提供哪些留任计划已经很清晰；业务和办公地点的分布也已经清晰，关键客户已经被定位并且被接近，其他组织任务也已经被处理。

专注于整体整合方法，定义整合治理的原始团队也正在扩展中。团队中增加人员、扩展团队，同时也在获得交易状态和交易位置的信息。

整合团队（主要是工作小组）准备就绪，同时进行以下任务。

- 所有参与的人都要经过一系列的培训，以便在以下几个方面取得一致：交易状态和逻辑、整合方法、跨文化训练以及并购整合规划要点。
- 进行工作小组分析，包括对尽职调查结构的深入审查。
- 整合计划更新，包括验证假设、分类未知信息（尽可能）、审查进行中的项目和计划、更新整合计划、优先事项、产品路线图、问题和谈判等。
- "首日"规划就绪，包括对交割完成前后应该完成的所有任务的定义，比如财务（银行账户、签字权）、人力资源（薪金和留任计划）、销售（主要客户）、研发（产品研发和路线图）等。
- 第 1 个 100 天计划就绪，涵盖所有整合元素和任务，包括：
  - 风险分布和缓解计划；
  - 定义关键绩效指标和衡量机制；
  - 速效方法的分配和沟通计划。
- 协同效应分析：定性评审和验证、估计测算、实现要求、分配和预算。

在启动整合团队的同时，并购整合流程开始以"项目"形式进入管理程序。管理一项跨境并购整合流程除项目管理技巧外，还需要特定的管理技巧和能力。它需要艰苦的工作、纪律和管理这种项目的敏感性。

想要成为一名优秀的项目经理，应该遵照以下实践。

- 保持简单：不要复杂化。专注于项目的目标，仅招募足够和必须数量的人员参与到项目中，不要设定太多的状态更新，不要书写过多的文件。
- 做出决策：最糟糕的事情是让疑问和决策悬置或等待高层管理的批准。不要期待一直做出正确的决策，有时你可能会错，但也要好过不决策。
- 遵照上一点，组建多功能、多维度以及有着不同技能和能力的团队。不要超员，并确保团队成员都是实干家，你不应该浪费时间在不参与者身上。
- 尽早、尽快制订你的计划，对变化和更新保持头脑开放。确保你的项目在截止日期前结束，并保持紧凑节奏。
- 使用方便组织工作的工具，不论是简单的项目管理软件方案、指定的并购后管理软件还是Excel电子表格。不要复杂化这些工具的使用，因为它们会很快被废弃。
- 准备好应对危机。没有项目不会遇到危机。
- 承认项目中会涉及不同的文化、个性和议程。随着项目的进展，试图理解新的生态系统和动机。

整合

在整合阶段，组织从探索和规划转向全面的执行参与。

整合管理办公室团队会管理并购整合项目，照顾到并购整合努力的所有方面，包括管理过程、向整合监督委员会定时沟通、管理、协助和指导功能性工作小组或基于任务的工作小组。

在特定情形中，这个团队也会管理高层次的任务，比如战略更新、组织结构的调整、沟通计划的执行等。治理、结构和惯例的并购整合会更进一步，并购整合项目会全速前进。

基于任务的工作组，比如策略、沟通和地理位置等，会出现与功能性工作小组相关的每个需求。典型的功能性工作小组从以下方面开展工作。

财务：会计、流程再设计、财务、税务、营运资本优化、控制和报告、合规、现金订单、企业资源计划（ERP）实施。

人力资源：角色和职责、薪酬福利（C&B）、条款和条件（T&C）、领导、员工人数（和减少）、核心员工保留和人才、流程和程序、人力资源体系、福利、工会和工作委员会、文化分析与实现计划。

销售：新领域分析、客户规划、战略合作伙伴关系、销售人员双向培训项目、捆绑销售机会、客户细分、客户盈利能力、渠道、交叉销售和销售增长的分析和规划、销售管理、补偿（配额）、销售支持和管理。

营销：产品、定价、品牌、公关、宣传材料、网站、市场细分、市场化战略。

信息技术：信息技术战略和路线图、组织、基础设施、电信和网络、安全、电子邮件、功能和操作系统。

经营：产品架构的分析和规划、工具和方法的发展、基础设施、数据库管理员（DBA）机制、研发、供应链、物流、设备、质量。

与此同时，根据整合背景还有以下元素应该被照顾到。

业务部门整合：组织再设计、治理再设计、变革报告与追踪、业务部门的转换与移交。

地理整合：组织再设计、治理再设计、改变报告与追踪。

企业服务：税收、法律、并购、房地产、监管、政府事务、知识产权。

本章小结

- 什么是并购整合流程？如何组织和管理它。
- 并购整合组成的成分有哪些？如何理解每一个成分？
- 如何设立并购整合治理，尤其是项目的结构、角色和职责、例行会议、沟通等。
- 随着治理方式的确定和组织开始工作，应该完成的关键任务和日常流程。
- 如何定义正确的整合策略并遵循它。
- 并购整合的计划、机制和监督工具的类型以及如何使用它们。

注释

参见第 7 章。

第 14 章　并购整合计划：
不同国家特有的文化趋势和建议

◎甘霖

□ **学会思考**

　┊ 为交易做整合规划时的一些建议：寻找适合的途径并融入对文化和
　　 工作方式的考虑

　┊ 关于文化的建议和提示

　┊ 简要介绍不同地区的主要整合问题

□ **本章概要**

　　在文化层面上应对跨境整合需要进行前期投入。收购方需要在各
个文化维度了解自己和标的方的实际情形。本章中，我们建议在收购
方和标的方公司中创造一种文化意识，一种在面对文化分歧时能达成
共识的处理方式，并在团队中保留最少的不同文化类型。

　　收购方应力求合理解读文化信号，并根据不同的群体预期来适当
调整领导方式。在考虑文化因素的前提下做出的决定和行为会更具说
服力，并能有效促进整合成功。

引言

　　当准备一笔交易时，或和标的方公司管理层接触之前，应花时间学习标的公
司所在国家的当地文化，并为自己公司基于这种文化做一个合理的定位和评估。

　　假设一个人在大多数员工眼里是一名好老板，一名有效的沟通者，在他所在

的文化圈中是一位值得信任的人。某一天他忽然来到另外一个国家。令他感到异常惊讶的是，他现在被认为是一个无效的领导者、糟糕的沟通者，并且给人虚伪和不诚实感。反过来，他也同样认为他的同事很难相处，甚至故意在误解他，并且不遵守承诺。

在公司日常经营中，对他人的个体差异具备正常水平的理解足以使一个人被称为是一个好的管理者。但这可能使一些管理者形成一种错觉，误以为他们懂得如何处理跨国文化差异。本章将提供一些工具来帮助读者提升在跨国商业中关系管理的技巧。

想要使一项并购整合成功完成，意味着需要玩转一个多维度的魔方：同时调和个体差异、语言障碍、国家文化、地区文化、组织文化和行业特定的文化。一个人如何才能意识到所有维度的不同之处呢？换句话说，如何使一个人从"无意识的无技能"状态，到达"有意识的拥有技能"状态，甚至更上一层楼呢？

艾琳·迈耶（Erin Meyer）是欧洲工商管理学院的教授，也是《文化地图》一书的作者。她提出了一个八维度模型，其中每个维度都代表着整合管理者为提高有效性而需要关注的一种特定的文化维度。

这 8 个文化维度分别是：①沟通；②评估；③说服；④领导；⑤决策；⑥信任；⑦分歧；⑧时间观。

想要在文化"迷宫"中辨别方向，非常重要的一点是收购方在每个维度都应理解自己公司本身的文化和收购对象的文化。对于一些日本人来说，西班牙人可能在沟通上非常直接并直奔主题。但对于美国人来说，西班牙人一点也不直接。

图 14-1 展示了以色列人和俄罗斯人在沟通、评估、信任、分歧和时间观方面是多么相似。然而他们却在领导风格和说服他人方式上截然相反。

所有的问题归结到收购公司和标的公司在沟通维度上是否一致。在管理一个国际团队时，需要了解团队中每个成员是如何解读其他成员的行为和习惯的。

并购活动最活跃地区的文化概述

根据多种评估并购的指标，我们选出了一些国家和地区，并根据文化上的相似性将这些国家和地区分为三组。

- 盎格鲁－撒克逊地区：美国、加拿大、英国。
- 亚洲国家和地区：韩国、新加坡、印度、日本、中国内地及中国香港。
- 欧洲国家和地区：德国、法国、荷兰和北欧国家。

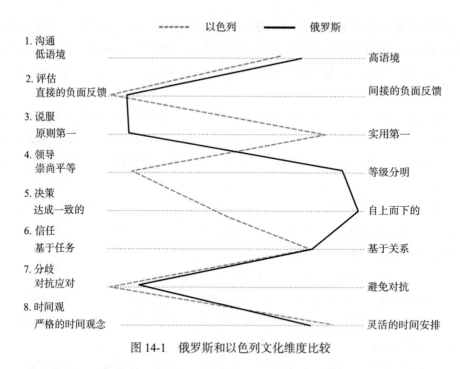

图 14-1　俄罗斯和以色列文化维度比较

以下我们将分享在各个文化维度上对这三组地区的一些见解。

盎格鲁 – 撒克逊地区

沟通

　　和一位来自盎格鲁 – 撒克逊地区的人沟通应该是逐字的、明确的、清晰的和准确的。向对方传递正确的信息是沟通者的责任。一个良好的表述者会清晰地表达他所要表述的内容、表述的方式，并且在结尾处不忘对内容做一个小结。

　　对于一个盎格鲁 – 撒克逊人来说，面对较为间接的文化是一项挑战。他永远不会听到一句清晰的"不"，他需要自己寻找答案。这是一个隐藏的"不"，但是被伪装成"是"，或者"也许"，或者只是一个"是"的回答，但对方却在摇着头。

　　无法识别这些隐含的信息会让收购方误以为沟通是有效的。但是可能几周之后当他再检查进度时，却发现没有任何实质进展。

　　当某个人被认为是老板或者顾客时，来自较间接文化的人会试图用较为隐晦的方式向对方传递负面信息。对于他们来说，直接用"不"作为回答几乎是不会发生的，因此需要关注那些代表着"不"的语言和非语言信号。

　　一个亚洲人，或者一个与美国相比沟通风格较委婉国家的人，用直接的风格和美国人沟通会更有效。这意味着一个美国人可能会喜欢对方回复他的每一封邮件，收到有关各项决策和行动的总结。他会把收到邮件回复本身看作有效沟通，即使这份邮件回复的内容是"没有任何需要回复的内容"。

评估

提供负面的反馈：与直接沟通风格相反的是，一个盎格鲁–撒克逊人在提供负面评价时会较为含蓄和间接。他会通过表述几条积极信息来传递一条负面信息，这样负面信息的负面成分会被冲淡，让事情听上去不那么可怕。他可能会说："你可以做得更好一点。"而一个法国人在传递同样负面信息时会非常直接，甚至会使用强调的词语来强化信息："你的工作绝对没有一点价值。"（见图 14-2）

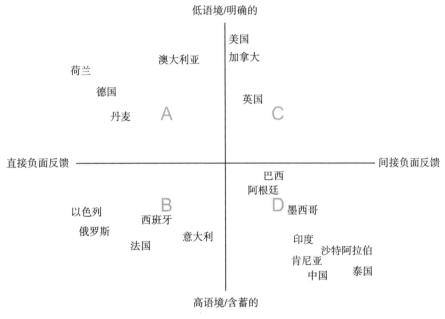

图 14-2　反馈的程度

在衡量反馈程度时，美国和法国位于相反方向轴的两端。应对这个问题的方式是衡量标的方和收购方在反馈图上的相对位置，将一方表达的语言转换成另一方文化下的语义。例如一个英国人需要将法国人口中强调负面消息的词汇换成英语中冲淡负面消息的词汇。法国人说"你的工作绝对没有一点价值"，这句话可以被英国人转换成"你可以做得更好一点"来理解语义。当然也可以从相反方向进行转换。

不过要提醒一点，传递负面信息时，还是避免模仿所在国传递负面信息的方式。因为这样很难表达恰当，对方也可能会感觉到被冒犯或被敷衍。

说服

当启动工作小组开始整合任务时，美国人喜欢直切主题。整合团队领导会提供可行的解决方案、需要采取的行动和适用的策略。任何有关决策制定方式、合并团队商业模型和备选策略优缺点的问题会被随时提出却不会被优先解决。

这跟法国人工作方式相反：当我收到我法国同事吉勒斯（本书第 1 章和第 8 章的作者）的邮件时，我首先看到的是像"词汇雪崩"式的大量陈述，最重要的信息往往在邮件最后才能找到，但那时我很有可能已经想放弃继续理解信息了。本章后文会介绍更多有关法国式说服的方法。

领导

在美国，一个领导的决策不是固定不变的，作为迈向正确方向的一步，但这个决策有可能会改变。领导和团队之间的等级距离不远，因此可以很快决策并付诸实现。

决策

尽管在美国和英国权力距离较短，但是决策是由领导人做出的，并且不允许下属挑战。领导受到下属挑战的类似情形可能会在德国或法国发生。

信任

建立关系上信任的文化对于这种态度会不解："如果你不想知道答案，为什么要问这个问题呢？"对于他们而言，信任来自心与心的沟通，而不是思想上的交流，情感世界和商业世界是一回事。来自这种文化背景的人会被美国人的"会议马拉松"搞得莫名其妙，讨论了很多行动方案，也听到了很多有用信息，可他们就是无法建立信任基础。

分歧

盎格鲁－撒克逊人不会轻易公开分歧。可能令人惊讶的是，很多国家在这一问题上比美国和英国更直接。比如欧洲国家，他们常在公共场合讨论政治和宗教的问题，而美国听众通常在这些问题上保持相对沉默。英语这门语言本身善于在表达分歧时用斟酌的口吻（"嗯，这很有趣"），或者是幽默，甚至讽刺。幽默有很多用处。在谈判中可以用幽默来化解僵局或引入新议题。收购方如果能成功捕捉到对方的幽默点，这会帮助他获得英国标的方公司的尊重。即使谈判很顺利，也别期望在会议结束时就可以达成协议，而应该提议"在下周末做出最终决策"。

时间观

时间管理观念的习惯和文化中的直接领导风格、快速决策特征相一致（见图 14-3）。一般美国和英国同事会守时，并且会按照顺序处理工作任务，同时他们也会同样要求他人。他们会倾向于不重视意外出现的紧急事件，因为他们将这些事件视为干扰。德怀特·艾森豪威尔说过："重要的事情很少是紧急的，紧急的事情很少是重要的。"整合活动是一项高压力，同时有着重要且紧急阶段任务的活动。在这个表现至关重要的环境中，信任是通过守时、对商业活动的专注和对任务的及时处理逐渐建立的。

在时间观念严格的文化中，通常会为一项任务设置截止日期，清晰地定义任务并为任务排序。甘特图可以可视化任务之间的相互关系和各自的用时。营造这样的环境对于实现跨境整合的成功非常重要。但是如果要将这种严格的时间规划方式应用到一个时间观念灵活的文化中时，这种方式将会面临挑战。在标的公司实现协同效应并实施变革的过程一般会拉长。

图 14-3　时间管理观念

亚洲国家和地区

沟通

在亚洲国家沟通是高语境的、含蓄的、微妙的和有多层含义的。对信息的准确理解是沟通者和倾听者的共同责任。掌握微妙的肢体语言（例如点头和哼声），试图理解字里行间的意义并参考文化含义是非常重要的。

一个没能抓住理解语境参照点的非亚洲人可能会错过重要的隐含意义和信号。在中国，人们一般不会把想要表达的意思当面说出，因此需要非常注意隐蔽的提示。要确认倾听者认为已经理解的信息，甚至需要确认 3 ～ 4 次。这对双方来说可能有些尴尬，但是依然好过误解或依照错误假设行事。

由于有效沟通是说话方和倾听方共同的责任，说话方应花费同样的精力倾听对方。为了在对方表述不够清晰时正确获取信息，经常要确认对方的意思。多练习一些自谦的幽默。坦率地承认自己来自一个不太复杂的沟通文化，请求那些来自复杂沟通文化中的亚洲伙伴给自己一些耐心和宽容。这种态度会帮助建立联系和良好的意愿。当交流障碍变得太过严重时，寻求帮助并不可耻。寻求帮助本身也会被视为一种积极的态度。

我们来看图 14-4 艾琳·迈耶对沟通方式的评估。

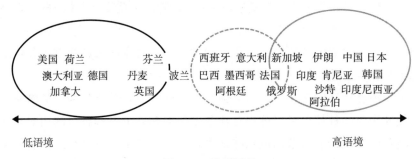

图 14-4　沟通评估

如果收购方有能力改变沟通方式，他应该通过适应高语境或低语境的文化环境来最大化沟通效果。

当面临和多文化整合团队一起工作时，应使用沟通的最低要求标准，即明确的、低语境的沟通方式。使用美国式沟通，清晰并准确、简要概括、列出清单、确定行动方式并付诸实践。尽量让这种低语境沟通的方式在团队中有效运行。

另外一种有效的方式是，在会议中和会议后为团队成员分配任务，并依次轮岗：

- 一个成员负责会议总结；
- 每个成员口头陈述他该做的任务；
- 一个成员将会议内容写下并分发给各成员。

澄清、澄清、澄清

当和位于沟通评估轴右边，即来自高语境文化中的人进行交谈时，要及时对信息进行确认和澄清。当和位于沟通评估轴左边，即来自低语境文化中的人进行交谈时，要尽量清晰。不论收购方和标的方在沟通评估轴的哪一边，不要误认为信息会准确无误地传递。当我在纽约 Abacus 公司担任投资经理时，我的老板弗兰克·威尔（Frank Weil）告诉我："甘霖，不要轻易做假设。"我牢记了这句话，并在每次培训中告知学员。

令人惊讶的是，大多数沟通障碍发生在同样来自高语境文化中的两方。双方都期待对方能察觉隐含意思，并且都不会直接清晰地表达信息。在这种文化背景下，信息可能永远不会以一方预期的方式传递到另一方。

我们建议一个简单的策略：衡量收购方公司和标的公司在沟通评估轴上的位置，并相应调整行为和预期。对于中国人来说，新加坡人来自更为低语境的文化，因此他们可能看起来非常直接，甚至直言不讳。而对于欧洲人、拉美人或盎格鲁－撒克逊人来说，新加坡人的沟通方式可能相当含蓄。

一个中国的商业伙伴甚至会将亚洲式的沟通方法推进一步，即期待对方也能读懂语言的隐藏含义。标的方会预期收购方能读懂特有的汉语语境，破解信息的真正含义。经过双方的共同努力，收购方和标的方会创造一个可以实现顺利沟通的商业语境。

在日本，首次会面的意义就是建立关系。这里需要花费时间来表明和对方建立关系的渴望程度。交换名片后，用心记住这些名字，在会议结束时应该能够不看名片地叫出对方的名字。

在印度，另外一个高语境的文化中，印度人的"摇头晃脑"可能会为外国人带来一些困惑和不解。这是一种看起来像是处于点头和摇头之间的头部晃动，并不附有任何语言。这种动作表达的真实含义类似于"好的""我懂了"或者"我在认真倾听"。

评估

亚洲人不喜欢在群体环境中收到关于个人的负面评价。当需要做出或寻求此类评价时，一般采取一对一交流，为消化信息留足时间，含蓄的表达或在字里行间流露真实含义。在放松的环境中实现交流，如提供食品和饮品，并且避免随后在办公室中提起。依照图 14-2 描绘的情况，日本和中国都应位于评估轴上的含蓄／间接负面反馈位置。

说服

想要说服亚洲人参与一项并购项目时，应该确保宏观的规划清晰并有说服力。亚洲文化重视整体性，人们会看到事物之间的相关性和联系。每一件事都会被放在一个协调的故事中。在做并购项目时，这种理解方式可以帮助工作小组、部门和区域之间实现联系和协作。

在日本，当收购方使用盎格鲁－撒克逊式的沟通方式向团队中每个成员说明任务时，第一印象可能是信息已经被清晰地传递给对方。收购方基本不会察觉到他这样的处理方式有不妥之处。但是随后他会注意到当地的团队并没有实现任何进展。这种沟通方式缺乏的是强调整体性：团队中每个成员需要知道自己个人的任务是如何在整合计划中体现出来的。他们不期望收购方对每个人说明各自的任务。在日本更有效的方式是为整个团队分配任务，而无须再细分。团队随后会在内部决定如何达到这一目标。

同样，想要在印度完成一项任务，及时确认和澄清也是关键。印度团队成员不会主动询问，因此需要收购方确认对方是否理解了信息。用书面方式向团队成员询问他们是否明白需要做的任务，并持续追踪任务是否完成。

领导

亚洲国家还有俄罗斯，通常有明确的领导级别结构。上司和下属之间通常有较远的级别距离。处于高层的领导会指导并保护下属，而下属向上司保证忠诚、尊重和服从。

下面我们列出了一些建议来帮助收购方在级别明显的社会中实现有效领导（见图 14-5）。

- 只和与自己同级别的人交流互动。收购方 CEO 在谈判中如需和对方公司领导会面，应预先知道对方公司和自己同级别的领导是谁，并先和他取得联系。
- 使用体现对方领导级别的称谓。避免向对方老板直呼其名：如果对方全名是"吉姆·琼斯"，避免叫对方"吉姆"，而要称呼"琼斯先生"，至少也要称呼"吉姆先生"。

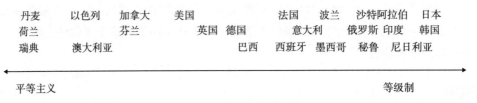

图 14-5　领导风格

决策

在亚洲，制定决策时不需要取得一致同意，老板会一人做出决策。但是这不意味着老板不向团队征求意见。他一般会通过非正式会议让团队确认一项已经做出的决策。表 14-1 对比了这种做法和其他地区文化下衡量会议是否成功的方式。

表 14-1　成功的会议

成功的会议是在：	亚洲人	盎格鲁 - 撒克逊人	德国人 / 法国人
做出决定时		X	
辩论各种观点时			X
决策得到确认时	X		

尽管一般亚洲国家会遵循"老板决定"（自上而下决策）的决策制定方式，但在日本却使用着一种和德国类似的级别决策方式：禀议制（ringi system），又称共识决策。在这种制度下，低等级管理者们会讨论一个新想法，达成一致后他们将这个想法汇报给更上一层等级管理者（见表 14-2）。同样经过讨论达成一致后汇报给更上一层等级管理者。类似的过程会依次进行，直到最高层管理者收到这个想法，而这个想法可能会被实施，也可能不被实施。这个决策过程在并购整合活动中的应用是非常重要的。不习惯达成一致的管理者可能会认为禀议制非常耗时、无用。但是，正如很多有经验的专业人士所证实，若不尊重当地习惯，在日本进行整合活动将难以按计划进行，并导致延迟、损失协同效应和信任。

表 14-2　跨文化决策制定策略

自上而下决策	共识决策
决策快，根基不牢	决策时间较长
易改变	最后决定，难以改变
较少征求团队意见	花时间与团队成员沟通
决策然后执行	得到支持之后做决定
跟进执行结果	为决策过程提供信息

信任

在亚洲，信任的建立基于和对方建立关系，进行社交活动或和对方进行较长时间的午餐或晚餐。建立共同利益是进一步合作的基础。对于一位不熟悉该过程的收购者来说，应努力习惯开放式沟通，展示真实的自我。拉长和对方社交饮酒的时间，习惯用电话交流而不是邮件，通过发展情感上的联系来建立信任。

和另外一个人建立情感上的联系可能并不容易，但是一旦形成这种联系就不易失去。这种联系是日后进一步合作的基础，甚至相当于西方文化中合同的作用。随着东西方投资活动的增加，能够从情感上理解并信任对方的管理者跟他人相比，有着重要优势。

在中国，信任和忠诚是对个人的，而不是对公司。如果没有赢得雇员和管理层的信任，收购一家公司可能导致标的公司最终成为空壳公司，因为主要销售管理者会选择带着顾客和下属一起离开。

分歧

与英语是母语的合作者或欧洲人相比，亚洲人不喜欢直接面对分歧。因为这会打破团队和谐，并让成员颜面尽失。若谈判的一方来自将达成一致作为小组讨论目的，并通过发散思维和不同观点来震撼对方的文化背景，亚洲人对分歧的避免让他们难以理解。在对待分歧的态度上，如图 14-6 所示，最为相反的国家是亚洲国家与法国、以色列、德国和荷兰，而盎格鲁 – 撒克逊国家位于中间。

图 14-6 中还包含另外一个轴：一个国家文化下的情绪表达程度。在谈判和会议中，这有助于识别行为和反应。日本人通常不会明显表达情感，而是趋于避免对抗。他可能需要付出很大的努力来克制内心对某个信息的反对，该信息可能来自一个较直接地表达情感和有对抗性的以色列人。加之这两个国家位于等级和反馈衡量轴的两端，并且有着完全不同的语境文化，因此想要成功整合来自这两个国家的公司，或达成交易与合作协议将是很困难的。

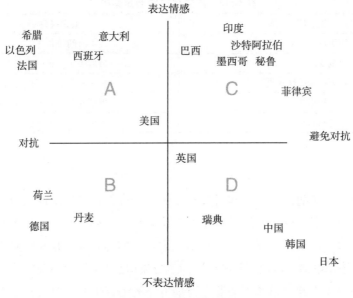

图 14-6　对待分歧的态度

需要记住，双方公司有共同的目标和愿望，却有着不同的观点和路径。因此面对分歧时不应太过在意，而这些分歧的来源一般会在两国文化差异中找到。

时间观

亚洲各个国家有不同的时间观（见图 14-3）。日本和德国、美国、英国处于一致的位置，而中国和印度处于与它们相反的方向：任务被打断、改变或重新安排是可以接受的。人们倾向于同时进行几项工作，而不是依次进行。同样的时间习惯也体现在举行会议时：会议会按时举行，但不会严格遵循时间表安排，期间也会临时出现新议题。会议期间的与会人员检查邮件、接听电话或者改变议题不被认为是粗鲁，而仅仅是灵活。

欧洲国家和地区

欧洲是由接近 50 个国家和 5 亿人口组成的政治和经济共同体。欧洲文化看似是一个整体，但是其中不同国家有着不同的传统和语言，因此存在着主要的跨文化差异。

沟通

沟通风格在整个欧洲大陆都不尽相同。荷兰、德国和北欧国家与盎格鲁－撒克逊国家比较，在沟通方式上更为直接和低语境。南欧国家，如西班牙和意大利沟通时更为高语境，在语言中表达多层含义。在沟通方式上，法国和亚洲文化更为相近。使用低语境方式和法国人沟通时，他们会认为读者说的问题显而易见，或者在用居高临下的方式对待他们。

评估

法国在评估方式上和美国截然相反：沟通时较为含蓄，但是提供评估反馈时非常直接。总的来说，欧洲人和盎格鲁－撒克逊人、亚洲人沟通时，应该降低他们反馈的强度。

说服

在德国，说服别人之前首先需要确保所陈述之事有坚实的基础和完善的结论。沟通者需要澄清理论基础和使用的方法，并说明是如何对结论进行压力测试的。准备好说服对方的论点，从理论出发再到实际应用。

法国人也喜欢先听理论规则再考虑实际应用。想要说服法国人也必须从理论和基础出发。如果收购方想要法国团队接受并购计划并执行整合任务，他需要从基础开始讲解。首先解释收购公司最初的目标、商业模式和实施的策略。再向对方说明收购方公司在商业模式上存在一个缺口，而通过收购可以弥补这个缺口。阐述收购会对合并后的组织、收购公司和标的公司有哪些影响。讨论收购的优缺点，征求反馈并力求获得大家的支持。此时才是开始整合计划的合适时机。

印度人和俄罗斯人也喜欢类似的交流方式，如图 14-7 所示。

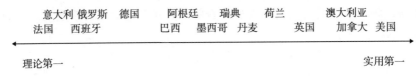

图 14-7　说服的尺度

领导

在德国，领导层级较为森严，一般有正式的称谓和职位，并且德国管理者不喜欢被同事和下属挑战。在德国，说服文化跟领导文化类似，在决策制定时和盎格鲁 – 撒克逊文化相比更倾向于寻求共识。

荷兰人不会在意团队中谁是领导。荷兰在霍夫斯泰德（Hofstede）文化维度中的权力距离得分很低，这意味着荷兰是世界上最平等的国家之一。成为一个好的团队促进者远比保持级别重要。一个骑自行车去工作的领导可以体现出他是"团队中的一分子"。

在 2013 年，一家瑞典医疗保健公司收购了一家波兰公司。波兰公司的人员过去习惯了等级严格的管理风格，并只收到负面反馈。被收购后，新领导给予员工的正面反馈感动了他们。但让员工进一步接受全视角的反馈则更为困难，这对于他们来说甚至是革命性的。这种反馈方式花费了一年来实施，因为标的公司员工害怕给自己领导提建议后被解雇。

表 14-3 比较了平等的领导风格和等级分明的领导风格。

表 14-3　平等的领导风格和等级分明的领导风格

崇尚平等	等级分明
尽量少使用名头称谓	最大化使用名头称谓
在他人面前和老板有分歧是可以接受的	听从老板的建议，尤其是在公共场合
人们在没有获得老板同意时也会行动	在行动前需要老板的同意
人们主动解决超出其职责范围的问题	人们遵守规则，或听从他们的上级
参加会议的人级别不一，与会形式可以是多对一或一对多	不同人员进行会议时在级别上匹配
可以跳跃等级层次进行交流	交流时遵守等级次序

(续)

崇尚平等	等级分明
没有特定的座位安排和说话次序	按顺序就座和发言
会议中会产生新想法	提前收到会议指示，因此你的团队需要根据指示准备
可以挑战老板	老板是正确的
在邮件中模仿老板可能表明缺乏信任	在邮件中，模仿老板
可以直呼对方名字	使用尊称和名头
决策需要时间	快速决定

信任

在欧洲建立信任关系的方式在每个国家都不同，甚至在国家内的各个地区也有所不同（见图 14-8）。欧洲国家在信任尺度轴上分布跨度较广。荷兰跟美国相似，信任的建立基于具体任务。而法国、意大利和西班牙更偏向通过关系建立信任，跟亚洲相似。

图 14-8 信任尺度

分歧

荷兰人、德国人和法国人会在公共场合展示分歧。对于他们，陈述各自的信仰、参与对话并达成共识是一种诚实的体现。而这种诚实只能通过讨论问题的正与反、提出大胆的论点甚至故意唱反调来体现。这跟其他国家文化非常不同，尤其是在亚洲以崇尚以和为贵。

时间观

欧洲国家在时间管理上的差异很大。意大利、西班牙和法国比较灵活。法国人可能会在参加会议时迟到、发言时间过长、拖延会议或不遵循会议议程。他们也可能会从一个议题跳到另一个议题。他们会利用时间，也会享受或浪费时间，甚至同时进行这三种活动，例如在罢工中。德国人和荷兰人非常守时，会议时迟到会令他们终止和对方的业务关系，浪费时间是一种罪过，因此罢工在这两个国家很少见。

小结

关注文化差异，带着尊重的态度接近对方。有效管理文化差异能够显著地提高对交易的理解和成功率。我们建议读者通过学习文化知识来改进自己的行为，并理解自己的行为和对方相比的不同之处。

在一个多文化的跨境整合团队中，整合领导人从多个文化维度理解自己所处的位置是非常重要的。如果团队中有经验丰富的成员能促进双方合作，这对整合非常有益。

考虑在团队中举行文化研讨会，这可能比传统的团队建设活动更有价值。

为文化调整的过程留足时间，每个人都需要从自己的舒适区内走出一段距离，但是这种努力对公司和个人来说都是值得的。

本章小结

- 整合经理需要意识到 8 个维度的文化差异：沟通、评估、说服、领导、决策、信任、分歧和时间观。
- 文化问题可以分为 3 个主要并购发生的区域：盎格鲁 – 撒克逊地区、亚洲国家和地区与欧洲国家和地区。

参考文献

Ehrenfreund, P., N. Peter, K. U. Schrogl, and J. M. Logsdon. "Cross-Cultural Management Supporting Global Space Exploration," *Acta Astronautica*, 2010.

Hofstede, Geert. *Culture's Consequences*: *Comparing Values, Behaviors, Institutions, and Organizations Across Nations*, 2nd ed. Thousand Oaks, CA: Sage, 2001.

Lewis, Richard D. *When Cultures Collide*, 3rd ed. Boston: Nicholas Brealy International, 2006.

Meyer, Erin. *The Culture Map: Breaking through the Invisible Boundaries of Global Business*. New York: PublicAffairs, 2014.

第 15 章　中国和日本的并购和并购整合

◎於平、山本昌木、出野诚

第一部分：中国

□ **第一部分学习目标**

　当前跨境并购在中国的趋势

　进入中国市场时常见的陷阱

　可能会促成或破坏一笔并购交易的核心因素和方式

　中国对外并购的趋势和问题

□ **第一部分概要**

　　第一部分阐述了外国公司进入中国投资和中国对外投资的趋势和问题。它描述了对内投资和对外投资的动机，指出对一项并购项目成功与否有显著影响的关键问题，同时也提供了解决这些问题的方法。

中国并购趋势概览

自从 1978 年年初，中国经历了快速的经济和社会发展。于 2001 年 12 月加入世界贸易组织后，中国已显示出加速增长和进步。拥有 13 亿人口的中国已经成为世界第二大经济体，而这是日本占据了超过 40 年的位置。中国已经成为世界贸易的主要参与者和世界经济的一个重要因素。超过 90% 的世界 500 强企业已经进入中国，尽管这些投资喜忧参半。

全球化、行业整合、成熟的国内市场推动公司拓展全球视野，为有效竞争和生存而进行国际化发展。低成本制造、研发资源、巨大的消费市场等因素让中国吸引了越来越多的外国直接投资。跨境并购已成为跨国公司全球扩展的一个策略，也是外国在中国直接投资最普遍的形式。由于中国人力成本持续上升，很多制造业的外国直接投资已经转移到东南亚国家，这在一定程度上减缓了外国对中国直接投资的增长。然而，随着中国经济改革的深化，对品牌消费品的需求将提高，新的投资有可能继续流入中国。

同时，越来越多的中国公司不仅积极参与国内并购交易，而且纷纷远赴海外寻求机会。这个趋势得到中国商务部报告和国家统计局数据的证实，如图 15-1 和图 15-2 所示。图 15-1 是 2000～2014 年外国直接投资流入的情况，而图 15-2 则展示了中国公司从 2005～2014 年的对外投资情况。根据中国政府的这些报告，对外并购价值基本超过了对外投资总额的一半。

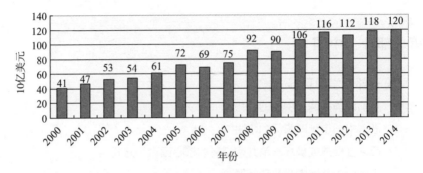

图 15-1　外国对中国直接投资（2000～2014 年）

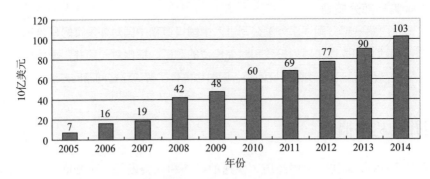

图 15-2　中国对外投资（非金融企业）（2005～2014 年）

图 15-1 中的数据表明外国直接对中国投资持续上升，2014 年到达历史新高 1190 亿美元，但自从 2011 年起增长率基本持平。

从图 15-2，我们可以看到中国公司对外的投资在 2008 年后迅速增长。

为了更好地理解并购趋势，我们需要了解中国经济的推动因素。

中国经济结构转型

尽管市场改革之后经济已经经历了 30 年的双位数增长，但中国依然是一个发展中国家（以人均收入计算）。增长对于中国依然十分重要，然而健康和持续增长已经成了重中之重。大量外商投资和经济的快速崛起已经带来了很多挑战，如过度依赖出口的产业，劳动密集型、不够节能高效的制造业，人力成本显著上升，城市化不均衡和环境污染。同时中国也面临着人口老龄化和熟练劳动力短缺的人口压力。

如此一来，中国政府在"十二五"规划[⊖]（2011～2015 年）中开始了经济结构的重大转变。这个计划鼓励国有企业深化改革，转型为更创新、更环保、更节能的企业。它鼓励发展服务业、节能、高科技行业，采取措施解决环境和社会不平衡，通过每年 7% 的增长减少来降低污染。通过采取各种政策工具，中国政府正在将经济从世界工厂（中国制造和出口依赖型经济）导向更创新（中国创造）、更基于国内消费和服务导向的经济。这会刺激更持续的经济发展，为中国本土公司提供更多发展空间，并且有助于享有优秀品牌和先进技术的外国公司在中国繁荣发展。

国有企业改革加速

随着对于提高效率的再次强调，中国国务院发布了对国有企业改革的指导方针和计划。它将允许国有企业采用混合所有制，如员工持股，也鼓励国有企业成为上市公司。其中一个试点项目，确定 6 大国有企业向私有投资开放以此来提高公司的治理水平。另一个试点项目允许国有企业董事长任命高级管理团队，并采取绩效激励措施，旨在提高管理效率。随着更多改革的到来，可以预期中国将出现更多基于市场化的竞争，市场环境也将吸引更多的外国投资者。

多行业产能过剩，一些行业正在整合

由于全球经济减速，2008 年全球金融危机之后市场需求减少，很多行业受到政府经济刺激措施而带来的投资，导致了高存货和产能过剩。此外，出口下降、国内竞争加剧、产业整合已经成为新常态。这导致更多公司开始通过"走出去"来扩展分销网络和进入全球市场。去海外投资也有助于带回更好的技术和管理技巧，提升本国的竞争力。这种活动伴随着产业整合，推动了国内并购和海外交易的急剧增长。这个趋势预计将持续至少 10 年，尤其是中国企业对外投资，不论是国有企业还是私营企业。如何执行它们的全球策略、最大化投资回报、降低风险是

⊖ 中国目前已进入"十三五"规划（2016～2020 年）——译者注

很多中国公司寻求海外扩张时最关心的问题。国有企业重组、行业整合、政府的鼓励内需消费政策将推动更多并购活动以及更多国外对中国的投资和中国对外的投资。

在本章，我们确定了一些对中国投资和中国对外投资重要的并购问题。我们也将基于我们广泛的跨境并购和并购整合项目经验，分享我们的观点，用实用的方式来解决这些问题。

并购中国企业的问题和方法

在这一节，我们将讨论一些外国公司投资中国企业时遇到的问题。

尽管并购中国企业有很多战略和业务方面的原因，一个外国公司来到中国，收购或和中国公司合资的典型目的可以被分类为以下几种。

- **外包或降低成本**：可以是建立合资企业或直接拥有生产基地或研发机构。这很大程度上是由降低供应链成本或使用更大的人力资源库驱动的。
- **市场进入和市场扩张**：进入中国市场的主要目标是寻求国际增长，而对于某些特定行业，中国市场是世界上最大的市场之一。这通常可以经由收购或和中国已有分销渠道网的合并来实现。
- **收购战略资产与本地战略伙伴合资**：很多交易是出于需要遵守外国股票限制政策、中国的反垄断政策和国家安全法规而促成的，希望获得更多像本国公司一样的优惠待遇。

不论这些战略的依据是什么，跨境并购依然比本国交易要复杂，并且成功率也低得多。例如，一项研究报告发现，只有17%的跨境并购创造了股东价值，而53%的并购摧毁了股东价值。有一些普遍问题决定了在中国的跨境并购交易能否成功。

其中关键的问题和挑战具体如下。

- 并购存在的普遍问题，例如在估值上的不确定性、标的公司的控制，另外由于对当地情况、关系和政策变化的了解有限，使得这些问题变得复杂。
- 在文化、管理风格、市场环境、竞争环境、法律体系、会计和税收政策方面的显著差异。
- 战略脱节、意图失真、政策的不本土化。

尽管已经有一些进入中国的公司经营成功且盈利良好，如星巴克、百胜餐饮、可口可乐、家乐福、苹果公司等，但也有一些备受尊敬的500强企业遭遇了引人注目的失败。例如，2011年，美泰、百思买和家得宝关闭了它们在中国的门店。eBay基本上被当地竞争者挤出。此外，谷歌在退出中国前也并没有达到它在其他地区所拥有的市场份额。

事后，我们看到有很多关于这些企业进入市场时出现了什么问题的分析和评论。有些人认为是策略错误，一些人则认为是文化不适应，还有人指出市场时机也是一个因素。然而，很少有分析讨论这些公司进入中国后如何执行它们的策略。从很多公开的新闻报告和采访中，我们看到像中国消费者特征等常见的问题，但这些问题并不是失败的主要原因。在现实中，缺乏本地策略、不适当的总部控制、对本地竞争的理解偏差是造成失败的根本原因。

理解问题和主动缓解风险会显著增加公司在中国投资成功的机会。一些重要的方式包括有效处理管理体系和文化的差异、建立合适的本土管理团队、平衡业务增长和管理流程的主次关系、保持灵活性、必要时做出及时调整。我们将在接下来的部分讨论这些关键问题。

问题1：理解行为、文化和环境的差异

正如我们在本书第7章了解到的，文化差异是跨境并购的头号问题。由于中国文化和西方世界大多数国家的文化存在显著差异，因此这个问题尤为明显和关键。文化有很多方面和层次，如国家、地区、代际、社会和公司。我们将主要讨论商业和企业文化。

文化差异也是海外和中国本土企业之间冲突和分歧的根源。这既反映在交易前的商业谈判，也体现在交易后的整合执行中。

关系 中国人经营生意的方式和外国人不同。中国人讲究彼此间有良好的关系，尤其是在经营生意上。他们投入了大量精力建立彼此的友谊，因为他们相信友好的关系是商业成功的基础。这种友好关系是随着时间而建立起来的合作者之间的互相信任，在商业活动中能够减少商业和法律风险。这个因素在并购过程的所有阶段中影响着和中国团队的工作关系。

起初，友好关系代表了两个人之间的私人关系：一个人从另一个人那里得到帮助或照料，作为之前其给出帮助或照料的回报。它描述了中国私人网络的基本形态，并且已经扩展到用于描述一种人脉网络：一个人可以联系另一个人来处理一些事情，并且通过他，可以代表别人来施加影响。相互支持是维护关系网的主要因素。给予别人帮助可以从说一些让他人感觉良好的话开始，或可以是一个免费的帮助来使其

他人免于麻烦或给他人留面子。有很多建立友好关系的形式，但是必须要谨慎，避免陷入腐败的陷阱，这在很多国家有非常具体的规定和法律，这里不再讨论细节。

就友好关系而言，除了并购标的公司的股东，还应合理对待许多其他利益相关者，有一些非常明显，如行业参与者、行业监管者，一些则较为不明显。建立良好的友好关系，可能意味着读者的并购项目会为项目所在城市的社会带来益处。

为了使并购项目更加成功，收购那些可以与当地管理人员交流、建立长期联系的公司，并且避免立刻要求帮助或照料。

此外，中国公司的层级制度较为明显，他们更关注收购公司高管的社会地位和参与程度。适当的时候由公司高管来处理谈判是非常明智的。随后的变革管理措施被认为是友好关系建立的一种形式，因此需要极其谨慎的处理。

管理风格　在并购过程中，收购外资企业最关键的问题之一是如何管理雇员、实施商业战略以及在必要时做出改变。理解风格差别和识别中国式管理的心态和动机，可以带来更有效的伙伴关系和执行效果。

西方企业的典型做法是管理层为公司设定目标和战略，并授权团队去执行。他们鼓励和员工进行双向交流，鼓励自下而上的决策。在中国，管理层倾向于自上而下管理。他们从微观层面管理团队，这对于一些重要任务来说非常有效。上层设定方向，雇员遵照指令执行。然而，这不鼓励低层次的所有权，从而使得问责不力。

中国不仅和西方在管理风格上有着显著的差别，中国公司彼此之间也存在很多差别。从这个角度看，中国的商业组织可以被分为两类：

（1）国有企业或从国有企业改制的企业；

（2）非国有企业或私营企业（也可以是上市公司）。

尽管很难准确描述和概括两组公司的管理风格和文化差异，但从并购项目的角度可以看到一些明显的差异。

一个典型的国有企业管理团队包括一名总经理和一名党委书记。总经理一般负责公司运营，而书记控制整体策略和人力资源。很多决定是主观和临时的，还有一些决定由委员会做出。国有企业通常通过管理者的权威和资历进行垂直组织和管理。成就和回报是由组织来管理而不是个人，问责一般不很清楚，并且很难追踪。由于国有企业竞争相对较少，提高经营效率成了一个亟待解决的问题。因为国有企业的特殊性质，高层和中层管理团队对风险非常敏感，即使市场环境要求他们改变对风险的看法，他们也难以做到。因此，在交易谈判或执行交易后的管理策略，以及做出经营改变时，识别共同点和共同利益是重点所在。谨慎阐述和风险较低的选择收益可以满足管理层，主要利益相关者也往往更容易接受，执行阻力也相对较少。

一家典型的非国有企业，被单一的企业家主导，企业家同样也是专制的领导者。这些领导者非常积极地寻求市场收益，因为他们通常在一个竞争非常激烈的环境中运营。最终决定通常是由一个强势的领导者做出，即便是董事会成员和公司委员会都在场。处于关键地位的中级管理层往往没有成熟的管理技能，但是对变化和改进抱有主动和开放的态度。他们对于新的市场机会非常开放，积极寻求先进技术来提升核心产品和服务的竞争力。在谈判中强调发展潜力和好处则是可取的和受欢迎的。

其他因素　另外一个增加复杂性的因素是，沟通障碍给每个人带来了挑战。缺乏清晰的沟通和不同的语言翻译问题会导致员工焦虑、不信任和对未来的不确定，一些管理者和人才甚至会离开。在官方消息缺失的情况下，流言蜚语往往比电子邮件传播得更快。

用当地语言来发布公司的宣传周报或月报是一个可取方式，发布来自中国人力资源部门和收购公司管理团队的新闻来澄清整合路线图和整合项目。识别关键人才、制订保留计划和尽早公布员工激励计划（在交易完成之前）是主动管理风险的另外一种方式。

理解这些差异和风险，准备恰当的团队来管理将会极大地提高在中国并购项目的有效性和成功率。

问题 2：整合管理团队的合理配置是什么

一些备受尊重的 500 强企业在进入中国时所经历的广受关注的失败激发了很多讨论。似乎有一个共识是外国公司需要寻找本地人才来帮助它适应当地的环境，以便更好地管理文化差异、语言障碍和不同的管理风格。

语言并不是问题　语言障碍问题似乎非常明显，因为大部分中国本地人无法用英语交流，尤其是在二三线城市，而很多外国人只懂得少量中文词汇。有人可能会说，在翻译的帮助下这个问题可以被很容易地解决。然而，会讲一种语言并不意味着双方能够有效交流。一些外籍经理聘请了双语助理协助沟通，而其他公司则聘请当地经理来应对语言问题。

然而，这些公司发现的情况是，一个有效的管理者不仅需要理解语言，还必须同时熟悉中国文化和外国公司的文化。因此，一些公司，特别是大型跨国公司，非常幸运地从本国公司（公司总部所在地）找到了会讲中文的管理者，再把他们送往战场（中国），希望这会成为解决问题的良方。这些管理者通常来自中国，在外国公司工作了几年，在市场营销、销售或产品开发等项目管理方面有着良好表现，获得了业务部门领导的信任。他们中少数能旗开得胜，但很多却无法在并购完成后最初关键的几个月甚至几年内实现预期的结果。这可能有很多原因，但是主要的挑战是这些"冉冉升起的新星"在中国的工作经验很少，如果有，也是他们在国外学习之前和随后在国外公司的经验。他们在西方商业环境中在某些领域较为成功，但是他们并没有太多像处理中国这样新兴国家的社会、市场、法律复杂性的必要经验。让他们来领导被收购的中国公司的一个单独业务部门已经足够挑战，更何况是来领导跨职能业务和跨国团队。一个更好的选项是寻找一些在国外工作后，又在中国跨国公司工作多年，并且担任过多种职位的高管，他们对西方公司文化和在中国经营公司都有较深的理解。

如果有更多的预算和资源，一些收购动作频繁的收购方能够找到并且训练这种类型的管理者，并能在未来 10 ～ 20 年培养出强大的内部能力。然而很多公司不拥有这样的奢侈条件来保有一个并购整合团队，可能需要"借"兼职资源，这些人通常在收购方公司业务部门的销售、营销、财务、人力资源甚至法律方面承担着管理角色。但有些公司却只是（不恰当地）调用一个项目经理来管理整个并购和并购整合项目。

一名项目经理是不够的 正如我们所看到的，在一个完整的并购项目周期中，会存在很多障碍，需要一个有经验的并购整合管理人员或者一个并购整合小组来主动管理很多在收购方和中国标的方之间的冲突。并购整合领导不仅需要有作为高级项目管理者的技能来识别和协调多个相互关联的整合工作流，还需要拥有领导能力和政治敏感度，来管理一个范围广泛的跨职能团队——从整合监督委员会以及处于工作流顶层的 CEO 到处于工作流基层的项目组员，其中并购整合主管常常没有直接的权力，但是仍然需要引导和发挥作用。

由于在交割完成后的移交变革期间意识到了本地管理团队的重要性，很多公司在中国引进了曾经成功管理过整合项目的高层管理人员。一些人发现在关键的变革期聘用经验丰富和专业的顾问作为临时总经理非常有效。他们通常具备双语能力，并且对中国文化和在中国做生意的方式有着深入了解。他们也曾在中国和国外管理过很多经营团队，并且可以很好地应对不确定性和环境变化。这些外在资源不仅对核心问题敏感，也能有效地推动整合团队前进，并且有能力在适当的管理层级解决挑战性的问题。有时，在永久性候选人被找到并且上任之前，他们被任命为被收购公司的临时 CEO。

为了确保在中国的并购实现成功的回报，公司需要在并购早期阶段注意到这个重要的问题，并且准备引进合适的团队来处理这些在他们本国并不常见的复杂问题。中国快节奏的新兴市场与发展完善并成熟的经济体有很大不同。

问题 3：什么是合理的治理水平和控制水平

并购项目的一个重要方面是识别和建立所需的治理和控制结构。在跨境并购中，主要的决策制定者经常缺乏必要的经验和正确的评估程序来做出关键决策。这可能会导致规划不足、执行不力或监控和控制不到位。接下来的部分讨论了一些常见的问题，并根据作者多年积累的经验提出建议。

汇报流程和决策制定　为了确保管控与合规，很多公司把外籍高管派到中国来，但却发现他们需要一个学习和适应过程。此后他们雇用在中国的管理团队、雇用本地人力资源或者寻找具有丰富国际化经营经验的高管。然而，汇报程序却是：中国管理者或整合主管通常需要通过多个管理层才能联结总部最高管理层。安置中间管理层的例子如亚太地区经理或一个国际业务部门主管。往往更常见的情况是，这些在中国之外的管理者并不会每天关注基层的工作。尽管他们可能来中国访问过几次，但他们并没有对本地文化的全面了解（有时文化在中国不同的城市都有区别，例如，来自中国北方的人通常比来自南方的人更加直接），但是却有权做出影响中国当地态势和整合结果的关键决定。

由于信息的不平衡和缺乏对中国商业环境的动态和充满变数的理解，这些管理者倾向于在做决定时花费较长的时间。更糟糕的是，当需要及时调整整合计划和做出现场快速决策时，总部却要花很长时间讨论和达成共识，这在很大程度上影响着执行速度。这可能部分解释了为什么较小的外国公司通常在适应中国环境时比大型 500 强企业做得更好。

整合管理办公室　我们看到更多成功的方法，尤其是公司给其本地整合管理办公室团队更多的权力和灵活性以做出必要决策，允许其更加独立，并直接向总部和当地公司 CEO 或总经理报告。这有助于并购整合保持流程合规和有效进展之间的平衡，以及战略控制和运营灵活性之间的平衡。然而，整合监督委员会还需要在"做 / 不做"的决定上明确合理的界限，以便能够管理具有重大风险的关键决策。其他的选择包括缩短总部或决策委员会决策反馈的时间周期，更及时地召开整合监督委员会会议，这样关键决策能更快决定，即使并非每个成员都能在每次会议中出席。

设定合理的工作重点　随着公司进入中国这类新兴市场，增长率和市场份额往往比协同效应和盈利更有意义。管理层更应侧重控制关键职能，如财务报告、人力资源、审计以及协调关键人员，要依靠关键人而不是只靠并购策略来推动变革和进步。高管需要出现在现场（尤其是当地公司 CEO），并且站在最前边，以鼓励较小和初期的成功打破对变革的抵制。整合管理办公室需要利用现有的管理团队，但要在并购公司中建立关键控制点。

问题 4：并购策略实施和本土化

通常，执行并购策略时有两类陷阱。最普遍的一类是交易团队和并购整合团队之间脱节。因为在交割完成后，交易团队通常转移到其他项目，很少有机会或兴趣在战略和尽职调查问题上与并购整合团队在之前结束的并购项目上再做密切沟通。另外，由于并购整合的过程中，工作流负责人可能会改变和替换，战略意图通常在移交中走形。在其他情形下，由于沟通问题，并购策略的真实意图并没有正确地传递给基层执行团队。

战略清晰度　项目指导委员负责制定和确保预期的战略清晰度以及在整个并购生命周期的一致性。整合管理办公室的职责是确保战略信息得到解释和传递，价值的真正来源应该让整合团队、每个并购整合团队成员以及每个标的公司雇员所理解。理想情况是，为了识别尽职调查过程中的主要问题和风险，整合管理办公室经理应该在项目早期加入交易团队，协助文化评估和健康评估，并与业务部门经理验证协同价值的评估。

本土化　第二个陷阱，往往比第一个更致命，是并购战略没有调整或本土化以适应中国快速变化的社会环境和商业竞争格局。传统上，有些人会说，"我们仅改变战术而不是策略"。这可能在发达市场和西方会有效。然而，在像中国这样的新兴市场中，存在着许多不确定性，竞争往往非常激烈和残酷。高层管理人员需要调整他们的观点，并采用新兴市场的思维方式。他们也需要更灵活，及时缩短商业经营周期来满足中国变化的市场需求。一个常见的做法是为高层管理人员设置界限，但不要停留在严格的过程和规则上。如果整合前 100 天的业绩进展低于预期，应按职能分别对最初策略进行回顾总结，评估当地实际情况对整合工作的影响，避免"掩耳盗铃"或侥幸心理。另外，一个完善的治理结构和本土化管理团队，对于确保及时监控和实际决策是非常重要的。未能采用本土化策略已经是很多知名品牌进入中国后失败的重要原因，这些教训对未来公司投资者来说非常宝贵。

◎ **案例研究：**

星巴克如何保持国际品牌形象，但仍然本土化自己的运营和产品供应

与其他一些依靠削减价格和本地竞争者争夺市场份额的公司不同，星巴克是通过保持其全球品质的标准服务、创造世界水平的体验，来保持它的品牌完整性的。其中一个成功的做法是，把在成熟市场中最好的咖啡师带到中国来培

训新员工，他们不仅讲授咖啡制作的高超技艺，更重要的是他们将星巴克的咖啡文化和全球标准带到每一家中国的本地门店。

与家得宝或美泰相反的是，星巴克没有陷入"全球产品"或"全球平台"的陷阱。经过大量的研究和分析，他们提供了特别为中国当地消费者口味制定的高度本土化的饮品单，这是因为中国不同地区的口味可能不同。全球品牌适应当地市场来取得成功是非常重要的，而星巴克正是这样做的。

中国企业海外并购的问题和方法

正如在本章前文中提到的，2005 ～ 2014 年，中国对外直接投资显著增加。很多投资最初针对发展中国家，但是目前重点已经转移到北美洲和欧洲。从 2009 年起，中国在美国和欧洲的直接投资已经显著上升。例如，中国在美国的投资从 2008 年之前的不足 10 亿美元增长到 2009 年的 20 亿美元，再到 2010 年的 50 亿美元。根据多个渠道的经济估算，交易流有望在 2014 年之后的 10 年内大幅增长。

总体上，如图 15-3 所示，海外并购在 2008 年之后增长迅速，在 2014 年达到 569 亿美元。相比之下，根据《中国日报》（*China Daily*）的数据，仅仅在 2016 年的前两个月，中国公司的海外并购金额已达到 550 亿美元。

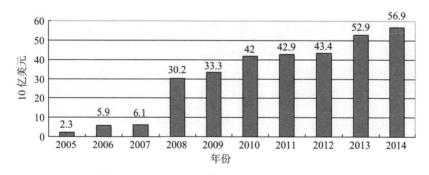

图 15-3　中国企业对外并购（2005 ～ 2014 年）

随着海外并购的增多，一些企业实现了它们最初"走出去"的目标。然而，它们遇到了很多需要解决的社会、法律、经营问题。为了理解这些挑战，我们需要研究投资的类型和它们背后的动机。中国公司的对外投资可以分为以下三种类型。

- 收购自然资源。

- 收购分销渠道。

- 收购先进技术和知名品牌。

过去，由于中国国内两位数的增长率远远超过海外，早年的中国对外直接投资主要集中在发展中国家。对发达经济体的投资，如在澳大利亚和加拿大，仅限于获取自然资源和建设跨境贸易的必要基础设施。在宏观层面保持控制并执行策略是可行的，且相对不复杂。

这种情况在 2008 年开始发生变化，流向北美洲和欧洲的投资额急剧增长。中国投资发达经济体的趋势背后是由商业和国家政策推动的，促使中国公司将视野转向国外。2008 年金融危机后，随着出口贸易放缓，对于中国公司来说，改进分销渠道变得至关重要。它们试图建立和完善对于出口渠道的控制。

另外，随着产能过剩和国内竞争的加剧，越来越多的中国公司开始寻求在海外解决产能过剩或低附加值价格竞争的方法。当本国市场空间趋于饱和，同时主要受整体工业产出减少、低迷的房地产投资和出口收缩的影响，中国市场在 2010～2015 年整体放缓，上市公司开始利用全球市场作为额外的增长空间。然而，很多中国企业进行海外并购交易的一个关键因素是需要获得先进的技术或全球知名品牌来升级自身的产品，在之前发达国家公司占领的领域内提升价值链地位，扩展管理技能和员工数量来保持全球竞争力。

北美市场在出口方面的市场规模对中国公司来说是非常重要的，另外还有丰富的创新、全球性品牌、先进的技术和管理体系。欧洲市场也变得很有吸引力，因为欧盟是一个使用单一货币、有着良好监管环境的统一市场，在金融危机后出现了一些价格非常具有吸引力的收购标的。

一些大规模的收购已经发生，如上海石化[⊖]对位于俄克拉何马州的戴文能源公司页岩油气田 25 亿美元的投资、大连万达集团以 26 亿美元收购影院运营商 AMC 娱乐控股、浙江吉利控股集团成功以 18 亿美元从福特手中收购沃尔沃以及打破交易金额记录的交易；中国化工集团公司在 2016 年 2 月 3 日宣布以 430 亿美元现金收购瑞士农药和种子巨头先正达公司。

挑战

中国公司海外经营的主要障碍是它们缺乏相关的经验和能力，而不是政治或社会问题。这使得中国企业在交易前的标的寻找、尽职调查和谈判方面处于劣势。

⊖ 中国石化上海石油化工股份有限公司，简称"上海石化"——译者注

首先，中国公司急于赢得交易（许多交易的情况是，中国公司成了第一大股东，却不一定能成为控股股东），他们可能不会把并购整合和并购交易本身看得同样重要，或他们由于没有大股东地位而没有能力来推进整合方案，抑或在签订合约时的妥协导致现任管理团队和之前在很多做法上并无改变。这使得中国公司的海外投资更具挑战性和风险性。

对于中国公司进行境外并购的一些重要挑战有：

- 缺乏管理能力和在国外的控制能力，尤其是在西方国家；
- 文化和管理风格的巨大差异；
- 缺乏对本地法律、财务、员工、环保合规制度和外国市场风险的理解；
- 品牌知名度不佳以及国外消费者对中国品牌产品质量的普遍担忧；
- 缺乏除价格之外的独特技术或产品竞争优势。

除了我们之前讨论的这些跨境并购项目存在的典型问题，一些特殊的挑战可能也会使很多中国公司全球化策略的努力脱离正轨。

人员管理

由于不同的管理风格，人员管理对中国管理者来说可能会非常棘手。自上而下的微观管理方式可能给不习惯如此风格的西方雇员带来很大压力，而且他们会认为自己的工作不能被完全信任。这会导致员工动力不足、沮丧或者干脆离开公司，尤其是在西方国家。能激励中国员工的机制和做法并不一定都能激发西方员工。这是一个重要的文化问题，并使中国管理者控制本地雇员和执行计划非常具有挑战性。

管理问题

由于外国公司的治理结构不同，尤其是规模较大的公司，单纯地成为大股东和控制董事会并不能保证对公司日常运作的完全控制。公司迟早将需要一个策略和坚实的计划来改造和整合收购后的公司，并基于收购公司的商业计划和交易逻辑来实现预期交易价值。毕竟，很多由中国公司通过竞价获得的大型并购交易向标的方支付了较高的溢价。尽管已经做了大量尽职调查来识别风险和问题，一个精心策划和执行良好的并购整合或投资后管理也是必不可少的。就像外国公司在进入中国市场时需要杰出的并购整合团队，中国公司也需要一个经验丰富的并购整合团队来执行并购策略和在境外投资时捕捉价值。这个过程没有捷径。

需要本地专家

在国外进行并购项目时，需要采取全面、务实的方法来研究和理解当地文化、社会、法律和监管环境。聘请当地专家来协助这些任务是非常有益的。更重要的是，需要理解公司控制和公司治理的问题，充分准备符合当地实际情况的整合措施。过于乐观的假设可能会在随后侵蚀投资的回报。因此，我们强烈建议中国企业在走出国门时配备具有丰富经验的交易和整合团队，理想的情形应包括聘请当地专家以及具有国际经验的高管。这将大大增加中国企业在海外投资成功的机会。

第一部分小结：中国

对中国的投资

- 在区域层面上理解文化差异。
- 主动管理关系，优先建立信任。
- 识别中国管理团队的动机。
- 理解中国雇员的动机和隔代差异。
- 与标的公司员工保持清晰和频繁的沟通。
- 具备国际经验的人才。
- 只有项目管理人员不够，还需要经验丰富的并购整合团队。
- 在总部和当地并购整合团队之间建立合适的汇报机制和流程。
- 在业务增长和利润之间设定合适的优先次序。
- 保持清晰持续的整合策略。
- 基于当地情形调整并购和并购整合策略。

中国的对外投资

- 理解西方的管理方式。
- 利用本地资源来减少外国法律、财务、劳工问题方面的不确定性和风险。
- 建立一个专用的、非常合格和专业的本地并购整合团队。
- 建立结构化的治理系统。
- 不仅控制董事会，更要激励中层管理人员。

第二部分：日本

第二部分学习目标——

- 在日本跨境并购和并购整合目前的趋势
- 入境并购和出境并购的主要问题和方式
- 我们将要面临问题的实用解决方法

第二部分概要

第二部分介绍了当日本公司购买外国公司和一个非日本公司购买日本公司时可能面临的关键问题和实际方法。这些问题被分为日本的出境投资和对日本的投资。一方面我们必须仔细对待日本公司特殊的组织结构。另外一方面，我们在整合中必须迅速配置和使用标准化的并购整合方法。此外，我们需要一些知识来避免与日本公司合作时可能发生的陷阱。否则我们将失去整合的预期效果。

日本并购和并购整合概览

日本公司将并购作为传统自建增长之外主要的公司策略之一。从 2011 年起，日本公司国内和对外并购的数量在增加。

此外，收购方开始追求比以前更大的交易。有大量案例可以证明这一现象：日本领先的保险公司东京海洋控股（Tokyo Marine）以 75 亿美元收购了 HCC 控股；明治安田生命保险以 49 亿美元购买了 StanCorp 金融集团；主要的经济出版社日本经济新闻，以 8.44 亿英镑收购了金融时报集团。为了理解这些巨额交易，我们需要了解一下日本经济的背景。

成熟的经济

日本国内市场上多数行业都已饱和。一些经济数据显示，日本国内生产总值在 2000 年已经饱和。这是由于国内人口和劳动力的减少。因此市场需要重建，国内公司被迫合并来寻求更多经济效益。举几个例子，零售银行服务、零售连锁店和石油工业为日本国内并购提供了好的例子。这种趋势将持续一段时间，因为很难为国内市场找到增长方案。

增长策略

由于不能期望在日本市场有更多的增长，许多日本公司试图进入全球市场来扩大业务。在政府主导的经济刺激计划的帮助下，一些公司有了好转。他们正在寻求下一个增长策略，而且他们有两个选择：一个是开展新业务，另外一个是从本土到全球扩展他们现有的业务。因此，许多日本公司对外国公司进行并购以扩大其业务。

在本章第二部分，我们将识别并购日本公司和日本公司出境并购的两方面并购整合问题，而且我们会试着提出解决并购整合问题的实用途径。

日本出境并购和并购整合的问题与方法

很多日本公司为出境并购准备了大量的资金和资产。但是他们大部分没有把并购后的过程看得重要。很多交易中，被收购公司的经营与以前完全一样。尽管他们购买了新技术或增加了新业务，但他们似乎认为保持和以前一样的经营是较好的。他们真正做到了"入乡随俗"。然而，这种自由放任的政策有时几乎没有为收购公司带来任何治理控制，而且一旦新组织的财务状况恶化则无法采取适当行动。在某些情形下，日本母公司甚至都没有注意到被收购公司面临危机的事实。

他们不愿意控制收购公司有几个原因。我们必须澄清来自日本文化及其特点的关键因素。

因素 1：英语对话能力

与其他主要发达国家相比，大多数日本商务人士并不擅长英语对话。2013 年托业考试（TOEIC）分数显示日本在 48 个国家中排名在 40 名之后。英语本身是全球商业沟通的基础。因此，英语能力差会导致在全球商业场景中产生很多的误解和麻烦。而日本公司购买外国公司时经常会发生这种情况。

因素 2：高语境文化

即使读者的日本同行可以流利地讲英语，你与他的沟通也可能是很"A-Un"式的，这是特指一种并不表达任何思想的传统非语言沟通方式。日本是一个岛国且历史上的发展过程与其他国家隔离，因此日本已经发展出一种单一的文化认同，并且不会特意去理解对方。这个看法可能较宽泛，但却是真实的。

因素 3：缓慢的决策过程

日本的决策往往基于相互协商而不是讨论。原因是日本社区起源于乡村。每个成员的角色非常模糊且自然地发生。在一个乡村社区，即使是重要的问题也不被讨论，重要的决策被搁置。很多日本商业人士做决定的过程倾向于缓慢。

因素 4：从下至上解决问题

一般来说，日本企业中每个雇员的能力很强并且对自己的工作非常投入，基于自下而上解决问题的方式，他们非常善于改进或持续提高。然而，太依赖于改进是一把双刃剑。他们可以逐渐改善环境，却不习惯革命性变化，尤其是在并购之后。

因素 5：避免改变

传统的日本商人喜欢稳定的组织系统。日本公司长期实行终身雇用制。所以雇员对裁员和解雇的容忍度极低或为零。当前政府主导的就业安全网不足以覆盖日本公司之前所没有面临的巨大改变，他们甚至在整合之后也试图避免调整自己。

由于前面五个因素，当日本企业尝试与国外企业合并时，整合的实施非常缓慢，并且他们持有尚待改进的传统结构和工作流程，因此，有很大的提升空间。我们可以通过以下的方法在并购后阶段最大化整合效果。

澄清目标和策略

作为第一步，新组织的策略应该被清晰定义，并且与所有成员共享，包括购买公司。在有些日本公司，公司策略有时是模糊且不与员工分享的。他们的员工不得不在没有充分了解前景和战略的情况下工作。日本公司需要的是远离他们存在非语言理解的传统舒适区。然后对有着不同文化背景和视角的外国参与者，澄清和宣告他们的目标和策略。

记录经营过程

日式的经营理念和知识应被及时地定义并分享给并购的相关人员。在日本，业务流程通常由任务型蓝领工人的经验产生。他们一直在积累知识，但是在工作场所却很少和其他人分享。为了在一个新组织内引入有效经营，他们必须把积累的知识写下来。

定义关键绩效指标

关键绩效指标（KPI）也应该被确定，并且分配给新组织中的每个角色。由于日本文化和其他文化的差异，即使管理成员用尽最大努力将策略带到新组织，也不容易使团队有相同的方向。我们不仅需要战略共享也需要更为实用的指南来推动跨境整合。我们的经验表明，确定合适的关键绩效指标对于管理由多文化成员组成的新组织来说很重要。

使用标准化的并购整合流程

对于成功的全球企业来说，被广泛接受和标准化的并购整合过程应该在整合中作为一个不可避免的元素。日本公司有时轻视并购整合过程甚至省略了这个过程，试图保持收购公司之前的经营方式。然而，这样会在整合后产生各种问题。在整合过程早期，标准化的并购整合过程是一个高效且在不同文化公司间分享共同理解的方式。

更多沟通

应该积极地进行更多的沟通。文化和语言障碍会产生不良的沟通，因此，在整合过程中很多问题未能解决，并在整合进展中带来严重的问题。这些问题应该在早期被识别并找到解决方案。如果读者的公司是由日本公司收购，而且公司还没有对管理提出任何想法，读者应该积极地从买方的角度提出自己的想法。否则可能会在随后发生混乱的情况。双方积极主动地沟通也是成功的一个关键。

对日本企业并购和并购整合的问题与解决方式

现在我们从日本出境并购转向对日并购和并购整合。我们的经验表明，收购日本公司的主要目的如下。

- 进入日本本国市场。
- 获得日本技术优势。
- 拥有日本信赖的品牌。

一方面，一些制药和零售的跨国蓝筹公司购买日本公司是为了在过去 20 ~ 30 年进入日本市场。当时日本 GDP 在世界排名第二，仍然拥有超过 1.26 亿的人口，有些行业的细分市场依然有吸引力。

另一方面，并购趋势已经转向以进入市场为目的的对日本技术优势和品牌的追求。一些行业（如医疗设备和电器）有意将日本技术优势转化成它们的研发中心和制造部门所具有的优势。日本品牌对很多新兴公司依然很有价值，包括资金雄厚的中国服装公司和食品公司。

尽管收购母公司的目的不同，我们的经验表明在整合日本公司时，有一些对成功来说具有共性和重要性的问题。

问题 1：快速建立报告系统

大多数公司购买的日本公司表现良好，有完善的报告制度，包括预算规划和绩效跟踪系统，最高管理层可以通过各部门信息掌握和控制真实业务。一般来说，我们必须考虑文化差异。然而，对于报告系统，大部分情况下不需要调整原来的系统。读者可能并不需要在原来的系统下翻译原来的语言。

日本雇员最初可能会抱怨，但如果提供适当支持，他们会很快充分利用。在整合后读者可以快速建立报告系统。

然而，很多情况下，对于日本雇员来说在一个被外国的公司收购的公司工作是初次经历。因此，需要解释为什么新的报告系统对于新的母公司来说很重要，还有如何用合适的方式和模板填充报告系统。换句话说，如果不了解原因和步骤，日本雇员可能不愿意改变，但是一旦了解后他们会非常敬业和合作。

问题 2：对预期目标缺乏清晰定义

即使购买的日本公司在行业中是领军公司，但对于每个职位都有明确的职位描述并不常见。我们可以采用与报告系统相同的方法，直接翻译和采纳母公司的工作描述，如第一步中提到的。

关键是，我们必须分别考虑预期结果的定义和预期过程。由于大部分日本公司缺乏这种定义，因此每个职位都需要对预期结果有清晰的定义。但是有些情况可能不必改变，因为现有的流程通常可以被优化以适应当地商业环境。

日本非管理人员和工人们通常比他们非日本母公司更能专注于他们的工作任务，尤其是在经营和制造部门。强制引进母公司的标准可能会带来非生产性混乱。我们需要澄清每个职位的预期结果，使员工承诺结果，然后委派任务。

问题 3：缺乏对员工尊严的尊重

日本雇员有时和经济学理论中的"经济人"假设非常不同。当面对个人决策时，他们并不一定优先考虑金钱利益。我们不能说在整合裁员时，一个有吸引力的退休待遇对表现不佳的员工没有帮助。但是当日本雇员感觉他们过去的贡献被否认，或被新的外国雇主侮辱，他们会假装服从，但在背地里背叛新雇主，有时甚至和工会联合来攻击雇主。

某全球制药巨头收购了一些中型竞争对手，试图在日本优化销售团队的规模。在他们随后的裁员过程中，他们设计了非常有吸引力的提前退休方案，确定了要解聘的雇员，并在短时间内告知他们，这在母公司文化中非常常见且合理。

但是很多日本雇员由于这种裁员行为感觉受到了侮辱，即使退休方案从金钱角度来说非常优厚。他们还是在工会的支持下向一家主要经济媒体泄露了内部信息。最终，母公司不得不收回了最初的裁员方案，并且承诺保留全体雇员。

从另外一个角度看，我们可以利用雇员的心理。如果雇员希望得到对他们尊严的充分尊重，保留的员工则会对新雇主和新组织示以强烈承诺，而非留用人员则会接受合理的补偿，如果他们被要求离开公司。我们必须有效地利用日本雇员特殊的敏感性。

问题 4：对能说流利英语成员的过分依赖

日本的管理层容易信任和过分依赖能说流利英语的日本人。然而，不幸的是，在大多数日本公司，英语口语能力与职能或管理能力不符，这部分是由于日本过去的英语教育过分强调阅读和语法能力。

母公司派来的外国人依赖这些英语流利的雇员是很好理解的，但是这样的倾向有可能会损坏他们的整合努力。我们观察到很多案例，外国成员通过依赖英语能力非常有限的日本人提供的有偏差且不正确的信息，做出了错误的决策。

此外，这些雇员会很容易升迁到管理职位，即使他们工作表现并不突出，也会由于他们的英语能力而得到外国成员的推荐。某日本汽车制造商被一家德国汽车巨头收购，在这个案例中，很多熟练的采购工人被解雇或主动离开公司。而剩下的和新雇用的雇员尽管可以熟练地用英语交流，但是大部分雇员的工作不够专业且表现平庸。

我们的建议是外来高管必须使用多个翻译人员以从英语水平较差但有能力的雇员那里得到有用的信息。而使用翻译人员可能会有风险，因为翻译人员可能会操纵或控制谈话中的敏感细微差别来为自己谋利。有时译者可能会"狐假虎威"，因此最好还是使用 2 ~ 3 名翻译人员。

问题 5：整合管理办公室的失灵

我们还注意到一些经验丰富的母公司在与日本公司整合的过程中，与意想不到的障碍做着斗争。某欧洲电子公司从美国一家公司购买了一个医疗器械部门。他们把很有名望的整合团队送到每个办公室来推进当地整合。就像他们之前的业绩一样，除了日本，他们在每个国家都取得了成功。两个来自不同国家的销售团队即使在最初整合的 5 年之后，依然对彼此有深深的对抗。

这些摩擦常是由于忽视前面的 5 个问题所导致，而这些问题与其他亚洲国家和西方国家并不相同。我们必须关注上述问题。

有必要增加额外的日本本土并购整合支持人员，来连接总部派出的整合团队和当地雇员。并购整合支持人员应该熟悉文化和组织问题，并可以处理他们面临的障碍。

　　并购整合支持人员可以是来自内部的，也可以是外部的。如果母公司有计划在未来购买更多的日本公司，在日本拥有自己的并购整合团队是合理的，否则从外部雇用并购整合专家会更有效。

　　购买日本公司时，读者需要记住：不要低估你将要面临的障碍，并且记住，你将遇到比你想象更多的困难。你必须准备和采取适当方法来解决这些障碍。

第二部分小结：日本

日本的对外投资

- 明确目标和策略。
- 记录运营流程。
- 确定关键绩效指标。
- 使用标准化的并购整合流程。
- 多交流

对日本的投资

- 建立快速汇报系统。
- 清晰确定预期结果。
- 尊重雇员。
- 不要过于依赖英语流利的当地日本成员。
- 充分使用并购整合团队。

第16章　针对跨境并购中协同效应的项目管理

◎洪麦克

□ **学会思考**

- 如何定义协同效应以及在签订协议前做出验证
- 如何制订协同效应计划
- 如何采取关键行动取得协同效应
- 如何实施交易完成后的尽职调查，分享最佳实践和进行同行评议
- 如何跟进和衡量协同效应

□ **本章概要**

本章先介绍跨境并购交易的益处，然后定义协同效应和如何在交易之前验证协同效应。最后解释了建立一个协同项目以及如何管理该项目，以实现协同价值。

引论

并购的价值可以分为以下两类：

（1）独立的价值；

（2）与买方业务的协同效应。

独立的价值是指标的公司未来几年在增长性、现金流、收入、成本和利润的预期表现，通常指的是未来 5 年时间内。用现金流贴现（DCF）模型计算未来价值在当前的贴现值，可以作为标的公司的定价（另一个则是协同效应）。买方通常在 DCF 中用到两个版本的独立价值。

（1）根据业务基本情况的评估。考察标的公司和同行业其他公司以及买方对该业务未来表现的预测，确定历史趋势和表现。一般有保守判断（不过高估计标的公司价值）和上限判断（最佳结果）。真实价值介于这两者之间，这是一个有价值的工作。

（2）卖方管理层对业务的评估。卖方管理层认为该业务未来前景如何。这通常是最优情况，因为它提升了标的公司的价格。可能出现过度乐观的管理层估计，应该检讨现实可行性，讨论盈利目标达成后支付部分的对价或奖金。

这两种情况用于分析该业务未来预期的敏感性（见图 16-1）。

图 16-1　基本评估、管理层评估和协同效应评估

协同效应的价值，指的是买方如何与标的公司的业务结合起来，创造超出独立价值的价值，即 1 + 1 > 2。买方和卖方通常要构建一个协同效应 DCF 模型。卖方构建这个模型是为了理解该业务对于买方的价值，以及将其部分纳入管理层的评估，以决定提高对标的公司的报价。买方用这个模型理解并购价值和两公司合并后对价值的敏感性。对于私募股权收购方来说，财务协同效应通常介于整个协同效应的 20% ～ 40%，经营协同效应占整个协同效应的 60% ～ 80%。这些比例较难一概而论，具体还取决于收购方和标的公司的具体情况。

买卖双方在估值时都会考量协同效应，而买方最终会在收购价中增加平均 15% ～ 50% 的协同效应溢价。在某些情况下，买方公开宣布在 DCF 模型或估值中加入或排除了这部分价值。而在另一些交易中，双方都想刺探对方是怎样计算这部分价值的。有句话说得好："爱情、战争或者并购，本没有任何规则可循。"在 DCF 模型中加入最小或者最大协同效应价值，取决于买方对此的信心。所以，下一个问题是协同效应会持续多长时间，以及如何将其反映在 DCF 模型之中。当市场、竞争者和其他因素最终将优势恢复到正常状态时，协同效应就会出现一个时间终点。

在对比境内并购和跨境并购时，影响管理协同效应的最大因素有以下几个。

- 需要从下而上更深入地理解标的公司的业务和经营模式，以便验证协同效应——对于待收购的标的公司，可能存在不同的逻辑和关键绩效指标（KPI）。
- 标的公司实现协同效应的情况可能与收购方定义的不同。
- 收购方和标的公司需要沟通达成一致。这需要领导层在交易前花时间，通常会推迟交易后的分析和执行。
- 工会和员工组织的情况是这个过程要考量的一个因素。例如，在有多余员工或需要关闭工厂的时候。
- 地方法律、规章、税务或会计的做法可能影响协同效应（见第 3 章中更详细的讨论）。

当竞购同一个标的公司时，实体企业会比私募股权投资机构在协同效应方面更有优势。私募股权投资机构只能提高标的公司的独立价值，或者之后在与另一家企业合并时，实现协同效应。实业公司竞购具有潜在会产生协同效应的业务，可以报出更高的对价。然而，私募股权投资机构可以在某种程度上借助杠杆资金，这取决于其过往投资业绩以及它们的资金来源。图 16-2 是一个典型的并购案例。

这个图展示了整合中出现价值损失的情形。其中一种情况是，如果交易妨碍了竞争，反垄断监管机构可能要求做出纠正判决。经过分拆或退出市场，纠正措施可能会减少价值。

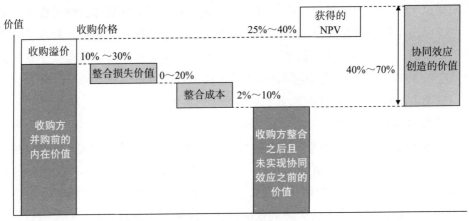

图 16-2　并购、协同效应、整合价值分析

注：图中的百分比分别为相对收购价、净现值的比例。

另一个价值损失来源可能是客户在他的两个供应商合并后，调整其采购量而造成的。调整时客户可能将一部分采购量分配给了第二和第三家供应商。这种情况通常发生在中等或大的交易中。

最后但同样重要的是，在并购中，收购方也可能对其本来业务做一些改善。收购方内部接受改变或者市场接受变化度会有所提高，尤其是在并购交易刚刚完成后买卖双方都很容易接受一些变化。这些变化可能主要体现在以下几个方面。

- 关闭亏损的业务部门；
- 公司搬迁；
- 组织机构和人员调整；
- 产品和服务的组合调整；
- 与供应商或客户重新谈判合同；
- 退出某些市场或者终止某些客户业务；
- 供应链调整；
- 提价。

但是，这些需求要仔细管理，而且可能要纳入协同项目，沟通、修辞和逻辑必须清晰。例如，收购方刚完成了对标的公司的收购，此时必然需要对业务做出一定的调整。

定义和验证协同效应

协同效应可以分为以下方面：

- 成本；
- 收入；
- 税务；
- 资产负债表项目，如负债以及其他可利用项目（如可出售的设施、租用场地以释放一些流动资金）。

收入协同效应，比如交叉销售新产品或者向新市场出售产品，都是最难以量化的，因为成功取决于市场和客户在业务价格水平上愿意支付的附加值。一些收购方简单地从估值和收购对价中排除了收入协同效应。这个协同效应只被视为交易的潜在可能收益，但实现过程具有很大风险和不确定性。而对另外一些收购方来说，收入协同效应就是并购逻辑一个必不可少的组成部分。但他们从估值模型中剔除了成本协同效应，将其视为可遇而不可求的和无关紧要的部分。

成本协同和资产负债表协同效应，比如裁员和资源合理化安排，会更容易计算和获取，尽管企业可能会低估获得协同效应所需的时间。从首日（或交割日）开始，直到实现100%的协同效应，都需要时间。例如，供应链协同、裁员、因提高采购量而重新与供应商谈合同以及讨价还价。涉及成本协同效应和整合管理办公室时，员工对减少成本的话题非常敏感，在悄悄实现成本协同效应的过程中，协同工作小组需要将沟通集中于收入协同效应，以消除员工士气低落的风险。

税务协同效应是指标的公司前几年的经营损失可以顺延或用于抵消收购方未来资本收益的应缴税费。税收损失可以留在标的公司或其子公司中。

协同效应是一个持续一段时间的行动或活动，会形成正的价值效应。交易团队经常会在DCF模型中插入一个估算值。这个估算值可以部分或全部得到事实支持，而且一些收购方会先搁置这个问题，直到并购协议签订以后。用于计算协同效应的数据可能来自内部各级管理部门、尽职调查结果以及交易团队的研究。但是，为了验证可行性和协同效应的价值，还有一些工作需要完成。这在跨境并购中尤其如此，因为市场和业务运营在不同国家是有差别的。具体做法是自上而下和自下而上。用一页纸的简单模板可以验证每个协同效应，而要留意的关键问题主要有以下几个。

- 哪位经理负责实现协同效应（责任人）？
- 该责任人确认协同效应目标。
- 协同效应的说明。
- 协同效应目标值。
- 如何获取协同效应。
- 支持协同效应价值的事实和分析。
- 实现协同效应的时间和投资成本。
- 相互依存条件和前提条件。

一个例子：标的公司的产品将通过收购方在X地区（包括5个国家）的销售机构出售，会被当成在该地区的一次新产品导入。该地区销售总监负责在未来3年实现900万美元的销售协同效应（第1年100万美元，第2年300万美元，第3年500万美元），这取决于其他几个因素：

- 销售人员接受新产品培训；

- 为新产品设定销售激励政策，例如奖金或佣金；
- 翻译营销资料和重新包装；
- 为销售启动提供营销支持；
- 交付和支持团队就位；
- 在该地区安排售前工程师；
- 将该产品加入财务管理、客户关系管理等系统。

　　地区销售总监按照这个模板安排工作。销售总监和交易团队可以制订一个简单的时间计划，确定交易结束后做什么以及何时可以在 DCF 中确认第一笔销售收入。公司的经验和在新市场导入新产品的准备情况是一个因素。如果这样做一段时间，就可以更准确地验证协同效应的大小。

　　在这个例子中，收入协同效应已经分解到了地区销售总监层级，但是也可以将这个任务分解到销售副总裁层级。下放的层级越低，执行和获取协同效应的可能性就越高。要权衡验证协同效应的层级与保守交易机密的关系。

　　建议将收入协同效应的目标定得尽可能高一些（见图 16-3）。这个幅度有多大，取决于这个组织对这个扩展目标有多适应，而且任何收入目标最好按照正常业务的流程设定。有些经常并购的企业可以非常激进地设定和完成扩展的协同效应目标。

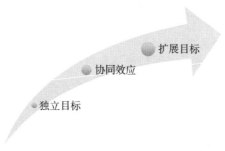

扩展目标

协同效应

独立目标

图 16-3　目标拓展

　　对于成本协同效应来说，在实施之前，有一些方面需要考量。如果有富余人员，确定多余员工的标准应该容易向员工解释清楚。如果可能撤销一个重叠的产品线，则需要分析这对品牌和客户产生的影响有多大。如果是关闭一些工厂中的某一个，应该在管理层中明确选择标准，了解可能产生的后果，并准备好一份风险消除计划。关闭一间工厂所需的时间以及成本协同效应何时开始产生有益影响，通常会被低估。

对于成本协同效应来说（见图 16-4），例如，转移生产场地、调整产量、关闭工厂，一线管理者可以用同样的模板和方法验证成本协同效应。

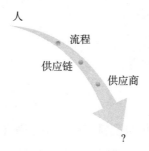

图 16-4　成本协同效应

- 转移生产场地和关闭工厂的成本和范围分析。
- 承接生产工厂的员工培训。
- 关闭工厂的员工遣散和安置。
- 激励即将关闭工厂的员工努力工作，直到工厂关闭。
- 搬移生产线所需资源和时间。
- 因生产场地迁移而变更供应商。
- 关闭工厂之后，对房地产的处置。
- 生产、财务、人力资源和供应链系统的变更。
- 后勤变更。
- 在跨境并购时，监管、关税和税务影响。
- 关闭工厂的成本发生时间和成本协同效应产生影响时间都会直接影响利润。

验证协同效应的另一个方式是通过内部比较基准，计算所需的时间和成本。例如，公司可能在过去 5 年里关闭了 3 家工厂，而且可以计算被收购公司的现实状况。不应该只让并购交易团队验证协同效应——在评估成本协同效应时，还应包括关闭那些工厂的管理层。这可能是一个明显的例子。一个同样明显的内部基准是在一个国家的多余员工。

如果没有内部基准，可以雇用外部研究机构，在不提及受谁雇用的情况下，调研那些收购方所在行业或类似细分行业里，在同一个国家实现了协同效应的企业。另外，也可以聘请当地专长于供应链的顾问进行分析，比如让该顾问分析一家工厂的关闭。在交易前的尽职调查中当然也会用到外部资源，如果这项交易没发生，那么这可能是一笔搁浅的投资。

如果协同效应指的是交叉销售，则基准可以是在收购方在新市场导入新产品需要的时间，或者与其流程相关的部分。

也可以对可能的协同效应做一个从最小到最大的情景分析，以了解敏感性情况（见图 16-5）。

工作组	最小情境 渐进演进（单位：百万欧元）		最大情境 巨变（单位：百万欧元）	
	年期累计	第 3 年 经常性损益	年期累计	第 3 年 经常性损益
采购	5.6	3.4	8.4	5.1
产品	未披露	未披露	未披露	未披露
ICT	−1.7	−0.1	−4.7	−0.8
财务会计	−0.1	0.7	−0.1	1.5
法务	0.1	0.1	0.1	0.2
人力资源	0.1	0.3	0.2	0.5
后勤	0.8	4.0	−0.5	8.1
销售	0.4	1.3	−0.5	3.0
营销	1.0	0.7	2.0	1.3
供应链	0.7	0.4	1.4	0.7
合计	7.0	10.8	6.2	19.6

图 16-5　最小到最大的情景分析

对于跨境并购来说，更重要的是验证协同效应，可以同时通过交易团队的研究和分析以及当地一线管理人员这两个角度进行验证。

负面协同

负面协同或者发生此类情况的风险，也需要验证。负面协同可以包括以下几个方面。

- 为满足反垄断监管机构要求而采取纠正措施。
- 当把标的公司的产品介绍给不愿意或不能够与合并后的企业做生意的客户时，收购方原有业务的收入也可能会受到影响。
- 文化的负面影响（如收购一家专业服务型企业时，人员流失可能导致生产力受损）。
- 当超过阈值时，税收和监管成本会增加（或降低）。

- 养老金不足。

- 后台支持系统，如 IT、财务或人力资源可能因并购而需要升级。

其中某些可以被视为整合成本而不是负面协同效应，但是很多企业会将它们区分开来。

互补性协同与重叠协同

看待协同效应的另一个方式是，看看它们具有互补性，还是和收购方的业务是重叠的。互补性协同效应更易于管理，而且在执行中也较少发生冲突，比如，在一个新市场推出产品。如果执行重叠的协同，则需要两家企业之间更多地配合，例如，在两家企业都有经营业务的地区市场进行并购。

某些协同效应可能会非常相似，甚至重叠和相互干扰，以至于将两个协同效应加在一起的结果反而变小了。一个例子是，如果收入协同效应 A 是 500 万美元，协同效应 B 是 1000 万美元，则预期这两个效应在一起时，应该带来 1500 万美元。结果却只有 1300 万美元，因为它们是重叠的。来自标的公司的协同效应也可能会抵消收购方的收入。

我们可以用一个协同效应蛛网确定协同的顺序（见图 16-6）。

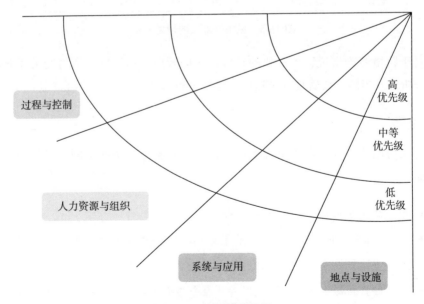

图 16-6　协同效应蛛网

总之，协同效应是一种有根据的猜测，只有当一线经理承担责任，安排了相应资源，而且已经纳入预算和财务计划之中协同效应才会实现。交易后的目标是更新预算、配置资源以及尽快制定激励措施来推动协同价值的实现。

制订协同项目管理架构

一旦交易已经签约，就该启动协同项目管理架构。如何做取决于范围、价值以及协同效应的复杂性。图 16-7 展示了 3 个选项。协同效应可以被分为收入协同效应和成本协同效应，这取决于合并后的公司将如何组织，要考虑职能（销售、运营、IT 等）、地理、业务部门或者产品，还取决于交易的逻辑和企业使命的重要性。

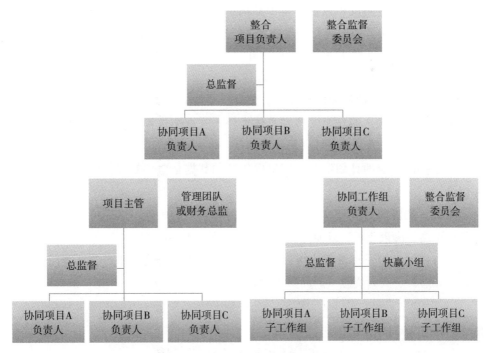

图 16-7　不同的协同项目管理架构

不考虑结构，有 5 种决策和重点领域需要了解。第一要考虑的是管理，以及除了交易主管领导，谁还需要监督协同项目。候选人是财务总监或者财务部门的代表、被收购公司的代表、人力资源代表、销售主管或者运营负责人。选择标准是在经理人的职责范围或所需资源上存在协同效应，有利于获取协同效应。

第二，决定是否需要有人领导协同工作小组，或者谁负责向管理团队和经理报告协同项目的进展。一个协同工作小组的负责人不一定是全职的。除了范围、价值和复杂性，影响决策的还有这个组织在跨职能项目中的经验以及合作能力。是否需要两个主管以便代表收购方和被收购方两方参与整合？另一个方面是有多大的协同效应需要管理和支持？是否由整合项目负责人、协同小组负责人、财务小组负责人还是其他人负责管理和推动协同项目？

第三，在多大范围沟通协同效应目标、范围和结果。有些公司在主要办公场所和内部网上发布了协同效应目标、负责的经理人姓名以及结果。这取决于整个组织都对这些目标有贡献，还是只有几个业务部门负责。在跨境并购交易里，从目标透明度和责任人角度看，需要高度关注当地管理层的意见。在发布消息时，如果某些流程没有完成（如还没有咨询员工或工会的意见），也要注意对某些暂时保密信息的发布限制。但是对于 80% 的交易来说，应该保持高透明度，以避免猜测和谣言。这种透明度可以被看作公开信息，并且要和媒体报道以及公告内容相吻合。与利益相关者沟通的心态是收购方获得投资回报（ROI）的关键。积极、开放和共享的精神，将推动协同团队的工作。

第四，谁是每个协同效应目标的责任人？这些人必须处于企业中的合适位置。1 亿美元水平的收入协同效应目标，应该分配到各个地区、国家、销售代表、客户以及业务或产品线，而且要安排到具体责任人，这个过程类似于销售目标的分配流程。也建议每个责任人分析（单独或团队一起）和写出目标、采用的资源、里程碑等实现协同效应的计划细节。这里要用到的数据是协同效应分析和交易前的文件记录。

第五，把协同效应分为短期容易实现的和长期的两类。这样可以把注意力更聚焦在所需的决策流程，以便尽快完成一些容易成功的项目。

所有协同效应目标责任人可以一起检查计划执行情况，并对总部部门提出要求，比如财务、人力资源、产品负责人等。

取得协同效应的关键行动

大多数协同效应都包含一些关键行动。它们都要涉及领导力、人员、责任、业务机制、业务和运作知识、相关和依存性、标的公司管理层的参与、系统方法、分析方法以及工具。如果不能获得协同效应，则意味着失去了本应得到的收入。因此要权衡考虑需要为一项协同效应分配多少资源，以及多快能够得到收入。

在大多数交易完成后，有必要分析为获取协同效应所需采取的行动以及它们对成本－收益分析产生的影响。协同团队花在分析上的时间，取决于在交易之前多大程度上验证了协同效应。这类分析的参数可能对以下方面产生影响：

- 客户；

- 市场；

- 供应商；

- 员工；

- 时间计划；

- 获取协同效应的成本；

- 收入或成本减少 = 协同效应价值；

- 所需资源与现有资源。

　　我们要采取的行动从设定适当的管理开始，从董事会到实际责任人，各个层级的领导人都需要提供价值，并且支持项目责任人，直到实现了协同效应。董事会可以每季度按照平衡计分卡或"信号灯"报告[⊖]进行监督。高层管理人员应该每月进行评估，而中层管理者要在需要之时，随时出手相助。如果领导人不参与和跟进检查，则公司上下会认为协同效应并不重要。

　　目标责任人必须是有经验的一线经理，而且要有清晰的要求。目标责任人任用筛选流程应该是收购方和标的公司管理层之间一个开放的流程，因为在合并后的公司里，每个人的能力并不为大家所知。获取协同效应，速度是必需的，但在公布责任人之前，也需要一段思考和讨论的时间。人力资源和整合管理办公室应该包含在这个流程之中。如果选错了经理或者责任不够明确，动力可能会丧失，而采取行动的时间也可能增加 10 倍。在跨境并购交易里，重视沟通中的细节甚至变得更重要了，要确保选出最佳人选，不论其出身何处。

　　责任制和目标责任人要求有必要的公布和沟通。目标责任人将会遇到各种事情，重要的是要有一个事件上传流程，确保领导介入和解决有关事件。任何业务都是动态的，通常需要 2 ～ 3 年时间，来实现并购中的协同效应。所以领导需要介入，了解市场或业务发生了怎样的变化，并且做好调整的准备。

　　收购方和标的公司的业务和经营逻辑可能是不同的。重要的是参与并购的每个人都认识到，他们需要学习和了解这个区别，才能成功达到目的。在公司内部，可能有两种最佳方式做好事情，通过变革发现价值或者融入一种经营之中。领导和员工需要学习和理解这种逻辑。

⊖ "信号灯"报告一般用红、绿、黄三色表示项目状态。红：项目有延迟或有问题；绿：项目进展顺利；黄：项目有些问题。

协同效应实现过程中的依赖性和独立性

在合并后的公司里实现协同效应，还需要依赖其他部门的工作。应该了解其中的依存或关联关系，并对结果和时间计划达成一致意见。领导层和整合管理办公室需要非常主动地解决这些问题。采用临时替代方法，直到一些相关联的结果得以完成。这当然不是一个推荐方式，但是大多数职能部门和协同效应团队可以接受这样做，比如，先用一段时间的微软 Excel 的解决方案。

收购方的交易团队和一些一线经理介入了交易前的行动。最佳做法是在领导层建立对交易逻辑和协同效应的公开沟通。在交易公布之后，收购方管理层和关键人员也会更多地参与，并且在交易完成之后，标的公司的关键员工和管理层也可以被纳入。在跨境并购交易中，应该小心去做，以便让标的公司的工作方式得以遵循。为了团结所有标的公司的管理人员，如果企业文化是管控型的，那么采用"协同研讨会"⊖将不会产生效果。

可能出现一种情况，即领导人（收购方或标的公司）公开同意采取措施，但事实上很少做什么。经理人可能只是在等待一笔挽留奖金，或者已经在找其他工作了。这对获取协同和整合效应的损害是相当大的。这种口是心非的做法通常在协同协同研讨会结束之后可以发现，或者在为获取协同效应而采取的第一步行动未被执行时发觉。在跨境并购交易中，这种情况更为重要，语言、公司文化或其他理由都可能放缓协同效应行动的执行。整合管理办公室和协同工作小组需要密切注意，找出不执行的真正原因。

是否需要一个严格的协同架构

最后却并非最不重要的一点是，除非收购方已经将协同效应列入重要日程，否则协同效应不会存在。在此之前，协同效应只是存在于理论之中。

本章讨论严格的架构，可能让读者感到沉重、过分强调，也许大家认为这只适用于具有大型协同效应的并购交易以及要求组合投入大量的时间。也许有人还认为获取协同效应的内部成本并没有在并购商务论证书里考虑或者也不是标的估值 DCF 的一部分。但是，我们在普华永道（PwC）的研究中发现，严格的协同架构可以减少一些内部成本（见图 16-8）。获取协同效应的预期时间和实际时间的差距介于 7 ～ 12 个月，表明收购方对于这个时间的估计过于乐观了。

本章要讲的另一个有关协同架构和跟进的方法，是让一线经理负责在其职责范围内分配协同效应目标，并负责实现和跟进这些协同效应的实现。在协同效应

⊖　协同研讨会：即并购后的高管协同讨论会和文化融合活动。

较小，而且相比标的公司收入较少的情况下，这样做是合适的。如果协同效应较多或难以在组织层面协调时，需要考虑一线管理层是否具备管理跨境团队的经验。我们的建议如下（见图 16-9）。

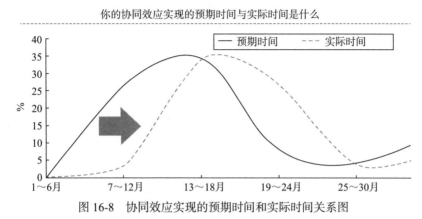

图 16-8　协同效应实现的预期时间和实际时间关系图

资料来源：Thomas Fossum，PwC Sweden，Presentation on Post-Deal Integration，November 11，2015.

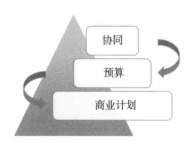

图 16-9　商业计划、预算和协同效应之间的关系

- 将协同效应纳入预算。
- 协同效应纳入奖金或其他激励的考核。
- 协同效应纳入长期（2～4 年）商业计划。
- 将协同效应的跟进责任交给一线管理层之外的人（如财务部门）。
- 通过管理架构跟进采取的行动、结果、计划和确定的纠正措施。

盈利条件支付的交易方案可以用于弥合买卖双方在交易估值上的分歧。纳入盈利条件支付方案的驱动因素通常是双方如何看待未来收入潜力和市场潜力。所以，盈利条件支付方案是和收购价格的某个比例或者未来的利润水平绑定的。例如，如果届时收入从 8000 万美元增加到了 1 亿美元，收购价格的 20% 会在两年后支付（80%的对价在交易完成时支付）。对于整合项目，这意味着，在两年内，那些盈利条件支付获益者将把重点放在如何实现承诺的经营成果上。当股权购买协议有利于盈利条件支付方案的获得者时，只要买方支持这一安排，对任何影响到标的公司业务的行为行使否决权，就可以获得整合协同效应。标的公司的会计和财务应保持不变，以确保可以正确计算收入。

盈利条件支付方案有可能与某些协同效应冲突，可以采用双赢措施解决这个问题。

在交易中实现协同效应任务取决于整合的范围以及要整合多少个标的公司。Haspeslagh矩阵（见图16-10）可以用于确定有多少不同的标的需要整合，如果读者在同时考虑进行几项并购时，可以用这个方法帮助判断先收购哪一家。Haspeslagh矩阵也可以用于画出如何整合那些业务部门，理解那些部门对实现协同效应的影响。例如，有可能更容易获得某种成本协同效应而不是互利收益。

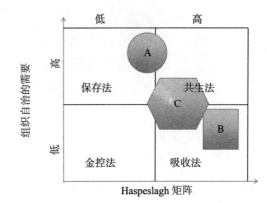

图 16-10   Haspeslagh   矩阵

资料来源：David B. Jemison and Philippe C. Haspeslagh, *Managing A cquisitions: Creating Value through Corporate Renewal*（New York：Free Press，1991）.

交易完成后的尽职调查

一种好的做法是在交易结束之后，举办一个回顾或重新评估重要的尽职调查结果，协同效应假设、战略、整合方法、商业案例以及其他关键决定的整合工作研讨会。建议在交易结束后的 2～4 个月举办这个研讨会。并购双方的领导层都应参加。这个研讨会的目标是：

- 确认战略事实和对未来的看法；
- 协同未来的工作方向；
- 发现进一步的协同效应；
- 业务和经营发展的设想；
- 根据协同团队的反馈采取纠正措施。

进行交易后尽职调查的依据是，收购方和标的公司在交易之前，都是从外部人的视角观察对方的，而在收购完成后的 2～4 个月，相互了解应该更深入了。需要用真实数字和当前的业务情况，由双方有经验的管理层验证分析所采用的假设。重要的是比较尽职调查的结果、检讨业务和经营有何不同以及领导层决定如何解决这些差异。我们可以用一个形象的比喻，在收购结束之前，收购方是从外边看的一辆汽车，而在 2～4 个月之后，他们已经把这辆车开了一段时间了，了解了业务、经营和人员。两方的交易团队、领导层和整合团队可以参与交易后的尽职调查，尽职调查可以采用研讨会的形式（见图 16-11），主要关注以下几点。

- 是否出现与原先并购战略、分析和假设不同的情况；
- 评估之前的尽职调查报告和建议；
- 提出尽职调查过程中的经验教训和改进建议；
- 评估并购后的业务状况以及已经获得的成果；
- 评估交割日 / 首日行动和经验教训；
- 评估买卖协议中的剩余事项；
- 评估协同效应执行情况、已经放弃的协同效应、探讨新的协同效应和改善机会；
- 更新风险分析并确定未来的风险情境；
- 讨论整合工作小组章程和成果；
- 回顾整合提升流程和相应成果；
- 确定改进措施。

最佳做法是在交易完成之后的 6～12 个月，挖掘一下新协同效应。届时原来的协同效应要么已经实现，要么协同团队还在陆续推动执行。此时跨职能团队的任务是看看能否发现其他有价值的东西。此时可以讨论一下交易后这段时间协同效应的发掘。参加者可以是创新者、研发人员、销售以及两家公司的内部创业者。如果研讨会安排的时间合适，可以发现在新情况下的新的机会和价值。

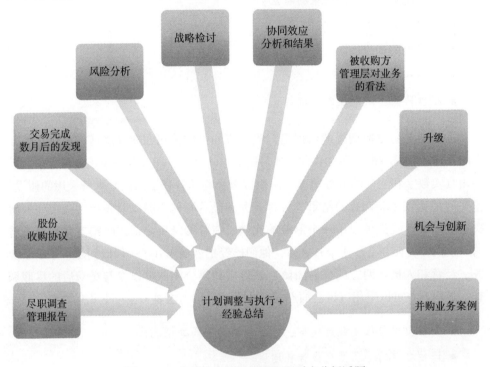

图 16-11   交易结束后尽职调查研讨会分析话题

此时另一个关注领域是总结并购业务部门之间的工作方式和最佳实践方法。参加者通常是另外一些人，比如，业务流程责任人、财务人员以及一些运营人员。他们的兴趣点是检查不同的 KPI 指标完成情况，确定是否通过变革或合并获得效率上的收益。

一个例子是跨境并购，两家公司在各自国家拥有 80% 以上的市场份额，而且各自都有百年历史，为了实现规模效应，两家公司合并了。最大的惊喜是在经营和处理资源方面，仍存在很大的调整空间。这些很难通过看尽职调查报告和财务 KPI 发现。有经验的团队透过定义和认知上的差异，深入了解基层在向客户交付产品时的实际情况，比较对成本和收入的影响，需要处理的问题包括不同的嗜好和客户模式、客户的购买力、不同国家的汇率差别等。团队最终会从另一方发现容易执行的最佳做法，并很快在实践中获得收益。

如果另一个业务分部或业务部门最近进行了并购，而且可以在和协同团队讨论协同计划时，指出什么应该做，什么不该做的话，同行评估就是有益的。也就是由一个已经完成交易的协同效应团队做这个评估。同行评估可用于快速学习之前的经验教训和使用的流程和方法。同行评估团队将对决策资料、协同效应团队提供的分析和计划做评估，并挑战他们的结论。同行评估可以在协同团队完成计划之后进行。

跟进协同效应

一个协同效应跟进流程需要就位，而且也需要安排一人负责跟进协同效应。理想人选是可以从财务报告中分辨协同效应收入和成本降低的财务主管（见图 16-12）。报告频次取决于财务系统何时能够提供这些数据，但是建议目标责任人也同步报告进展，或者通过一个简单机制，近乎实时地提交报告。这个财务系统之外的反馈环有助于发现问题，在错过目标时限时进行纠正和调整、及时公布早期或初步成就和正面消息可以鼓舞参与员工的士气。要定期向协同效应责任人和团队报告进展情况。

跟进协同效应的目标主要有以下几点。

领导力。

- 监督整合计划对业务的实际影响。
- 向股东、客户和员工汇报情况。
- 为指导整合流程和基于事实的决策，提供必要的依据。
- 为整合流程增加价值提供证据。

管理层联合团队。

- 为每个工作小组提供清晰的反馈机制。
- 关照工作小组之间的相互依赖性和影响。
- 做出决断、清理障碍。
- 确认并宣布已经完成的目标。

用财务数据跟进协同效应是很难做到的，尤其是当标的的很多部分已经被整合进收购方，并且使用收购方的财务系统。对于如何重建业务，有几种选择，可以比较标的公司的自身业务以及并购后产生的协同效应（比较独立价值和协同效应价值）。

业绩报告	
团队：Soft Dial Tone 团队负责人： 日期：	完成度：30% 目标收益： 实际收益：
近期活动	
成果	
实施进展	
收益进度 已确认 批准 进行中	已实施 已实现金额
已完成交付	
未完结事项：待决定	

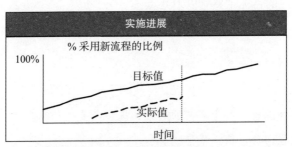

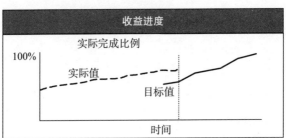

图 16-12　跟进协同效应

举一个有挑战的协同效应跟进例子。标的公司的主要产品已经被整合进收购方的一个业务部门，在现有的财务系统里，不可能用两种不同的产品代码将销售和收入记入系统。结果是销售数据必须用人工或业务智能软件切分开，不可能给出一幅与交易前收入对应成本的完整结果。交付成本和供应链成本也可能混在一起。结果是需要对那些成本进行人工测算，或者仅按照并购前的情况，用某个百分比计算产品单独的盈利和对财务的贡献。

本章小结

- 协同效应是什么以及如何验证。
- 建立协同项目的不同方式。
- 获取协同效应采取什么行动。
- 如何挖掘更多协同效应或交易效益。
- 如何跟进协同效应。

第四部分

独特的跨境并购交易

Cross-Border Mergers
and Acquisitions

第 17 章　资产剥离与过渡期服务协议的管理

◎安德鲁·斯科拉

□ **学会思考**

⋮ 剥离与整合有哪些不同

⋮ 交易逻辑对资产剥离产生的影响

⋮ 过渡期服务为何是必要的

⋮ 过渡期服务协议的结构和内容

⋮ 资产剥离在人、流程和技术上的主要做法

⋮ 过渡期服务协议的管理和退出

⋮ 为何资产剥离之后通常出现转型

□ **本章概要**

　　本章讨论了什么是资产剥离，剥离与整合有哪些不同以及剥离期望达到的最终目标是怎么样的，继而说明了如何制定资产剥离交易中的关键合同——过渡期服务协议以及如何管理和成功退出。本章从人员、流程及技术的角度描述了资产剥离交易，并汇总描述了通常情况下资产剥离交易完成带来的结果——转型。

剥离与分拆简介

　　资产剥离，也称为分拆，通常指企业将部分业务出售（撤资）的过程；然而也可以指公司永久性地将原部门在无出售行为的前提下转成若干个小分部，或指准备后续出售或首次公开募股（IPO）。就像图 17-1 描绘的那样，资产剥离是一个端

到端的过程。它包括了诸如确定剥离策略、选择及准备待售资产、筹备交易流程以及处理交易后的清理工作。

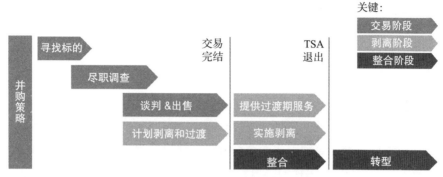

图 17-1 国际并购整合联盟并购资产剥离框架 ™（ACF）

资产剥离对于卖方而言，同时伴随着新部门（机构）的出现，比如私募股权作为买方，或者更普遍的做法是将卖出的机构和收购方进行整合。在并购项目中，剥离交易应根据具体情境采用相应量身定制的流程，在本章讲述的大部分交易活动，将适用于所有类型的剥离。

被剥离业务的出售交易与其他并购交易类似，但不像典型的整合那样，一旦标的属于一个更大的企业，剥离对于买卖双方的意义，则有着极大不同。

剥离的情境影响资产剥离过程

资产剥离项目的复杂性和具体时间表很大程度上取决于标的在卖方组织中的整合程度。比如，要从一个复杂管理且拥有集中支持系统的企业剥离一个成熟的全球产品线，其难度要比剥离一个仅为了财务和管理汇报原因，而导致近期才被收购的同一国家的相同业务大得多。

除了整合程度，同样还有其他几个重要的相关变量，很可能对剥离的复杂性和时间线产生影响。

- 出售的交易理据：另一个用途所需的财务资源、非营利业务范围、非核心产品或服务，管理重点、机会性途径、监管规定、不良品牌、区域市场收缩。

- 收购的交易逻辑：战略增长、成本协同、防御性立场、地理扩张、补强型业务、未来并购策略。

- 收购者类型：公司竞争者、多元化经营的企业集团、财务投资者（私募股权、养老基金、主权基金）、管理层收购、首次公开募股。

- 交易的市场声明与预期。

- 股份交易或资产交易。

- 被影响业务的范围。

- 跨境业务或多语言业务。

- 文化差异。

- 剥离行为是否在交易前开始。

- 买方、卖方及标的公司并购项目的内部运作能力。

其中每个因素都会影响剥离业务的规模、结构及方法。通过本章的介绍，读者将了解上述因素会产生怎样的影响。

在处理整合资产剥离的过程中，首先有待解答的问题总是："买家将对标的做些什么？"或换句话说"标的在最终目标达成时会是什么样子？"

- 独立业务：不涉及整合。

- 自治部门或单位：最低程度的整合。

- 并入收购方：完全整合。

经典跨境资产剥离是指通过出售企业部分资产或业务来筹集现金，从而周转于其他项目，或达到其他商业目的，而被剥离的业务在成功出售后开始被完全整合以融入相应的行业竞争者中。基本依据是考虑哪个资产拥有者可以最大限度地发展该业务。这可能是在资产剥离中出现的典型情景。

剥离项目概览

资产剥离交易的早期阶段反映了并购整合中相应的活动，如第 2 章中的交易策略和第 9 章中的尽职调查。然而就像图 17-1 描绘的那样，有些时候在资产剥离中，对于待剥离企业（资产），要根据具体情况做出具体分析。

出售方通常会被建议应慎重考虑将资产出售给谁。出售者是否能同时获得几个战略或财务投资者的青睐，并足以开始考虑首次公开募股，这很大程度上取决于出售资产的质量。首次公开募股只要求被剥离的业务作为一个可以独立运营的完整机构，而战略或财务投资者则可能同时对多个待售资产产生兴趣。

在下列不同运行模式中所要求的信息可能有很大差别。战略投资者将重心放在理解商业数据及运营数据上，如产权、产品研发、定价及客户关系。财务投资者同样倾向于注重机构的重组潜力及独立运营能力，且会根据相应的融资结构，在 5 ～ 8 年内实施退出。

在首次公开募股中，企业若要成功上市，则需要满足所在国家监管机构列出的所有要求。然而，有些企业也可以做到在实施剥离的过程中同时为上市做准备。

是否启动卖方尽职调查（Vendor due diligence，VDD），需要出售方自己来做决定。若启动卖方尽职调查，则会简化并加速交易进程。VDD 有助于将剥离变成一个结构化的过程，并减少可能导致后期交易价格缩水甚至交易失败的违约行为和风险。它还能帮助出售方决定哪些资产应当剥离，哪些需要保留。VDD 还将有助于判断待售资产未来可能产生的潜在收益或损失，并能告诉卖方买家将如何处理那些重要方面，如信息技术、人力资源、员工选择、核心系统及数据安全等。VDD 还能帮助出售方分辨出那些早期不应暴露给潜在投资者的保密信息，这些投资者包括签约前甚至交割前的竞争者。VDD 会提供关键谈判数据，大多时候还会引发提价谈判。这样既可以方便有效地应答竞价过程中出现的问题，又在时间和深度上简化了由潜在买家发起的尽职调查。更重要的是，实施 VDD 会给那些经验丰富并在寻觅良好运行和妥当管理资产的投资者留下深刻印象。

在合同签署后，交割前，会有一个十分重要的规划阶段与谈判并行开展，这个阶段不只是聚焦设定分类剥离项目，也要搞清楚出售方在过渡期将如何运营标的部门。

交割后，被剥离的业务、过渡服务以及买方整合阶段将同时进行。一个转型项目通常在收购方业务整合之后进行。下面几部分内容将详细展开资产剥离的各个阶段。

规划一个资产剥离及其过渡期

出售方将根据出售标的的情况，对不同剥离选项进行评估，具体途径则取决于各个单独业务或诸如品牌、工厂、房地产等资产是否被剥离。

有些战略剥离是需要事先准备很长一段时间，管理层通过将资产从功能和经营中剥离来启动这个项目。随后可能是向市场公布战略方向，抑或仅做内部准备。在出售之前将相应资产剥离，将会简化交易的每个步骤，因为出售方可以在约定的结束日期交出相应业务的控制权，而摆脱对被剥离服务或业务的义务。然而，既然我们无法预知剥离后经营模式的最终状态，剥离后的业务将不得不被作为一项独立业务，其经营效率可能未必像整合后的资产剥离那样高。这是因为这个过程或者体系可能会反映出更有实力的卖家情况，而对于标的业务来说，可能过于沉重。然而作为一项独立业务，运营协同性将趋近于零，甚至为负。

对大部分交易而言，剥离几乎是对内部和公众同时宣布的，因而剥离计划将相应开始而几乎没有准备时间。在此阶段，剥离计划将处于一个较高水平级别，过渡期服务将在买卖双方之间确定并达成协议。

过渡期服务

过渡期服务协议（transition service agreement，TSA）是买卖双方之间的一种合约，用于为标的部门（资产）提供交易后支持，直到标的部门有能力独立运营并整合融入买方。TSA 在实践中普遍存在，且在买卖协议（SPA）之前谈判并签署，在涉及较烦琐复杂的过渡期服务时，甚至要到将近整个交割完成之时才签署完成。买卖协议包含一张主要图表，其中含有高度细节化的过渡期服务列表，并涉及若干个独立的 TSA 文件。作为大公司的运营细节或内部信息，直到买卖双方的员工对其进行分析时，其中的细节才被公布。若无法取得大量卖方及自身资源，买方的交易团队将难以决定过渡期服务协议的内容细节，然而大部分交易中，在公开达成交易之前取得这些资源是不太现实的。

虽然 TSA 中的条款通常由卖方来确定，卖方经常会在谈判早期确定服务时间的长度或费用，但无论什么样的条款，只有经过双方同意，才能生效。当卖方鼓励买方尽快结束服务协议时，不同阶段的协议成本会不同。比如，刚开始时免费，到了下一阶段则根据卖方的使用成本和加成定价，这通常也包括在此基础上抬高价格的部分，到第三阶段，剩余的服务费用将按市场价格处理，有时买方也会惩罚性地提高价格。若没有 TSA，卖方在交割后将没有义务继续支持标的单位，且对应的业务运作也会在很多地方产生风险。清晰合理的 TSA 将使买卖双方都受益（见表 17-1）。

表 17-1   好的过渡期协议带来的好处

卖方	买方
消除交易不确定性	确保业务连续性
更高的交易价格	有时间做好规划和执行
买方可以在交割后做深度尽职调查	有时间适应新业务领域、流程和系统
确保服务要比外包服务多	成本确定服务水准
承担交付服务成本并对延迟设定惩罚	清晰界定资产剥离业务脱离卖方的最后日期
清晰界定 TSA 退出条件	对标的有更好的把握
为成功完成剥离建立好的声誉	

应当在必要的时候理性且有逻辑地将过渡期服务协议进行分类，以此来配合交易标的单位的需求。然而在大型资产剥离中，会要求不同地域或业务部门有不

同协议，但大多协议都会进行高层次的分类，进而分为流程方面（例如订单到现金）或功能性方面（例如人力资源系统与服务）。

TSA 文件与 TSA 计划表包括以下要素。

- 用唯一的序号关联对应主计划表。

- 终止日期。

- 协议类型。

- 卖方业务部门、职能、流程负责人及联系信息。

- 买方业务部门、职能、流程负责人及联系信息。

- 流程名称或职能范围。

- 流程或职能范围描述。

- 范围具体细分情况。

- 明确的例外情况。

- 所有第三方或内部主要依赖方。

- 信息技术系统及基础设施，包括各类执照。

- 数据管理及任何可能的利益冲突。

- 服务水平的主要衡量标准。

- 服务运输成本解释，包括资源评估及历史成本。

- 月度收费计划。

- 终止期后协议续期条件及成本。

虽然买方在这一阶段对标的单位进行了尽职调查，但很大程度上仍是需要依赖卖方提供协议中有关范围和分类的具体准确信息。虽然分歧和疏忽将在之后被看出来，但为了双方的共同利益在必要时通过添加额外服务作为可达成共识的解决方案。

反向过渡期服务协议与长期过渡期服务协议

过渡期服务协议通常不超过一年半，且涵盖卖方对标的提出的服务条款。下面将介绍两种不太常见的 TSA 类型。

（1）**反向过渡期服务协议**。在某些情况下，被剥离的部门在交割后会反过来向卖方组织的其他成员提供服务。例如，一项国际资产剥离中存在卖方组织内一些国家之间共享的服务模式。如果这样的模式对交易有意义，那么卖方将要求这样的服务继续在标的与卖方之间进行，直到那些服务形成自己独立的模式。在这种情况下，反向过渡期服务协议也同时会被签署。

（2）**长期过渡期服务协议**。只要业务周期足够长，过渡期服务协议将持续更长时间。尤其在重工业、建筑业或者那些与政府有着长期合同关系的行业，长期过渡期服务协议将是必要的。上述情况中，长期过渡期服务协议被用于保证服务的持续供应。诸如新销售合同等也可能伴随着长期过渡期服务协议而被签署。

项目架构

在整合项目里，企业需要尽早在业务剥离过程中制定一个治理结构，以协调所有计划和相关活动。对于跨境业务剥离，清晰且有着特定角色和职责的管理模型，对企业来说甚至更加重要。

整合与剥离之间的一个关键不同点是：卖方、标的与买方各自项目团队的结构不同。图 17-2 是剥离项目的示意图。三方各自的项目团队因情况不同而成为功能不同的团队。

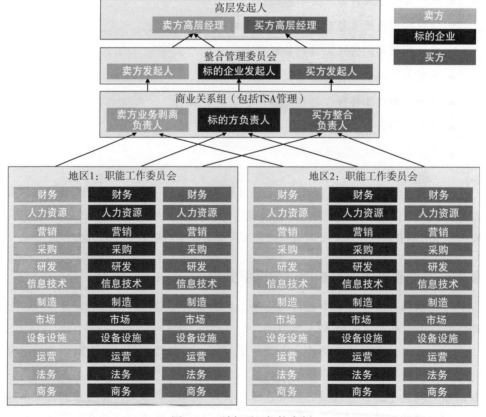

图 17-2 剥离项目架构案例

（1）卖方项目团队代表着卖方利益，保证卖方组织免受业务剥离的影响，并将持续经营、增长，剥离尽快完成，要保证卖方数据与系统的完整性不受任何影响。

（2）标的部门项目团队，初期的各类报表仍然是在卖方企业中，它代表着标的部门的自身利益。在剥离项目计划与过渡期服务协议谈判期间，标的部门的业务领导需保证自身企业可以有效运营，并保证过渡期服务协议的广泛性。考虑到卖方的利益，标的部门团队将设立一个半自治团队，代表自己向买方表示这个独立团队赞成过渡期服务协议及剥离计划，并向买方演示如何在资产剥离与整合过程中使整个项目进展顺利。

（3）买方项目团队，即收购方，主要致力于整合规划。

双方相应功能的人员在整个业务过程中紧密合作，与项目计划协同一致。推进路径和项目汇报沿着业务条线进行，从业务关系组或 TSA 管理论坛再到代表所有业务团队的整合管理委员会。在最高层次的推进中，买卖双方的高层人员可能会在交易期间建立直接联系。

这个约定俗成的项目架构可以通过很多种方式来调整，以适应不同境况。图 17-2 向我们展示了一个涉及两个地区的跨境交易（例如欧洲、中东、亚洲和北美），项目架构反映出卖方和标的单位的项目模型，其中职能安排只是该地区的。可能需要多个区域性业务关系组向全球业务关系组汇报，区域性团队下面可能再分出各个国家的业务团队，也可能采用矩阵汇报模式，以管理当地的业务剥离与整合活动（图中未显示）。

如果资产剥离最后变成了一个独立业务，则不会有代表买家的职能团队，而标的方的职能团队则应当被赋予更多的权力来代表买方利益，直接和尽早地把风险和问题汇报给买方。

一旦启动了项目，则应谨慎管理好项目监管、项目汇报、项目节奏和项目推进几个部分。项目办公室的工作细节见第 10 章中的整合管理办公室部分。

更重要的是，交割后，标的方整合团队及其所有成员，自然地将向部门新拥有者——收购方汇报工作。在此之前，标的方整合团队将受到卖方一定程度的约束。标的方与买方团队为保证与剥离、整合计划保持一致，应当拥有完整且开放的工作场地。另外，两个团队间应当及时交流讨论来尝试解决业务中的风险、问题、疏漏和领导方式等方面的问题。

剥离：人员安排阶段

对大多数业务来说，人才是最重要的资源，换句话说，也就是运营者的经验、专业知识及创造力。所有并购业务都充满挑战，企业在要求员工们具有专业性和奉献精神的同时，也通常让他们经受一段时间的"艰难期"。这一过程无法完全避免，也不要打算去避开它，而应当认识到在处理业务时最好认真考虑人力方面的问题，设身处地地并用人之常情的方法处理与员工间的关系会减少一定的风险。

资产剥离中，交易双方应达成一个员工处置共识和整体意向。这方面既不太容易界定，也没有所谓的正确解决方案，涉及的员工要么随着交易进程转移到标的方或收购方，要么继续留在卖方。

员工的鉴定、协商及调度机制受到当地劳动法的监管，这在不同国家之间可能有很大不同。一般来说，北美和亚太地区的管理条例，相较于欧洲，会更多地保护雇主的权利。在欧洲，对员工拆分派发需要付出较大成本，进程通常也是十分缓慢的。对于大型跨境资产剥离来说，不同地区的进程有快有慢，其中欧洲本土国家往往是最后才成功完成的。

基于这些因素，通常只有完全支持目标方业务的员工才会随着交易进程调动，其余员工仍留在卖方。在卖方组织内共享的服务功能一般不会导致人员流动。过渡期服务提供期间，通常也会招募新员工来建立新团队，抑或转而接手收购方的服务业务。

买卖双方需对其之间的联合合作计划达成一致，其中一个重要的部分是，如何在 TSA 期间甚至以后，知会和激励员工。资产的新所有者需要坦诚对待所有员工，并在人们可能怀疑那些非公开议程时妥善处理谣言。透明度、诚信与清晰度是展示一份影响雇员们计划的关键。当然如果买家宣称将投资此业务，这显然是一个更受欢迎的消息。

交易中的关键人员有时会出于自身考虑，认为自己更适合于其他业务。比如，卖方一个优秀的经理在交易中可能会调度到标的方，加入其管理团队。但可能想在交割前回到收购方任职，以继续留在卖方。应当及时了解交易中关键人物的意愿和偏好，作为买方，应当时刻留意团队中的主要人员变化，以避免人才流失。团队中关键资源的识别和人才保留计划是很常见的。

当收购方已经对标的公司员工做出评估，建议快速宣布员工安置计划。在一项收购中，领导模式和组织方式在交割时立刻变得十分重要，以此来保证形成清晰有效的治理框架。最简单的交易是那些标的方现存的领导团队并入收购方后汇报条线是清晰的。如果由收购方提供管理团队，则会减少继续任用目前管理团队的风险。如果收购方想任命新的领导层，那就需要规划，处理好或直接替换掉原先的管理队伍，选择合适时机尽早宣布这个消息。当收购方已经可以评估标的方职员不尽如人意的时候，建议以自上而下的顺序快速宣布。

剥离：业务流程阶段

确定一个细致完整的业务流程对资产剥离交易十分重要，对买方来说尤其是这样。在剥离可以影响到的所有业务中，制定用于分析变化、使业务井井有条的蓝图是十分明智的。这样的蓝图不仅可以用于资产剥离交易，也可以用于资产剥离的业务整合。

蓝图最终是由职能部门的负责人执行，但有一部分甚至全部职能都由双方相应对业务更加熟悉的人负责。蓝图对任一特定的职责范围都给出了完整的业务流程。接下来则根据细致程度分为不同的过程，数字可达上百种。业务的复杂性、完整执行所需的可用资源以及可用信息，决定了将蓝图进行到何种程度才是恰当的。综合性越强的蓝图，越能更好地减少因业务未准备好而带来的风险。

如图 17-3 所示，这样的蓝图对业务中每一个过程或者子业务都提供了相关的流程细节，以及包括整个业务中买家使用的所有系统。

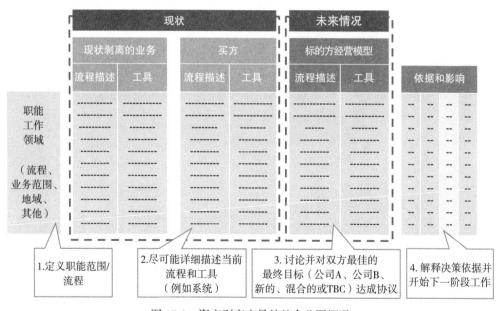

图 17-3　资产剥离交易的整合蓝图概况

就像对其他业务一样，蓝图对跨境并购业务也是适用的。由于流程变革的复杂性，这将带来更大的价值。除了对职能范围进行分类，只要两个区域间存在不同，就可以以地区、国家、机构为基准进行分类。但此方法对那些涉及全球业务并高度集权的组织来说则不是必要的，除非其中有不同的过程在影响着被剥离单位。

一旦原来的处理流程被理解并记录在案，参与者下一步将会为了达成共同的最终目标而努力。制成一张蓝图对卖方而言，其中包含着留存业务如何运营，而剥离的部分则不计算在内。对买方而言，蓝图意味着买方自己收购来的业务要么变成独立业务，要么与自身业务相融合。整个交易最终目标的达成过程其实不乏很多选择。资产剥离与卖方最终目标的达成有着相同的处理方法，也就是在剥离时继续使用一个不同的、已经就绪的处理流程，这或许是一个已经整合融入买方的流程，抑或是一个全新的流程，或某种程度的混合。后者，包括来自不同业务的元素，通常被简称为"两者间最优"，一些实例将有助于向人们说明，收购者并不是单纯地想要放掉已收购业务（剥离或其他类似业务）的全部，以及只想着沿用最好的处理流程。

在最终目标即将达成时使用新的操作流程或许才是永恒的解决方案，但也可能只是暂时的处理方法，可用于比如在给定的一段时间内使 TSA 成功退出，这往往发生在没有时间去应用正确最终目标处理流程、抑或系统更新跟不上整个业务的步伐的时候。这对业务来说尽管是一个暂时的倒退，但有时候人们还是需要考虑应用这个方案。

应当反复迭代选择，以确定最好的最终目标处理流程，当然，这还取决于每个相关的流程。工作流或所有业务都将以分析最合适的最终目标开始。大多数情况下，通过按指导原理工作，留意系统的从属物、扩展性、运营成本及感知上的成熟期，确定一个最终目标是相对容易的。自然地，如果相关处理流程取决于在 TSA 终止后就不复存在的系统或团队，那么就不得不定义一个可以与之替换的最终目标。这个最终目标一旦确定，那些不包含显而易见最终目标的处理流程，则可以更轻易地被识别，此外还将催生更细致的调查。

在出售产业时，买方往往会建立资产剥离需要采用的集中化流程。这个过程也往往不需要在 TSA 终止前一下子就完成，即便对于主要流程来说通常更容易完成。对独立资产剥离来讲，则需要考虑卖方流程的适用性。经常会出现这样的情况：大型卖方组织中，就算再高效的流程，应用于独立业务时，也可能显得太过繁重而变得不再有效。因此在资产剥离的尾端，人们往往需要重新建立相对简洁的处理流程。

资产剥离的整体规划蓝图一般不会给出实现剥离最终目标所需的时间和工作活动，但会对剥离整合流程给出一些具体定义，如决策依据、协同作用、流程变革对运营成本的影响、TSA 协议的独立性等。一经核准，蓝图则变身成为项目章程，或是具体的整合计划，以在 TSA 阶段进行中及结束后对相应流程过渡期涉及的细节进行补充。流程的交接可能在早期就继续进行，但一般来说，流程变革恰恰是发生在 TSA 终止前或终止时。

跨国组织的交易流程自然取决于其业务结构，尤其在高度集中化的跨国组织中，确定其交易流程更有挑战性，沿用激进的方法也变得越来越有风险。"抓主要矛盾"则变成考虑如何为流程变革对抗风险的理念。附属于企业资源计划的主要流程比如采购到支付、订单到现金、记录到报告等，通常是一揽子解决的，其余流程则要等到企业资源计划稳固以后再陆续进行。

剥离：技术阶段

技术支撑和系统在资产剥离的时间表上通常位于关键路径，因此它们是需要被纳入考量和计划的，之所以把它放在上面的人力与流程两部分之后，是因为技术往往不会对最终目标的实现产生太大影响。我们经常可以从资产剥离中学到的经验教训是：从卖方那里带来的现存系统对于一个规模较小的新剥离单位来说是不适用的，他们通常并不需要同等级别的流程，不需要继续尽力维护和为这个继承来的系统花钱。

剥离是企业抛弃过时或不适用系统的机会。然而，剥离也并不应成为企业开发新系统的理由。卖方当然不希望 TSA 中含有这一部分，因为这样做会拉长时间，不仅如此，资产剥离也会因此在原本就十分繁忙的时候，还要进行很多不必要的改变。任何新系统的开发都要区分轻重缓急。

剥离一旦变成独立业务，所谓的"克隆法"通常就会成为默认的对策。"克隆法"中包括对卖方系统的复制，比如数据和必要的基础设施，然后再细致地移除与交易无关的数据。这一点通常包括在 TSA 中，且由卖方来负责操作，以保证卖方自己的数据在整个交易过程中都是安全的。相关数据的范围、规模及历史都需要被清晰明确定义，并需要买卖双方对此达成共识。

若不采用"克隆法"，人们还可以通过将相关数据直接移至收购方的系统来代替，以获得符合剥离要求的系统，当流程足够简单时，也可以干脆不使用系统。同意将数据移至新系统之前显然需要相当谨慎，除此之外，不同公司系统间短时间内的数据流动也常常成为导致重大系统和运营问题的原因。

为了帮助在资产剥离中更好地理解和定义系统变革，图 17-4 中的流程蓝图包括了紧接着流程步骤的系统附属物。保持最终目标设计流程的中心性确保了整合团队在牢记系统附属物的同时，还可以专注于流程变革。为加以支持，系统蓝图文件应运而生，用来专注于原先系统和末期系统，包括每个系统的具体地理范围、相应的管理和支持者、所有外包或云服务等。

决策通常会涉及整个系统，这也就倾向于影响到蓝图中的多个最终目标，同时，增加或减少系统的实际规模都是可能的。有时候需要人们克隆比如一个确定的卖方系统，仅为了提供那些只在一个国家内可用否则无法得到卖方系统支持的功能。

系统切换对成功来说至关重要，执行细致的整合和切换计划是可以减少风险的，即便这本身就比典型的系统投入使用风险大得多。系统投入使用中的延迟现象在资产剥离中是相当麻烦的，由于一些附属流程和 TSA 退出（见之后的"过渡期服务协议的退出"），对于在剥离或接下来的整合行为中出现的任何研发及测试活动都应给予特别关注，来保证万无一失。

商业领域	流程	交易完成之前			最终目标		
		卖方	资产剥离	买方系统	卖方	资产剥离	买方系统
财务	流程1	系统A	系统A	系统L	系统A	系统L	系统L
	流程2			系统M		系统M	系统M
	流程3	系统B	系统B	系统N	系统B	系统N	系统N
人力资源	流程1	系统C	系统E	系统O	系统C	系统O	系统O
	流程2						
	流程3	系统D	系统D	系统P	系统D	系统P	系统P
销售	流程1	系统F	系统F	系统Q	系统F	系统Q	系统Q
	流程2	系统G	系统G		系统G		
	流程3	系统H	系统H	系统R	系统H	系统R	系统R
销售采购	流程1	系统I	系统I	系统S	系统I	系统S	系统S
	流程2	系统J	系统J	系统T	系统J	系统T	系统T
	流程3	系统K	系统K	系统U	系统K	系统Z	系统U
等等	等等	等等	等等	等等	等等	等等	等等

图 17-4　系统蓝图

在系统发生变化的同时，往往也伴随着信息技术方面的基础设施变化，其中包括从服务器和数据中心的迁移到网络设备电子邮件和日历、员工计算机和电话的配置和支持等。只要有可能，主要基础设施的变化也同样应该在过渡期服务协议中被阐明。

过渡期服务协议的管理

过渡期服务协议是在交割后生效的，但在现实中，交易一旦达成，就会启动过渡期服务协议的筹备工作，这涉及收购方、卖方、被剥离方中的每一个成员。涉及的员工则会很自然地去想这对自己和团队中的同事意味着什么。相关协议公告也应尽可能清晰地表达意图。卖方中负责继续留任在卖方并提供 TSA 支持或服务的卖方团队，将不可避免地开始将其工作重点和主次重新安排而不论 TSA 中的细节是如何规定的。比如卖方中一个负责多种产品的市场品牌经理，在等待产品交接给买方的时候是不太可能有多少时间和精力花在被剥离产品上的。

因此，尽早主动地管理 TSA 对于确保 TSA 中承诺的支持和服务能够兑现十分重要。交易团队只能根据手上已经掌握的信息来制定 TSA 及其相关文件，但他们常常会被要求对 TSA 的内容和含义做出解释。为了解决这一点并监管提供的服务，以及准备好 TSA 中某些部分的退出，买卖双方各指派一名 TSA 经理，来专门负责管理 TSA 服务。TSA 经理并不一定是主管人员，但他们需要有直接的渠道汇报问题给行政主管以推动业务进程。TSA 经理应当每周通过电话或会议讨论业务进展、服务水平及买卖双方进展。

补充、更改或退出 TSA 服务都需要走严格的流程，否则会导致卖方重新分配人力到其他任务，而在有偏差的时候恢复服务将变得很困难。对于卖方来说，有时 TSA 中的部分服务是被第三方执行的，卖方也同时需要与之签订外包合约并及时通知各方哪些 TSA 服务已经完成或终止，或安排外包方参与切换工作。

虽然 TSA 经理的角色也可能会是对立的，这是因为他们在很多方面的目标、成本、顾虑都是对立的，但如果他们继续这种对立关系，并购业务中双方的声誉就都会受到威胁。双方坚定而合理的态度是剥离业务成功的保证，无论哪一方都不想让交易处于危险之中。保证双方进程和风险的透明度是十分关键的。如果用来筹备系统切换的项目没有步入正轨，那么即使意味着潜在开销，双方也应相应地分辨并做好计划。双方都不愿看到一个失败的 TSA 退出或是被中断的业务，那么就要做好有关过渡期服务的决定，并在必要的时候接受额外支出。

诚信是必不可少的，尤其在服务水准上更是如此。服务级别协议（service level agreement，SLA）有时与过渡期服务协议是一起签署的，用来确保过渡期服务实施起来能够准确达到期望结果。然而有很多原因导致服务标准不能被精细地定义，比如，某些服务无法具体量化，那么卖方在 TSA 基础上继续向买方提供同样级别的服务就是十分正常的了。卖方 TSA 经理应当尽力确保真正可以向买方提供与以往同等级别的服务。行政主管们将需要使用合适的资源来确保这一职责，并做好专人专用的准备，或有必要时在公司内部争夺资源以确保 TSA 服务。

过渡期服务协议的退出

在 TSA 起草之时，退出的大概时间和方法就应该被计划好了。由于 TSA 退出计划的优先性，用 TSA 服务的时间周期来决定整合方法以及最终目标设计是十分正常的。各个 TSA 经理之间应定期交流剥离及整合项目的推进情况，以确保不出意外。因此，要用 TSA 结束的时间点为终点，倒计时地管理项目进度。

TSA 通常是分期或分组退出的，它们根据定义的过渡期服务不同来分组，一般来说，分类依据包括地理位置、流程或主要系统。

在重要系统切换时，尤其是最后结束的那些 TSA 项目，一定要在服务结束之前计划一个月的额外预留时间来应对意外情况，企业资源管理系统（ERP）的切换就经常是那个最后结束的 TSA 项目。对于某些并不是由自己提供的服务来说，系统切换后再回到卖方原来的系统几乎是不现实的，卖方会立刻计划如何将资源进行再分配，并不再对失败的 TSA 退出项目负责。

某些 TSA 是允许买方设定退出日期的，但通常带有严格的最终截止期限，剥离单位必须在截止日期前独立出卖方流程、系统和组织。若到期前还做不到这一点，那将需要双方就 TSA 的延期进行谈判，而延期的服务费也将十分高昂。除非做不到抑或不合理，一般来说卖方是不希望见到剥离出去的业务出现失败的，他们应当提供一定且必要的时间延期。

转型

"任务完成"通常是在 TSA 最终退出完成时宣告的，有时也在此之前，但不管怎样，要使剥离出去的业务真正进入正常运行模式，是要做许多工作的。一般来说，TSA 阶段只能顾及那些必不可少的流程和系统变化，而无暇顾及那些仅被当作临时流程的克隆系统，其中的过程繁重，是因为被剥离的业务需要适应一个更复杂的组织或不同的运营模式。因此变革的第二阶段发生在 TSA 退出之后，也就是所谓的"转型"，其目的是优化现阶段的独立业务，或在适当的时候将该业务整合到买方中。

能从临时流程变成人们想要的最终流程的，通常是那些更复杂、时间更长的项目。这些项目一般也不在整合安排和流程之中。

本章小结

- 整合项目和剥离项目之间有很多共同点。通常在卖方进行剥离的同时，买方也在进行整合。
- 在资产剥离中，应针对被剥离部分的具体情况具体分析，潜在买家是否已存在，也会影响资产剥离的细节。
- 资产剥离时，必须有一段过渡期来使业务延续，几乎每份资产剥离交易协议都伴随着过渡期服务协议。
- 学会用兵点将，对剥离的成功至关重要。
- 原先进程和最终目标都应当利用蓝图周全地筹划好。
- 克隆法虽是处理进程和系统的默认方法，但不会一直适用。
- 谨慎公开地管理过渡期服务协议对协议退出的成功十分关键。
- 在过渡期服务协议退出之后，往往需要转型来优化新业务。

第18章　合资企业

◎托马斯·科斯勒

□ **学会思考**

　　成功设立合资企业的流程和步骤

　　如何将合资特点与合资企业战略联系起来

　　合资企业最常用的交易结构

　　如何设计成功的合资企业协议

　　　业务定义

　　　要完成的事项

　　　董事和管理层

　　　合资企业的出资和融资

　　　股东的权利和限制

　　　业务规划和会计

　　　终止经营

　　　保密

　　　合资企业其他关键条款

□ **本章概要**

　　本章讨论了如何设立一家成功的合资企业。我们讨论了设计步骤、战略特征以及最常用到的交易结构。然后讨论如何设计一个合适的合资企业协议，并讨论了合资企业协议中最重要的内容。

合资企业生命周期

合资企业生命周期与合资企业的目的关系紧密。有兴趣设立合资企业的公司为了达成商业目标，需要"借助"必要的资源。按照本书第4章讨论的资源路径框架借来资源，给出合同结构的设计，指导合资企业合作方密切合作，并向他们的客户提供产品和服务。

如果目标是建立一家合资公司，那么合资企业的生命周期就会涉及典型的资产剥离和并购的所有步骤。对于将要纳入合资公司的资产，资产剥离的步骤也是有关联的，为了将合作双方的经营并入一家合资企业，也会涉及并购所用的步骤。

流程步骤

每项交易的第一步都需要符合并购愿景与企业战略目标一致的原则。企业一般会实施我们在前面策略选择过程中谈到所需的所有步骤，这样做可以使得合资企业采取落实公司战略所要求的做法。

下一步是联系未来的合作伙伴，为合资企业奠定一个坚实基础。我们将讨论：

- 战略和竞争定位，包括商业、财务、现金流以及营销计划；
- 各方的贡献以及各自从合资公司获得的收益；
- 合资公司的法律和税收结构以及各方在合资公司中负责管控的部分；
- 交易时机以及产品和服务何时导入市场；
- 第三方审批。

在此之后，各方需要考虑他们将如何将其自身资产剥离出要放入合资公司那部分的业务。这涉及前面讨论过的所有步骤，包括税务结构、运营剥离以及员工移转。

在资产剥离的操作之外，最重要的是如何对这部分业务进行估值。基于估值结果，双方认可对方贡献的价值，并确定各方在合资企业的相应股权比例。

下一重要步骤是对合作方的业务或准备放入的资产进行尽职调查，并验证转入合资机构的资产、合同和客户关系的价值。

作为尽职调查的一部分，合作双方需要合作设计一个高水平的后期整合方法。由于还没有签订合同，而且可能还需要反垄断审批，所以整合计划应等到反垄断批准之后再启动。

合同谈判是迈向最重要里程碑——合资伙伴签订销售与购买协议（SPA）的下一个步骤。

在准备最终合同文本时，两个公司都需要对为何进行这项交易，制定一个联合沟通策略：谁参与领导团队以及合资企业发展的战略方向是什么。

随着签约的临近，合作双方需要启动业务剥离的准备工作。需要确认资源，确定优先要采取的行动，以便一旦签约并获得反垄断批准之后，马上可以将相关资产剥离。

在签约后和得到反垄断批准之前，应该开始最后的整合规划工作，其中包括整合行动计划、详尽的协同效应实现计划、文化协同以及为首日做好计划。此外，财务方面应该开始考虑结算以及收购价格分摊。

交割后整合团队要着手启动合作双方的整合项目以及要执行的商业计划。

最后一步是执行业务、市场营销和整合计划。

设定合资企业战略

合资企业策略的一个基石是确定合资企业类型，意指放在一起的经营活动类型，这将成为两家企业的驱动力，最后是交易结构。下一节将更详细解释这些基本原则。在讨论策略的那一节，我们将讨论设计合资协议的方法、提示关键内容，并将其作为企业设立合资公司的重要自查清单。

合资企业类型

设立合资企业的途径有三个。一种是建立合资公司，另一种是建立合同制合资合作，第三种是共同持有资产。

所有三种合资类型在法律上都不一样。合资公司的典型形式是有限责任公司。合同制合资合作不是一个法律主体。这类企业持有相关资产，双方在合同上约定长期提供一项或多项服务和相应的经营资产。对于共同持有型合资而言，双方共同拥有资产。合同制合资和共同持有型合资结构在亚洲很常见，而北美洲和欧洲偏好合资公司。合资公司在亚洲也比较常见，只是这种方式并非自动默认选择的合资类型。

合资企业特点

合资的本质是什么？在谈到成功的合资企业特点时，有一个特点非常明显。合资是互补能力之间的一个互换合约，既不多，也不少。互换合约的概念与资源路径概念很搭配，因为一项资源、技术诀窍或者互补技能的交换就是互换概念的基础。所以，很多合资企业是建立在以下互换的基础上：

● 为市场提供的产品；

- 为制造进行的研发；

- 为市场进行的采购；

- 价值链互换；

- 分步剥离。

例如，在为市场提供的产品方面，一个合作方向一个外国市场提供一项技术或产品，要求合伙企业的另一方提供在这些市场上的商业关系。

为制造提供研发的合资企业在一个国家投资了低成本的制造设施，而从另一个国家获得研发能力。

为市场进行采购的合资企业利用一方提供低成本的原料，而另一方则负责在其市场销售产成品。我们见证了这个策略在化工行业的成功应用，一方的情况是原材料价格波动剧烈，另一方是投资原材料生产的成本非常高，使得两家竞争对手在设立合资企业时的实力不对等，但可以通过协调它们各自在原材料生产和市场方面的能力而获益。

价值链互换是指交换价值链的某个部分以寻求进入价值链的另一个部分。油气行业是一个很好的例子，上游和下游的经营活动可以互换。

分步剥离适用于大型集团企业，通过与竞争对手建立合资企业而获得规模和效率。我们看到西门子和飞利浦采用过这种做法。如果合资企业无法获得想要的效率，其中一个合伙方将退出，并将企业卖给另一方。通常做法是，作为买方的合作方比较接近合伙企业的业务核心。西门子在固定和移动网络之外还有其他业务，当他们意识到与诺基亚的合资企业无法得到想要的结果时，就决定将业务卖给诺基亚。飞利浦和 LG 在 LCD 平板业务上也采用过类似方式。

交易结构

合资公司的典型交易结构是合作双方设立一个新实体，然后将资产负债或所持子公司的股份注入新成立的合资公司。

当资产和负债转入合资公司时，我们此时做的是一个资产交易。能够挑选资产和负债将其注入合资公司的能力是这种方法的一个明显优点。这也会根据接受的资产而触发基于会计和税务的资产增值。与供应商的合同需要重新协商，每个转入合资公司的员工需要重新签订合同。资产交易的合资企业架构如图 18-1 所示。

当把一个完整实体放入合资公司时，我们采用的是股权交易方式。用这种方式可以享受到免税待遇。对于这种方式来说，应该考虑让这部分股权拥有表决权。

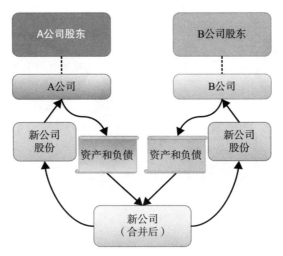

图 18-1 资产交易的合资企业架构图

最终交易结构应该符合法律主体、税务结构和当地法律的规定，所以我们强调引入法律和税务专家解决问题的重要性。从这个角度看，毫无疑问，公司不仅要考量特定结构对合资企业的影响，更重要的是这些后果对母公司的影响。

设计合资企业协议

设计一个成功合资企业的关键在于设计一个包括所有经营成功要素的协议，图 18-2 给出了我们目前了解的要素，它们的具体内容是：

- 关注互补技能的发展和技能的平衡；
- 通过适当的法律和经营结构解决恐惧和猜忌；
- 确保力量平衡，以免一方需要依赖另一方；
- 建立能够稳妥平和地解决冲突的机制；
- 最重要的要素是合资企业管理层应该完全自治以及拥有一个积极推动落实决定的董事会；
- 最后一个要点是规定终止合资企业运作的程序和框架。

接下来是设计一个缜密的合资协议。毋庸置疑，起草合资企业协议需要商业和战略思维以及法律特长，才能做出一份完善的合同（见图 18-3）。

协议的前言部分应该写明涉及的各方，包括他们的所有权定义，还要把重点放在定义适用于未来合资企业的条款和共同活动上。

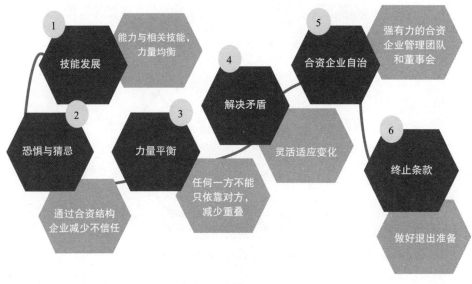

图 18-2 经营成功要素

图 18-3 加入专利技术和服务协议的合资协议的核心要素

业务定义

在业务定义这一节，公司要描述合资企业未来的业务是什么以及将提供或出售何种产品和服务。此外还要定义合资企业的地点和从事经营的地域。要在合同中重点列明业绩目标，以便各方都清楚了解有关要求。这一节重要的是包含一个"诚意条款"。该条款表明合资各方承诺落实合资企业经营的战略愿景。

要完成的事项

合资协议的这一节描述合作双方在合资企业完成设立前应该做什么。在协议签订之后，合资双方应该尽快确定合资企业所在地点，加快审批流程。一旦批准流程成功完成，最好是尽快任命管理团队，以便整合各方的工作可以启动。

在要完成的事项中，还应该启动结算程序，以便在交割之后，双方可以进行资产价值调整和收购价格分摊。这个工作也可以在签订协议和首日之间开始着手，一旦交割完成，就可以尽早为合资企业建立一个合适的初始资产负债表。其他典型事宜包括监管机构的批准以及确定移交财务资金的转账流程，以便交割之后可以立即执行。

在签订协议和交割的过程中，应该避免对技术、各方提供的资产做出改变，或者做出大幅改变业务的行为，以免明显影响到合资企业的估值和战略方向。

董事和管理层

合资各方应该明了他们任命多少人和什么人担任合资企业的管理层岗位。由于这件事非常重要，有必要讨论谁将担任什么职位。可以从董事会主席、CEO 和 CFO 开始，涵盖参与经营的其他公司层级的管理岗位。

其他非执行董事或监事会成员也需要任命。在这一节，公司还需要定义董事会开会频次、地点、召集流程和法定参加人数。

这还包括确定董事会议事日程的流程、如何记录和分发这些文件以及协商如何处理不在议事日程上或在会前临时提出的议题。

对于管理层的独立性来说，重要的规则是定义哪些商业交易需要批准、需要哪些投票权以及哪些商业交易可以不经董事会批准，而是由管理团队独立决策。

最后一点是，这一章节也要规定股东大会召开的地点、召集程序和法定出席人数。

合资企业的出资和融资

合资企业的出资和融资是协议的一个基本章节。各方应该仔细考虑合资公司的财务要求以及合资企业的出资条件和条款。

这部分内容要确定初始出资额，并清晰规定谁将为经营出资以及出资方能得到的回报是什么。

这一节还要设定后续出资的原则，例如，规定后续出资需要获得批准的限额以及如果在后续出资甚至初次出资中采用融资工具时，谁将提供何种形式的担保。

各方也需要设定对待潜在第三方权益持有人的规则，例如，外部机构不作为企业合作方，但参与了融资的情况。

股东的权利和限制

合资企业协议的权利与限制一节规定了允许合作方做什么、合作方的权利以及不允许做什么。

涉及业务、地区、客户、雇员和相关下属公司的非竞争条款将规定，合作方在任何条件下都不得相互竞争，或者窃取其他合作方的客户、员工。

如果在协议前面的章节里，合作方已经规定了提供资金或资产，这一节应说明，例如母公司应该得到的合资公司股份比例以及各方有权得到的移交或发行的股份。

通常与这些权利并存的是各合作方将就锁定期达成协议。锁定期规定的是不能出售股份的时间段。

各方还需要就其他合资方出售股份时具有优先购买权达成协议，这包括优先购买权的顺序。对于某些公司，这可能有点微妙，但规定合资企业一方退出时，如何获得其持有的股份却是非常重要的。

从出售股份的股东角度看，合作方需要规定将股份转移给非股东的规则。如果发生了这种情况，最好是在协议中先规定好跟随投资权或强卖权（退出权）。跟随权规定另一方不能在没有得到双方同意的情况下，将股份出售给其他人，以免另一方因为股份出售的影响而变成小股东。强卖权（退出权）是指有权要求另一个股东跟随另一方卖出其股份，以确保大部分股份得以换手。

最后，合资企业合作方可能讨论采用认购期权或认沽（售）期权的退出策略。这可以为股份比例小的合作方提供一个退出合资企业的权利，使另一方有权获得其持有的合资企业股份。这种情况经常发生在有三方或更多合作方参与的合资企业中。如果采用期权作为退出手段，则需要确定期权的有效期、通知期、行权期以及行权时的价格。

最后，本节需要规定在未来发行新股时各方的投票权。

业务规划和会计

在这一节，要说明业务规划、会计和税务事项。要谈判的关键问题是合资企业适用哪些会计法规和税法。如果合资企业涉及的国家有不同的法律规定，则文件保存在哪里会成为一个非常重要的问题。如果文件或其复印件存放在容易拿到账簿记录的国家，则可以适当减少疑虑或恐惧。

有关业务进展的定期报告，比如每月管理层汇报、合资公司审计报告以及支持合规要求的数据和母国的退税记录，可能都是强制性要求。就报告要求来说，各方需要决定哪些计划和报告是合资公司需要提供给董事会，以确保董事会做出适当的决策的。这些报告通常包括每年更新的业务计划，包括流动资金和资本支出要求的现金流计划、每月利润和亏损、资产负债表、下一年经营预算以及提交这些文件和预算的最后期限。预算方面最重要的是设定一个违约条款，规定在董事会否决业务计划和经营预算时，该如何打破僵局。

而且，讨论的一个要点通常是在出现交易损失和税收减免时，哪一方该承担。这一点要清晰地写在协议里。

终止经营

我们在前文提到有必要定义合资企业终止经营的条件。终止经营可能不只要考虑合资一方想脱离合资企业的情形。其他导致终止经营的原因可能包括 IPO、法庭判决或者合资企业违反了相关法律。有时候，股东和债权人的一致决议，或者只是到了一个预先确定的时间点以及一方股东适时地提出了建议，都可能导致合资企业结束经营。

如果发生了上述情况，各方应该遵循一个在签署协议之前就预先定好的方案。其中应该包括出售公司名、执照的权利以及归还各方提供的知识产权，将其他权利或债务、担保归还原主。在清算合资企业的时候，其资产和负债可能需要在股东之间进行分配。如果所有权是共享的，需要根据之前约定的规则（所有权或其他方式）进行分割。

终止经营条款规定了将合资企业股份出售时一般可采用的估值方法。我们曾用过几种估值和终止经营的方法。一种方式是安排一个独立第三方进行估值，以减少偏差和方便结束经营。与促进终止经营的常规做法完全不同的一种方法，是通过设定一个很大的折扣率，以便当一方想过早退出时，让退出显得更困难。后一种方法具有从一开始就保持合资企业力量的目的，曾经被路透和道琼斯公司用于设立合资企业 Factiva。

保密

任何合资协议都需要规定保密信息的范围、本质和处理方式以及所含内容，包括与合资企业有关的客户、供应商、商业资产或事宜或在合资协议谈判过程中得到的有关信息。

协议还应该规定保密不适用的情形（即法庭命令），并澄清涉及的各方必须保证遵守保密规定。

最后，保密协议的时效包括防止一方同时和其他潜在合作方谈判的"锁定条件"，以确保双方能够成功签订协议。

合资企业其他关键条款

除了前面讨论的内容，还有一些其他条款需要讨论和规定。

保用条款。规定适用于直接或间接参与本战略联盟各方的保用条款，应该包括需要满足的最低服务水准和产品质量。

变化和豁免。规定必要的例外情况和本协议条款的弹性。

成本。定义各方如何分担该项交易的费用。

诚意条款。合资各方就各方以诚意采取行动达成共识。本协议应该规定这种诚意对各方的具体要求。

第三方权利。规定适用于第三方的限制条件。

通知。定义协议所说的"通知"的具体含义。

利息。规定过期支付的利息。

语言。规定合资企业使用的工作语言。

法律。规定适用法律、法律管辖地以及仲裁的流程和地点、不可抗力条款、通知应包含的内容。

由于各方在这个协议或另外一个单独协议中讨论到知识产权和技术的适用，所以他们需要清晰定义授权人和被授权人的责任与义务。通常授权人需要提供技术更新和升级、技术协助和定期质量监督与检查。这里规定还应该明确授权期限以及对所提供专利的保护规定。

与此相关的一个问题也需要在知识产权转让或授权协议中解决，即合资企业在存续期内对基于这些知识产权或技术的研发所有权问题。这是一个敏感话题，尤其是当讨论范围涉及未来对合资企业终止经营时，因为届时合作方不仅会讨论归还授权的知识产权，也会涉及合资企业开发的知识产权归属问题。

一旦合资企业开始运营，知识产权提供方或授权人需提供所需的授权、责任豁免和保险。最后一点是，各方应该对是否允许发放授权和外包达成一致意见，这就引出了最后一个问题——以使用许可费的形式做出的补偿。使用费条款应包括有关这种财务补偿的详细规定。

本章小结

- 建立成功的合资企业有哪些步骤。
- 如何将合资特点与合资策略联系起来。
- 合资最常用的结构是哪些。
- 企业如何进行整合尽职调查。
- 如何设计一个成功的合资协议。

- 合资协议需要注意哪些关键要素。

  - 业务定义。

  - 要完成的事项。

  - 董事和管理层。

  - 合资企业的出资和融资。

  - 股东的权利和限制。

  - 业务规划和会计。

  - 终止经营。

  - 保密。

  - 合资企业其他关键条款。

译 后 记

对这本书的溢美之词已经太多了，我们觉得作为译者，已经没必要再做画蛇添足之举。这本书最初吸引我们之处，在于它的综合性和实用性。这本书几乎完整覆盖了并购战略、尽职调查和并购整合的方方面面，而突出跨境并购和文化融合是其更重要的特色。在中国企业大力拓展海外市场和进军国际市场的当下，出版这本书，意义尤其重大。能够为此出一点力，也是我们的荣幸。

译者之一郑磊博士，大学毕业后即从事企业管理工作，曾任职美资跨国企业，参与过多次跨境并购整合项目，在实践中，深刻体会了并购整合的不易和重要性。而中国企业以前很少并购，之后的并购对象也多半是国内企业，更很少进行整合。这样一种实践状态距离正规的跨境并购还很遥远。中国企业是用血的代价，逐步认识到这个问题的重要性。与其如此，我们建议中国企业家能够静下心来，先学习相关知识和经验。这本书由10位来自不同国家和背景的资深并购专家写的文章集结而成，按照主题分为四大部分，共18章。作者在跨境并购方面都积累了丰富的项目经验，而且由于作者各自的背景不同，形成了本书独有的广阔的国际视野，其中甚至有专门介绍中国企业和日本企业跨境并购和整合的文章。

从事过并购整合的人都知道，没有相关知识是绝对不能胜任这个工作的，而有了知识，没有实践经验的人，同样也做不好这个工作。重要的是理论与实践的结合，而本书的特点正在于此。

这本书适合先通读，然后当作工具书，在从事相关并购工作时，可以随时翻阅，找到建议，在实践中领会，甚至进一步发展这些方法。译者要特别说明的是，本书内容虽然丰富齐全，但由于不少作者并非以英语为母语，因此在表述方面，有时不够简明易懂。译者已经尽量统一语言风格，但仍有不足之处，甚至错漏，敬请读者谅解。

郑磊、徐慧琳